Ilka Quindeau | Marianne Rauwald (Hrsg.)
Soziale Arbeit mit unbegleiteten minderjährigen Flüchtlingen

Grundlagentexte Soziale Berufe

Ilka Quindeau | Marianne Rauwald (Hrsg.)

Soziale Arbeit mit unbegleiteten minderjährigen Flüchtlingen

Traumapädagogische Konzepte
für die Praxis

Dieses Buch ist erhältlich als:
ISBN 978-3-7799-2358-9 Print
ISBN 978-3-7799-4400-3 E-Book (PDF)

1. Auflage 2017

© 2017 Beltz Juventa
in der Verlagsgruppe Beltz · Weinheim Basel
Werderstraße 10, 69469 Weinheim
Alle Rechte vorbehalten

Herstellung und Satz: Ulrike Poppel
Druck und Bindung: Beltz Bad Langensalza GmbH, Bad Langensalza
Printed in Germany

Weitere Informationen zu unseren Autoren und Titeln finden Sie unter: www.beltz.de

Inhalt

Einleitung: Gegenwärtige Herausforderungen   7

Teil 1
Konzepte aus Traumapädagogik und Sozialer Arbeit

Auffällige Unauffälligkeit: Psychodynamische Belastungen
unbegleiteter minderjähriger Geflüchteter
Ilka Quindeau, Marianne Rauwald   14

Rechtliche Rahmenbedingungen und Gestaltungsaufträge
an die Kinder- und Jugendhilfe
Irmela Wiesinger   28

Gesundheitszustand der unbegleiteten minderjährigen
Ausländer (UMA) aus der Perspektive des Gesundheitsamtes
Meike Huber, Sibylle Bausback-Schomakers   42

Das Arbeiten mit einer Sprachmittler_in
Marianne Rauwald   54

Geflüchtete Kinder und Jugendliche in der Schule
Hanne Shah   66

Bindungsorientierte pädagogische Arbeit
mit jungen Geflüchteten
Sophia Becke   77

„Netzgruppen". Beziehungsbasierte Psychoedukation
für junge Menschen mit Fluchterfahrung
Regina Rettenbach, Irina Dannert   94

Teil 2
Praxismodelle

Beziehungsbasierte Psychoedukation in „Netzgruppen“.
Eine selbstwirksame Erfahrung für unbegleitete minderjährige
Geflüchtete
Cora Strietzel   116

Ein „sicherer Ort“. Traumapädagogische Ansätze in der Arbeit
mit unbegleiteten minderjährigen Geflüchteten
Bettina Keller, Regina Rettenbach   127

Traumapädagogik in der Praxis. Ein Boxprojekt für unbegleitete
minderjährige Geflüchtete
Irina Dannert, Hossein Mehranfahrd   138

Erfahrungen aus der Praxis einer Frankfurter
Aufnahmeeinrichtung. Rüdiger Niemann im Gespräch mit
Ilka Quindeau   150

Autor_innenverzeichnis   172

Einleitung: Gegenwärtige Herausforderungen

Rund 60.000 unbegleitete minderjährige Geflüchtete leben derzeit in Deutschland. Die bedrohliche und hoch unsichere Lebenssituation in ihren Heimatländern bringt viele junge Menschen dazu, ihre Familien und ihr Land zu verlassen und in eine ungewisse Zukunft aufzubrechen. Unbegleitete minderjährige Geflüchtete, die extremen Belastungen und traumatischen Erfahrungen ausgesetzt waren, erreichen Deutschland in der Hoffnung, nun eine stabile und sichere Umgebung zu finden. Doch leben sie häufig über längere Zeit mit einem unsicheren Aufenthaltsstatus und oft unter prekären Bedingungen. Zudem haben sie in vielen Fällen kaum Möglichkeiten zu gesellschaftlicher Teilhabe – wie etwa dem Schulbesuch. Dies stellt die unterschiedlichen Akteure aus Politik, Verwaltung und Sozialer Arbeit vor einige Herausforderungen: Um das Kindeswohl nachhaltig zu schützen, müssen Einrichtungen der Sozialen Arbeit und Bildung geschaffen und auf die besonderen Bedürfnisse der Kinder und Jugendlichen vorbereitet werden. Die komplexen Fragen von Beschulung und Ausbildung wie auch Fragen zur psychischen und körperlichen Gesundheit erfordern neue und tragende Antworten.

Seit August 2015 sind eine Reihe neuer gesetzlicher Regelungen in Kraft getreten, die sich auch auf geflüchtete Kinder und Jugendliche auswirken. Aufgrund der andauernden Veränderungen der rechtlichen Grundlagen ist es schwer abzuschätzen, welche Folgen dies für die betroffenen Kinder und Jugendliche im Einzelnen hat. Das daraus entstehende Gefühl von Rechtsunsicherheit und Unvorhersehbarkeit kann jedoch für die durch die Fluchterfahrungen belasten Kinder und Jugendlichen als nicht zu unterschätzende Beeinträchtigung des Kindeswohls betrachtet werden. Während einerseits für Jugendliche aus Staaten wie Irak, Syrien, Eritrea und Iran spezifische Integrationskurse bereitgestellt werden, verschlechtert sich andererseits die Lage für Jugendliche, die aus sog. „sicheren" Herkunftsländern stammen und denen weder Schulbesuch noch Familiennachzug ermöglicht werden soll. Dies betrifft gegenwärtig etwa die große Gruppe von Jugendlichen aus Afghanistan. Es scheint die Tendenz zuzunehmen, die Kinder und Jugendliche aus den sog. „sicheren" Herkunftsländern in eigens errichteten, abgesonderten Einrichtungen unterzubringen und sie von elementaren Kinderrechten auszuschließen.

Was in den öffentlichen Debatten um die Reduzierung der Zahlen von Geflüchteten aus dem Blick geraten ist, ist die qualitativ angemessene Aufnahme dieser Kinder und Jugendlichen. Um eine fruchtbare Kooperation aller Beteiligten voranzubringen und mögliche Lösungen vorzustellen, trafen sich Experten aus Wissenschaft, Politik, Sozial- und Gesundheitswesen Ende Mai 2015 an der Frankfurt University of Applied Sciences. Bei der

Fachtagung „Unbegleitete minderjährige Flüchtlinge im Clearingverfahren" diskutierten sie über Kindeswohl, integrationsorientierte Bildungsangebote und die Möglichkeiten und Grenzen ehrenamtlicher Begleitung von jugendlichen Geflüchteten.

Zu einer qualitativ angemessenen Aufnahme und Betreuung der geflüchteten Kinder und Jugendlichen möchte dieser Band beitragen: Es sollen Kriterien erarbeitet werden für eine psychotraumatologisch und traumapädagogisch qualifizierte Betreuung und Begleitung der jungen Geflüchteten, die sich an ihren Bedürfnissen und am Kindeswohl orientiert und nicht an ordnungspolitischen oder fiskalischen Gegebenheiten. Es fehlt ein integriertes Gesamtkonzept zur Aufnahme von unbegleiteten jugendlichen Geflüchteten. Die am Asylverfahren beteiligten Akteure müssten enger zusammenarbeiten.

Schätzungsweise 60 bis 80 Prozent der Jugendlichen sind traumatisiert durch die Situation in ihrem Herkunftsland, die Fluchterfahrung und vor allem auch die Ankunft im Aufnahmeland. Sie sind in Phase der Neuorientierung in Deutschland besonders verletzlich und brauchen Sicherheit und zuverlässige Strukturen, um eine Zukunftsperspektive zu entwickeln.

Notwendig ist folglich der Aufbau von kompetenten Aufnahmestrukturen vor Ort sowie die Wahrung von Standards der Jugendhilfe, damit die häufig hoch belasteten Jugendlichen angemessen versorgt, begleitet und in ihrer Entwicklung gefördert werden können.

Das zu schaffende Gesamtkonzept für die Aufnahme der geflüchteten Kinder und Jugendlichen umfasst drei Bereiche: die Bildung von lokalen Strukturen, die Einrichtung von übergeordneten Strukturen sowie die Beteiligung und Aktivierung der Zivilgesellschaft. Lokale Strukturen bilden die Basis des Konzepts. Die Jugendhilfe muss hier Zuständigkeiten zentral koordinieren und Kompetenzen bündeln, um lokale Einrichtungen wie Ausländerbehörden, Außenstellen des Bundesamts für Migration und Flüchtlinge (BAMF), örtlichen Beratungs- und Fachstellen sowie Schulen und Arbeitgeber zu vernetzen.

Darüber hinaus sieht das Konzept vor, die Jugendlichen angemessen unterzubringen, durch fortgebildete Fachkräfte zu betreuen und medizinisch und psychotherapeutisch nach psychotraumatologischen Standards zu versorgen. Der Besuch einer Schule und der Einsatz von Dolmetschern sind ebenso wichtig wie die Transparenz des Aufnahmeverfahrens. Damit werden der zentralen traumatischen Erfahrung von Ohnmacht und Hilflosigkeit begegnet, die sich bisweilen in impulsiven und auch teilweise aggressiven Durchbrüchen Bahn bricht, und „Selbstheilungsversuche" in Form von Drogen- und Alkoholkonsum begrenzt.

Die fachliche und finanzielle Unterstützung für den Auf- und Ausbau von qualifizierten Aufnahmestrukturen und spezifischen Kompetenzzentren in den Kommunen sollen übergeordnete Strukturen wie Landesjugendämter und speziell gegründete „Runde Tische" leisten. Die Aus- und Weiterbildung von Fachkräften müssen Hochschulen sicherstellen. Um die Zivilgesellschaft zu beteiligen, erscheinen ehrenamtliche Vormundschaften als probates Mittel, bei denen die Patenschaften die Integration der Jugendlichen fördern soll. Die Ehrenamtlichen müssten aber auch entsprechend geschult werden, ihr Engagement strukturiert organisiert werden.

Mit diesem Band möchten wir zum einen Fachkräfte aus der Sozialen Arbeit mit aktuellen theoretischen Konzepten und wegweisenden Praxismodellen informieren und zum anderen die unterschiedlichen Akteure aus Politik, Verwaltung und Sozialer Arbeit an einen Tisch bringen, um nach tragfähigen Lösungen für die gegenwärtigen komplexen Problemlagen zu suchen. Im ersten Teil des Bandes wird die derzeitige Situation junger Geflüchteter im Hinblick auf rechtliche, gesundheitliche, pädagogische und psychodynamische Aspekte dargelegt und bereits entwickelte Konzepte vorgestellt. Deren Umsetzung in bereits erprobten Praxismodellen ist dann Fokus des zweiten Teils des vorliegenden Bandes.

In einem einführenden Beitrag stellen Marianne Rauwald und Ilka Quindeau die gegenwärtigen psychosozialen Belastungen der geflüchteten Kinder und Jugendlichen dar und eröffnen einen Zugang zum Verständnis dieser häufig eigenartigen und schwer erträglichen Verhaltensweisen, die nicht einfach Störungen darstellen, die es zu beseitigen gilt. Vielmehr kann man sie allgemein verstehen als (manchmal verzweifelte) Versuche, das eigene psychische Überleben angesichts von massiven Gewalterfahrungen zu retten. Der traumapädagogischen Gestaltung von Einrichtungen der Jugendhilfe im Sinne eines „sicheren Ortes" kommt daher eine kaum zu überschätzende Bedeutung zu.

Der Beitrag von Irmela Wiesinger befasst sich mit einer Standortbestimmung der Jugendhilfe für unbegleitete minderjährige Geflüchtete seit Inkrafttreten des Gesetzes zur Verbesserung der Unterbringung, Versorgung und Betreuung ausländischer Kinder und Jugendlicher am 1.11.2015. Die Auswirkungen der *mission impossible*, einerseits am Kindeswohl und an dem individuellen Bedarf ausgerichtete Entscheidungen zu treffen und andererseits die Funktionalität des quotenbasierten Verteilungssystems aufrechtzuhalten, auf die Betroffenen und die Jugendhilfepraxis werden kritisch in den Blick genommen.

Meike Huber und Sibylle Bausback-Schomakers berichten über die gesundheitliche Situation junger Geflüchteter, wie sie sich in der verpflichtenden Aufnahmeuntersuchung des Gesundheitsamts in der ersten Woche nach ihrer Ankunft in Frankfurt darstellt. Die Autorinnen stellen die besonderen Herausforderungen und Grenzen dieser Untersuchung dar und zeigen in der statistischen Auswertung die besonderen, insbesondere somatischen Belastungen und Vorerkrankungen der jungen Geflüchteten. Eine Einschätzung gerade in Bezug auf Traumafolgestörungen und andere psychische Belastungen ist noch nicht regelhaft Teil dieser Untersuchung.

Eine wesentliche, sowohl strukturelle wie fachliche Herausforderung ist in der Tatsache begründet, dass die aus vielen Ländern der Welt stammenden jungen Geflüchteten gerade in der ersten und sensiblen Zeit ihres Ankommens kein ausreichendes Deutsch sprechen und der Einsatz von Sprachmittler_innen zum Alltag der psychosozialen Arbeit mit jungen Geflüchteten gehört. Der Beitrag von Marianne Rauwald stellt Schwierigkeiten, aber auch Chancen in diesem Rahmen dar. So kann oft neben der sprachlichen Übersetzung auch die Möglichkeit einer Kulturmittlung genutzt werden. Wichtige Bedingungen und Voraussetzungen für die ungewohnte „Arbeit zu dritt" werden diskutiert und an einem Fallbeispiel verdeutlicht.

Erfahrungen in Bezug auf eine Beschulung minderjähriger Geflüchteter stehen im Mittelpunkt des Beitrags von Hanne Shah. Die Autorin setzt sich mit der stabilisierenden Funktion gerade eines baldigen Schulbesuchs dieser Kinder und Jugendlichen auseinander. Sie betont die Bedeutung, gerade im Kontext Schule, über eine traumapädagogische Herangehensweise die häufigen Einschränkungen und Auffälligkeiten dieser Kinder aufzufangen und einen positiven Zugang zum Lernen zu ermöglichen, der dann auch erlaubt die Ressourcen und Stärken der Kinder zu nutzen.

Sophia Becke stellt in ihrem Beitrag die Grundlagen einer bindungsorientierten pädagogischen Arbeit mit jungen Geflüchteten dar. Sie zeigt auf, warum die Berücksichtigung des Konzepts Bindung vor allem in Bezug auf die Arbeit mit Traumatisierten sinnvoll ist. Der Aufbau sicherer Bindungsstrukturen kann sowohl eine präventive als auch eine korrektive Erfahrung von Sicherheit darstellen und stellt so einen wesentlichen Aspekt in Bezug auf eine gelungene Entwicklung junger Geflüchteter dar. Der Beitrag setzt sich damit auseinander, warum Bindung dabei kultureller Varianz unterliegt und wie dies die Arbeit mit jungen Geflüchteten beeinflusst. Anhand dieser Überlegungen zeichnet sie die Phasen einer bindungsorientierten pädagogischen Arbeit auf.

Regina Rettenbach und Irina Dannert stellen das im Institut für Traumabearbeitung und Weiterbildung Frankfurt entwickelte Konzept der „Netzgruppen" vor. Dabei handelt es sich um ein *beziehungsbasiertes Psychoedukationsprogramm,* ein eher präventives und weitgehend sprachfreies Gruppenkonzept zur psychischen Stabilisation, mit dem es gelingt, die Selbstwirksamkeit der Betroffenen im Umgang mit ihrer aktuellen psychischen Situation zu stärken. Alle Interventionen erfolgen weniger verbal, gemeinsames Tun spielt eine wichtige Rolle. In einem beziehungsorientieren Rahmen kann die Gruppe zusammenwachsen und zu einer spürbaren Entlastung der Teilnehmer_innen beitragen.

Cora Strietzel beschreibt ihre forschende Begleitung eines solchen beziehungbasierten psychoedukativen Gruppenangebots über einen Zeitraum von zehn Wochen. Die Teilnehmer erfuhren im angeleiteten Gruppenaustausch, dass ihre Traumasymptome eine gewöhnliche Reaktion auf extreme lebensbedrohliche Erfahrungen darstellen, und konnten von den vermittelten Inhalten und den positiven Beziehungserfahrungen profitieren. Anhand der einzelnen Gruppensitzungen sowie der Gegenübertragungsgefühle des Leitungsteams wird beleuchtet, welchen Effekt die Teilnahme an dem Angebot auf die Teilnehmer hatte.

Bettina Keller und Regina Rettenbach berichten über die traumapädagogisch basierte Arbeit mit jungen Geflüchteten. Der Beitrag beleuchtet bedeutsame Aspekte der Traumapädagogik in Bezug auf die Arbeit mit unbegleiteten minderjährigen Geflüchteten. Die wichtigen Elemente der drei Säulen (Einrichtung – Kind/Jugendlicher; Kind/Jugendlicher – Pädagoge und Pädagoge – Einrichtung) werden vorgestellt und ihre Bedeutung zur Wiedererlangung von Kontrolle und Sicherheit für junge Geflüchtete verdeutlicht.

Eine kreative Umsetzung traumapädagogischer Prinzipien findet sich im Projekt *Boxen für unbegleitete minderjährige Flüchtlinge*. Das Boxcamp Gallus eröffnet betroffenen Kindern und Jugendlichen außerhalb institutioneller Rahmenbedingungen einen sicheren Ort, der sowohl die Verarbeitung traumatischer Erfahrungen, als auch die Partizipation und Selbstwirksamkeitserfahrungen in gesellschaftlichen Handlungsspielräumen unterstützt. Der Boxsport bietet den Betroffenen dabei eine unmittelbare Möglichkeit ihre Wut abzubauen und in sportliche Leistungen umzuwandeln, er fördert so gleichzeitig eine Sensibilisierung für eigene Körperempfindungen und Gefühle.

Abschließend diskutiert Rüdiger Niemann im Gespräch mit Ilka Quindeau aktuelle Herausforderungen für die Soziale Arbeit mit jugendlichen Geflüchteten aus seinen langjährigen Erfahrungen in einer Frankfurter Aufnahmeeinrichtung und gibt Impulse für zukünftige Konzeptentwicklungen.

Frankfurt am Main, im Juli 2016
Ilka Quindeau und Marianne Rauwald

Teil 1
Konzepte aus Traumapädagogik und Sozialer Arbeit

Auffällige Unauffälligkeit: Psychosoziale Belastungen unbegleiteter minderjähriger Geflüchteter

Ilka Quindeau, Marianne Rauwald

Gegenwärtige und zukünftige Problemlagen

Im Jahr 2015 wurden große Anstrengungen unternommen, die jungen Geflüchteten so schnell wie möglich nach einem ersten Clearingverfahren, das nicht länger als vier Wochen dauern soll, in Folgeeinrichtungen unterzubringen. In der Zwischenzeit kommen nicht mehr so viele Geflüchtete nach Deutschland, entsprechend sind es auch weniger unbegleitete Kinder und Jugendliche. Angesichts der weltweit anhaltenden und vermutlich noch zunehmenden Fluchtbewegungen ist jedoch zu erwarten, dass auch zukünftig vermehrt Kinder und Jugendliche in Deutschland Zuflucht suchen. Auf diese Herausforderungen wird sich die Jugendhilfe nicht nur kurz-, sondern auch mittel- und langfristig einstellen und professionelle Standards für die Soziale Arbeit mit dieser Zielgruppe etablieren müssen.

Eine besondere Problematik stellen psychische Belastungen in diesem Zusammenhang dar. Werden gesundheitliche Beeinträchtigungen im Rahmen des Clearingprozesses deutlich, werden weitere Behandlungsmaßnahmen eingeleitet, allerdings zeigen sich hier insbesondere psychische Belastungen eher selten. Nach Einschätzung des Gesundheitsamtes sind eine Bedarfsfeststellung und adäquate Planung vor dem Hintergrund einer allgemein insuffizienten und heterogenen Datenlage schwierig: Geflüchtete allgemein, und Minderjährige noch einmal besonders, gelten als „vulnerable und aufgrund der sprachlichen und kulturellen Gegebenheiten schwer erreichbare Risikogruppe für psychische Störungen" (Götz 2015, o. S.).

Auffällige Unauffälligkeit

Dass sich psychische Belastungen im Clearingverfahren selten zeigen, hat vielfältige Hintergründe. Während sie auf der Suche nach einer schützenden und endlich wieder sicheren Umgebung sind, befinden sich die jungen

Geflüchteten zu diesem Zeitpunkt real in einer höchst unklaren Lebenslage, was etwa ihren weiteren Verbleib und ihre rechtliche Situation betrifft. In aller Regel können sie hierzu auch nur vage und unverbindliche Auskünfte bekommen. Der Hoffnung auf ein gutes Ankommen und auf eine endlich wieder stabile, Ruhe und Entlastung erlaubende Umgebung stehen damit die realen Unsicherheiten gegenüber, die Ängste und Misstrauen in den minderjährigen Geflüchteten schüren. Mit den eigenen Nöten und Bedürfnissen nicht aufzufallen und möglichst unsichtbar durch ein nicht einschätzbares Prozedere zu gelangen, haben die jungen Geflüchteten dabei häufig bereits in der Vergangenheit als wichtigen und wirksamen Schutzmechanismus kennengelernt. Darüber hinaus haben viele Geflüchtete keine Erfahrung damit, über das eigene – gerade das psychische – Befinden zu sprechen. Sie haben oft nur einen eingeschränkten Zugang zu ihrem Erleben, was sie selbst oft beunruhigt. Dies trifft dann auf den Wunsch, alten Ängsten und Nöten nicht mehr zu begegnen und endlich wieder in einer normalen Welt anzukommen, und trägt dazu bei, dass durchaus auch gravierende Belastungen nicht zum Thema der medizinischen Untersuchung werden.

Problematik der Verlegung in Folgeeinrichtungen

Die häufig wenig vorbereitete und kaum kommunizierte Verlegung in die Folgeeinrichtungen, oft in ländlichen Regionen des Landes gelegen, stellt dann eine weitere Belastung der jungen Menschen dar. Oft zeigen sich erst hier die psychischen Verletzungen durch die erschütternden Lebenserfahrungen, denen sie im Heimatland, während der Flucht und bis zu ihrer Ankunft in der Aufnahmeeinrichtung ausgesetzt waren, und deren Nachwirkungen.

Hier fallen die Jugendlichen auf, weil sie sich z.B. stark zurückziehen, die Teilnahme am sozialen Leben der Einrichtung und ihrer Angebote nicht wahrnehmen, teilweise regelrecht verweigern und die depressiven und bisweilen suizidal eingefärbten Verstimmungen die Betreuer_innen beunruhigen. Öfter wird berichtet, dass die Jugendlichen exzessiv mit ihren Handys beschäftigt sind, wo sie immer wieder die gleichen Videoclips z.B. blutiger Ereignisse von Kriegshandlungen abspielen oder sich mit ähnlichen gewaltbetonten Spielen zu betäuben scheinen. Tagesstrukturen sind bisweilen schwer zu vermitteln, wenn die Jugendlichen nachts nicht einschlafen können oder durch Alpträume geweckt werden, Unruhe- und Angstzustände gerade in der Nacht auftreten und die Jugendlichen erst in den frühen Morgenstunden zur Ruhe kommen können. Vor allem das immer wieder berichtete impulsive und spontan aggressiv-destruktive Verhalten einiger

Jugendlicher, das sich gegen Gegenstände richten, aber auch zu eskalierenden Streitigkeiten zwischen den Jugendlichen führen kann, stellt eine oft grenzwertige Herausforderung für die Betreuer_innen dar, die sich in solchen Momenten hilflos und überfordert fühlen können. Es sind dann in der Folge nicht die jugendlichen Geflüchteten selbst, die sich hilfesuchend an Beratungsstellen und Therapeut_innen wenden, sondern zumeist ihre Betreuer und Betreuerinnen, weil sie spüren, dass es gerade die durchlittenen Lebenserfahrungen und erlebten Grausamkeiten ihrer jungen Schützlinge sind, die sich in ihrem unwägbaren und sie selbst wie die Einrichtung teilweise hoch belastenden Verhalten niederschlagen.

Verstehen der psychischen Problemlagen als Aufgabe der Traumapädagogik

Mit diesem Beitrag möchten wir einen Zugang zum Verständnis dieser häufig eigenartigen und schwer erträglichen Verhaltensweisen der geflüchteten Jugendlichen eröffnen. Aus psychotraumatologischer Perspektive sind die psychischen Symptome nicht einfach Störungen, die es zu beseitigen gilt. Vielmehr kann man sie allgemein verstehen als (manchmal verzweifelte) Versuche, das eigene psychische Überleben angesichts von massiven Gewalterfahrungen zu retten. Auch scheinbar „dysfunktionales" Verhalten, wie etwa ein exzessiver Drogen- oder Alkoholkonsum, stellt einen Selbstheilungsversuch dar, der unerträgliche Erfahrungen erträglicher zu machen sucht. Freilich bedeutet dies nicht, diesen Selbstheilungsversuchen nun einfach Raum zu geben und die Jugendlichen gewähren zu lassen. Es kann aber auch nicht darum gehen, dieses problematische Verhalten nur zu sanktionieren. Vielmehr muss es zunächst in seiner psychischen Funktion verstanden werden, um Veränderungen zu ermöglichen. Dies ist nicht allein Aufgabe von Psychotherapie, sondern stellt eine wichtige Aufgabe auch für die Jugendhilfe dar. Gegenwärtig ist traumapädagogisches Arbeiten noch auf wenige Bereiche der Jugendhilfe beschränkt und bezieht sich zumeist auf Jugendliche, die Gewalterfahrungen oder Vernachlässigung durch ihre Eltern bzw. Bezugspersonen ausgesetzt waren. Herausragende Beispiele finden sich bei Bausum et al. (2011), Standards der Traumapädagogik in der stationären Jugendhilfe bei Lang et al. (2013). Hingegen gibt es unseres Wissens bislang keine Einrichtung für unbegleitete minderjährige Geflüchtete, die nach traumapädagogischen Standards arbeitet. Für eine angemessene Arbeit mit diesen Jugendlichen und ihre Stabilisierung wäre dies allerdings dringend notwendig. Denn insbesondere die männlichen Jugendlichen, die die große Mehrheit unter den Geflüchteten bilden, sind nur schwer für eine Psychotherapie zu gewinnen. Die Aufnahme einer Psychotherapie ist kaum mit dem Selbstbild und den Geschlechternormen bzw. den Vorstellungen von Männlichkeit vereinbar und daher in hohem Maße schambesetzt. Insofern kommt der traumapädagogischen Gestaltung der Einrichtung im Sinne eines „sicheren Ortes" eine kaum zu überschätzende Bedeutung zu.

Trauma als relationales, dynamisches Konzept

In einem Standardwerk der allgemeinen Psychotraumatologie konzeptualisieren Fischer und Riedesser (2009) das Trauma als relationalen Begriff. Es besteht nicht lediglich in einem äußeren Ereignis (wie etwa Krieg, Unfall, Erdbeben oder politische Verfolgung), sondern wird verstanden als „vitales Diskrepanzerleben zwischen bedrohlichen Situationsfaktoren und den individuellen Bewältigungsmöglichkeiten, das mit Gefühlen von Hilflosigkeit und schutzloser Preisgabe einhergeht und so eine dauerhafte Erschütterung von Selbst- und Weltverständnis bewirkt" (Fischer/Riedesser 2009, S. 82). Als erstes Resultat stellt sich die Erfahrung von Wirkungslosigkeit ein und das Gefühl, der Lebensbedrohung wehrlos ausgeliefert zu sein. Als Reaktion auf das lebensbedrohende Ereignis folgen charakteristische, bipolare Verhaltens- und Erlebensweisen: Es wechseln dabei permanent die Zustände von Intrusion (d.h. wiederkehrenden Erinnerungsbildern, häufig in Form von Alpträumen oder *flash-backs*) und Verleugnung (im Englischen sehr angemessenen Begriff: *psychic numbing*, einer Art emotionaler „Dumpfheit" oder Anästhesie). Die wiederkehrenden Erinnerungsbilder haben für die Betroffenen oft den Charakter einer unmittelbaren Wiederholung der traumatischen Situation. So kann nicht mehr zwischen Gegenwart und Vergangenheit unterschieden werden. Und der panikartige Erregungszustand kann fortbestehen. Dann wird der Betroffene dauerhaft von unkontrollierbarer Erregung überflutet. Als Gegensatz zur Überflutung können auch sogenannte frozen states auftreten, d.h. dass sich die Verleugnungs- bzw. Vermeidungsphase verfestigt und eingefrorene Erlebniszustände mit psychovegetativen und psychosomatischen Reaktionen fixiert werden (vgl. Fischer/Riedesser 2009).

Mit dieser Konzeptualisierung werden die bedrohliche Situation und die eigenen Ressourcen zur Bewältigung der Bedrohung in ein Verhältnis gesetzt. Dieses relationale Konzept besitzt den Vorteil, dass es das Trauma nicht statisch als Ereignis, sondern als Prozess beschreibt. In einem Verlaufsmodell der Traumatisierung wird die traumatische Situation eingebettet in die bisherige Lebensgeschichte und die danach folgenden Lebenssituationen, in der sich entscheidet, ob und in welcher Weise sich der traumatische Prozess chronifiziert. Im Falle einer extremen Traumatisierung – etwa in der Folge einer massiven Gewalterfahrung – ist eine Chronifizierung unvermeidlich. Das Trauma wird zum zentralen Organisator der Lebensgeschichte und formiert die Identität der Betroffenen auf unhintergehbare Weise. Der traumatische Prozess dauert lebenslang an.

Frühe und spätere Traumatisierungen

Küchenhoff (1990) trifft eine wichtige Unterscheidung im Hinblick auf lebensgeschichtlich späte und frühe Traumata, um deren identitätsbildende Funktion deutlich zu machen. Während späte Traumata – etwa in der Folge von Erdbeben oder Unfällen – auf Menschen mit einer Lebensgeschichte und einer ausgebildeten psychischen Struktur treffen und deren Verarbeitungskapazität überschreiten, besteht bei frühen Traumata ein erst in Ansätzen entwickelter psychischer Apparat. Die Ich-Funktionen werden nicht – wie bei späten Traumata – durch das Trauma außer Kraft gesetzt, sondern sind noch gar nicht hinreichend ausgebildet; ihre Entstehung wird konstitutiv durch das Trauma beeinflusst: „Anders als das späte Trauma bleibt es [das frühe Trauma] dem ‚Apparat‘ nicht äußerlich, vielmehr wird die traumatische Erfahrung zum Teil des psychischen Apparats. Die traumatische Erfahrung wird […] zum transzendentalen Bestandteil der Erfahrungskategorien, also zum subjektiven a priori jeder möglichen Erfahrung. Insofern stellt das frühe Trauma ein ganz anderes psychodynamisches Problem dar: seine Assimilation ist so total, dass das Trauma Ich- und Weltbild wird, während das späte Trauma ein Fremdkörper für das Erleben bleibt, der freilich alle anderen Erlebnisweisen in Mitleidenschaft ziehen kann" (Küchenhoff 1990, S. 18). Traumatisierungen im Kindesalter entfalten damit eine ganz andere Wirkung als solche im Erwachsenenalter, sie werden zu einem konstitutiven Bestandteil der psychischen Struktur, der sowohl das Selbst- und Fremdbild als auch das Weltverständnis grundlegend bestimmt. Sichtbar wird der identitätsbildende Charakter der Traumatisierung daran, dass Traumatisierte sich selbst als „Überlebende" bezeichnen. Während dies in früheren Jahren zumeist nur bei extremen Traumatisierungen der Fall war, in denen unmittelbare Lebensgefahr bestand, lässt sich inzwischen beobachten, dass im wissenschaftlichen Diskurs die Bezeichnung „Überlebende" zunehmend in einem allgemeineren Sinne verwendet wird, um Traumatisierte zu beschreiben, was wiederum Rückwirkungen auf die Selbstbezeichnungen nach sich ziehen dürfte.

Traumaschemata und traumakompensatorische Schemata

In ihrem Verlaufsmodell beschreiben Fischer und Riedesser den traumatischen Prozess als Kompromiss aus zwei gegenläufigen Kraftfeldern, dem Traumaschema und dem traumakompensatorischen Schema. Das Erleben der traumatischen Situation ist in der psychischen Struktur als Schema repräsentiert: als unterbrochener Handlungsansatz mit Kampf- bzw. Fluchttendenz, oft in Verbindung mit fragmentierten Sinneseindrücken und Erinnerungsbildern, das als Traumaschema die traumatische Erfahrung im Gedächtnis speichert. Das Traumaschema und der zugeordnete Erlebniszustand zeichnen sich demnach durch massive, überschießende Emotionen bei gleichzeitiger Schwächung der kognitiven Verarbeitungsmöglichkeit aus. Das Traumaschema drängt zur Wiederholung und folgt dabei dem Wunsch, die unterbrochene Handlung zu Ende führen zu können und damit die damalige Hilflosigkeit, das Ausgeliefertsein an die traumatische Situation zu überwinden. Allerdings würde die Reproduktion des Traumaschemas eine Retraumatisierung bedeuten. Das Traumaschema muss daher durch eine Gegenkraft dynamisch ausbalanciert werden, die als traumakompensatorisches Schema bezeichnet wird. Die betroffene Person entwickelt Hypothesen darüber, wie es zur Traumatisierung kam und was getan werden müsste, um eine Wiederholung oder anderweitige Traumatisierung zu vermeiden. Es werden damit Konsequenzen aus der traumatischen Erfahrung gezogen und kompensatorische Gegenmaßnahmen entworfen, die der Kontrolle des Schreckens dienen und zukünftige Wiederholungen vermeiden sollen. Bei den beiden gegenläufigen Kraftfeldern, dem Traumaschema sowie dem traumakompensatorischen Schema, handelt sich um eine Kompromissbildung, die zugleich höchst fragil ist: Demzufolge ist weniger die objektive Intensität der traumatischen Faktoren entscheidend als vielmehr die qualitative Eigenheit einer Bedrohung, die sich entweder an ein schon bestehendes Traumaschema anschließt oder zentrale Momente eines Lebensentwurfes bzw. bereits erworbene traumakompensatorische Strategien jäh in Frage stellt.

Mit ihrer Theorie legen Fischer und Riedesser dar, wie sich eine Art naiver Traumatheorie bei den Betroffenen entwickelt, die durch die jeweilige kognitive Entwicklungsstufe bestimmt ist – bei Kindheitstraumata wird das traumakompensatorische Schema auf dem entsprechenden Niveau der kognitiven Entwicklung und der dadurch gegebenen Begrenzung ausgearbeitet. Daher sind das Schema und seine Komponenten in diesen Fällen oft durch eine magisch anmutende egozentrische Denkweise bestimmt, die dem frühen kognitiven Egozentrismus des Kindes entspricht. Ergänzt werden kann diese kognitive Theorie um den Aspekt der jeweiligen unbewussten Konfliktstruktur und ihrer Abwehrmechanismen. Im Entwicklungsverlauf nehmen die Konflikte verschiedene Formen an, die den grundlegenden Begehrensmodalitäten entsprechen: orale, anale, ödipale sowie narzisstische Konflikte, die quer zu dieser Systematik verlaufen. Diese Grundkonflikte lassen sich um bestimmte Entwicklungsaufgaben zentrieren – Trennung, Individuation-Autonomie, Triangulierung, Selbstwertregulierung; sie entfalten sich in den ersten Lebensjahren und bestehen in modifizierter Form lebenslang fort (vgl. Quindeau 2008). Die Persönlichkeitsstruktur, der „Charakter" eines Menschen, entsteht im Wesentlichen durch die unbewusste Auseinandersetzung mit den Grundkonflikten und bestimmt auch die Formierung des jeweiligen Traumaschemas sowie des traumakompensatorischen Schemas. In einem so komplexen und vielschichtigen traumatischen Geschehen wie einem Genozid beispielsweise werden in den lebensgeschichtlichen Narrativen von Überlebenden je nach Persönlichkeitsstruktur ganz unterschiedliche Akzente gesetzt. So wird etwa die Erfahrung des Verlusts von Angehörigen unter der Dominanz des Trennungskonfliktes anders berichtet als unter dem Aspekt des ödipalen Konfliktes. Während im ersten Fall das Alleinsein, die Einsamkeit und Schutzlosigkeit fokussiert wird, geht es im zweiten Fall etwa um die Thematisierung von Schuldgefühlen und den Selbstvorwurf, Vater oder Mutter nicht gerettet zu haben. Dominiert hingegen ein Individuations- oder Autonomie-Konflikt, könnten die Selbstbehauptung und der Aspekt, sich allein durchgeschlagen zu haben, im Vordergrund stehen. An diesen knappen Beispielen lässt sich zum einen erkennen, wie unterschiedlich ein und dasselbe traumatische Ereignis erlebt und verarbeitet wird, d.h. wie die Ausgestaltung des Traumaschemas und des traumakompensatorischen Schemas von den unbewussten individuellen Konfliktstrukturen bestimmt ist, und wie sich dies, zum anderen, in den Narrativen niederschlägt.

Frühe Bindungstraumata durch Eltern und Traumatisierungen durch externe Belastungen wie Krieg und Flucht

Im Sinne einer speziellen Psychotraumatologie werden neben den relevanten Persönlichkeitsfaktoren und dem Einfluss des sozialen Umfelds vor allem situationsspezifische Faktoren in ihrem Einfluss und ihrer Bedeutung für die weitere Verarbeitung einer potentiell traumatischen Situation durch das Individuum untersucht. Fischer (2009) erfasst die Situationsdimension der traumatischen Erfahrung anhand von vier Faktoren: 1) des Traumatyps (Häufung traumatischer Ereignisse: singuläres Trauma – Typ I – oder Polytraumatisierung – Typ II (vgl. Terr 1995)); 2) der charakteristischen Dynamik „negative Intimität" oder „Viktimisierung"; 3) der Art der Betroffenheit (eigenes Erleben oder Zeugenschaft; sowie 4) der Art des Verhältnisses zwischen Opfer und Täter. Letzterem kommt zentrale Bedeutung zu. Sind primäre Bindungsobjekte, insbesondere die Mutter oder der Vater, gleichzeitig die Menschen, die dem Kind die Traumatisierung zufügen oder in die traumatisierende Situation involviert sind, weil sie das Kind z.B. nicht schützen, kommt es zu einem primären Bindungstrauma (Streeck-Fischer 2011) und in der Folge zu unsicheren, desorganisierten Bindungsmustern. Eine sichere Bindung wird jedoch in vielen neueren Untersuchungen (ebd.) als die entscheidende Variable für eine gesunde kognitive, emotionale und soziale Entwicklung von Kindern betrachtet und gleichzeitig als eine wesentliche Ressource, die die Resilienz von Kindern im Hinblick auf spätere lebensgeschichtliche Belastungen erhöht. Ein wesentlicher Aspekt hierfür ist in der Tatsache begründet, dass Kinder in einer verlässlichen und zugewandten Bindung an ein bedeutsames Bindungsobjekt lernen, eigene innere Zustände von Erregung und hohem Affektpotential, von Angst, Unsicherheit oder Spannung zu regulieren. Eine Voraussetzung hierfür ist eine ausreichende emotionale Feinfühligkeit und Verfügbarkeit der Eltern, wie auch deren eigene Fähigkeit zum Mentalisieren als einer zentralen Determinante der Organisation des Selbst und der Affektregulierung (vgl. Fonagy et al. 2004). Für bindungstraumatisierte Kinder wird es auch späterhin schwierig sein, bedeutsame nahe Beziehungen zur Regulierung von z.B. Ängsten und zur Kontrolle des eigenen Affekterlebens zu nutzen, häufig bedeuten für solchermaßen betroffene Kinder nahe Beziehungen umgekehrt eher eine Quelle von Ängsten und steigender Erregung. Die in diesem Kontext oft schon früh einsetzende Fehlregulierung des Kindes führt dazu, dass das kindliche Selbst sich in eine Richtung entwickelt, in der es den Blick des traumatisierenden Bindungsobjekts in die eigene Selbstrepräsentanz übernimmt (vgl. Fonagy 2003).

Die traditionelle Jugendhilfe kennt vor allem solche über frühe Traumatisierungen im Bindungsbereich belastete Kinder und Jugendliche mit ihren besonderen Nöten und Bedürfnissen, die sich auf dem Hintergrund verinnerlichter aggressiver, missbrauchender oder vernachlässigender elterlicher Objekte gerade in einem hoch problematischen Bindungs- und Beziehungsverhalten niederschlagen.

Viele junge Geflüchtete, aktuell z.B. aus Syrien, haben dagegen in Bezug auf ihre primären Bindungserfahrungen in ihren Herkunftsfamilien eine sichere Basis erwerben können. Sie sind in stabilen Familien aufgewachsen, haben in ihrer frühen Kindheit und oft bis zu den zur Fluchtentscheidung führenden Kriegswirren eine ausreichende, auch außerfamiliäre Förderung, etwa über einen regelmäßigen Schulbesuch, erfahren. Diese Jugendlichen konnten häufig stabile innere Bilder schützender und vertrauensvoller hilfreicher Objekte aufbauen. Dies kann als wesentlicher Resilienzfaktor für eine spätere Bewältigung der dann oft gravierenden Traumatisierungen im Kontext ihrer Flucht verstanden werden und erlaubt eine prognostisch günstige Einschätzung für ihre weitere Entwicklung. Gleichzeitig stellt gerade auch für diese Jugendlichen die Auseinandersetzung mit ihren Eltern und Herkunftsfamilien häufig einen wesentlichen Belastungsfaktor dar, was sich ebenfalls in den Beziehungen zu ihren aktuellen Betreuern und Betreuerinnen oft konflikthaft abbildet.

Bewusste und unbewusste Aufträge und Delegationen

Hier lässt sich eine für junge Geflüchtete spezifische psychosoziale Problematik beschreiben. Zum einen kommen viele Jugendliche mit dem Wunsch, oft auch einem klaren Auftrag nach Deutschland, Verantwortung dafür zu übernehmen, dass ihren Angehörigen ein Nachzug aus der Krisenregion ermöglicht wird. Ihre Gedanken und Sorgen sind oft von der kritischen Situation, in der die Familie in der alten Heimat oder auf der Flucht noch leben muss und mit der Hoffnung, die die Familie auf sie gesetzt hat, okkupiert. Ihre eigene gelungene Flucht und die relative Sicherheit, die sie selbst erreicht haben, wird nun oft hoch konflikthaft und verbunden mit Schuldgefühlen, insofern sie selbst Chancen für eine friedliche Zukunft haben, während sie dem mitgebrachten Auftrag der Rettung der Familie eher ohnmächtig gegenüberstehen. Über diesen unerfüllten Auftrag und die Angst um ihre Familie sind die Jugendlichen innerlich stark an ihre Familien gebunden und können den Schritt auf eine Integration in der neuen Heimat und die Vorstellung und Planung einer eigenen gelungenen Zukunft nur schwer realisieren. Die bewussten Aufgaben und Aufträge, etwa zur besseren Versorgung der in der Heimat zurückgebliebenen Familie, sind mit unbewussten Aufträgen, mit Delegationen, verknüpft. Unter einer Delegation verstehen wir, dem Familientherapeuten Stierlin (1982) folgend, einen Auftrag seitens eines Elternteiles an das Kind, der den unbewussten Wünschen der Eltern entspricht und auf das Kind übertragen wurde. Über Delegationen sind die Generationen eng aneinander geknüpft; das Nichterfüllen delegierter Aufgaben ist häufig mit starken Schuldgefühlen verbunden.

Diese so über zumeist bewusst wie unbewusst erlebte Konflikte und unerfüllte Aufträge verstärkte innere Bindung steht dabei gleichzeitig einer spezifischen Entwicklungsaufgabe in der psychischen Reifung der jungen Menschen gegenüber, die gerade auf eine Lösung von den primären Liebesobjekten der Kindheit und mit dem Eintritt in die Adoleszenz auf ein eigenständiges und selbstbestimmtes Leben zielt.

Forcierte psychosoziale Entwicklung

Hier treffen wir auf einen weiteren bedeutsamen Faktor, der die besondere psychosoziale Situation junger Geflüchteter maßgeblich beeinflusst. Die abrupte und erzwungene Trennung der Jugendlichen von ihren Eltern wie auch ihrem gewohnten sozialen und kulturellen Kontext stellt gerade in dieser Entwicklungsphase für die Jugendlichen eine kritische Situation dar, die häufig auf der Ebene der realen Bewältigung kritischer Lebenssituationen eine pseudo-progressive Entwicklung erfordert. Diese vorzeitige psychische Alterung der Minderjährigen hat bedeutsame Folgen für die Bewältigung der spezifischen psychologischen Entwicklungsaufgaben in der Adoleszenz. Minderjährige Geflüchtete sind einer forcierten Entwicklung unterworfen, in der sie, um die Gefahren und oft lebensbedrohlichen Ereignisse der Flucht zu überleben, die psychische Funktionalität eines Erwachsenen aufweisen müssen. Damit sind sie der Chance beraubt, die komplexe und sensible Phase des anstehenden Umwandlungsprozesses einer adoleszenten Entwicklung ungestört durchlaufen zu können, die zu einer stabilen Ich-Identität führt. Die Ich-Entwicklung dieser Jugendlichen ist daher aufgrund der Flucht und ihrer Bedingungen durch den Verlust eines schützenden adoleszenten Übergangsraums stark belastet. Ein solcher Übergangsraum wird Jugendlichen über kulturelle Grenzen hinweg zur Verfügung gestellt, um das Gelingen des vulnerablen Prozesses der zu leistenden psychischen Neuorganisation zu gewährleisten. Die in dieser Lebensphase anstehende Aufgabe der Identitätsbildung bleibt so unsicher. Wie Erikson (1999) die Aufgabe der Adoleszenz beschreibt, entwickeln sich die Jugendlichen über die Ausbildung der eigenen Identität in reflexivem Bezug auf die Gesellschaft als vollwertige Mitglieder der Folgegeneration in der eigenen Kultur bzw. Gesellschaft:

> „In ihrer Suche nach einem neuen Gefühl der Kontinuität und Gleichheit, das jetzt auch die sexuelle Reife mit umfassen muss, haben manche Jugendliche sich noch einmal mit den Krisen früherer Jahre auseinanderzusetzen, ehe sie bleibende Idole und Ideale als Hüter einer endgültigen Identität einsetzen können. Sie bedürfen vor allem eines Moratoriums für die Integration der Identitätselemente, die wir im Vorangehenden den Kindheitsstadien zuordneten: nur dass jetzt eine größere Einheit, undeutlich in ihren Umrissen und doch unmittelbar in ihren Forderungen, an die Stelle des Kindheitsmilieus tritt: die Gesellschaft." (Erikson 1999, S. 131)

Exkurs: Psychische Entwicklung in der Adoleszenz

Zur genaueren Bestimmung der spezifischen entwicklungspsychologischen Problematiken bei jungen Geflüchteten ist es sinnvoll, ein Modell der psychologischen Entwicklung Jugendlicher im Kontext der Adoleszenz zu skizzieren. Zunächst kommt es zu einem durch die einsetzende biologische sexuelle Reifung bedingten Sturm und zum Vordrängen sexueller wie auch aggressiver Energien, was gleichzeitig die Verdrängung alter libidinöser Wünsche und Fantasien lockert und bislang im kindlichen Rahmen gelöste Konflikte mit neuem Leben weckt. Die regressive Reaktualisierung der frühkindlichen Konflikte wie die Neubewertung und anschließende Korrektur kindlicher Identifizierungen kann im Sinne einer zweiten Individuation (vgl. Bohleber 2004) als eine Neuorganisation der kindlichen Identität aufgefasst werden. Ziel dieser konflikthaften Entwicklung ist dabei eine zukunftsfähige, sichere Ich-Identität als Zuwachs an Persönlichkeitsreife (Erikson 1999). Im Mittelpunkt dieser oft angstbesetzten Auseinandersetzung stehen dabei folgende Konfliktbereiche:

- Konflikte im Kontext der auszubildenden Affekt- und Ambiguitätstoleranz
- die Frage der Individuation zwischen den Polen der Autonomie einer- und der Abhängigkeit andererseits
- Triangulierung
- moralische Entwicklung
- Verortung innerhalb der eigenen Kultur bzw. Gesellschaft.

Die Entwicklung der jugendlichen Psyche lässt sich insbesondere auch unter dem Blickpunkt des mit ihr einhergehenden Generationenwechsels betrachten. An der Weitergabe sozialer Positionen und kultureller Identifikationen sind notwendig beide Generationen aktiv beteiligt. Adoleszenz ist nur aus einem Verständnis der gesellschaftlichen Generationsbeziehungen und -verhältnisse heraus zu verstehen, als ein Prozess, in dem soziale Positionen von Erwachsenen an Heranwachsende weitergegeben werden. An diesem Prozess sind mithin beide Generationen aktiv beteiligt, und er ist sowohl mit Gratifikationen als auch Herausforderungen für weitere Generationen verbunden: der Bruch zwischen den Generationen soll in diesem Prozess überprüft werden, der zum einen die eigene Ablösung durch die Folgegeneration ermöglicht, als auch das Heranwachsen einer neuen Generation, die in diesem Prozess der Neuerungen zum Träger kultureller Transformationen werden kann (vgl. King 2004).

Intergenerationale psychische Vorgänge

Dieser Blickpunkt intergenerationalen psychologischen Wirkens ist zur Bestimmung der spezifischen psychologischen Problematik von unbegleiteten jugendlichen Geflüchteten von hoher Relevanz (vgl. Rauwald 2013). Gerade in der sensiblen Zeit der adoleszenten Metamorphose sind Prozesse der Lösung von den Eltern oder ihren Stellvertretern mit einem erneuten intensiven Bezug auf die elterlichen Werte und Lebensthemen verwoben. Die Identität der Eltern ist die Matrix, auf der sich die Jugendlichen in intensiver Auseinandersetzung, die Ablehnung der elterlichen Position, aber immer wieder auch Momente der Rückbesinnung bedeutet, zu einer eigenen Identität hin entwickeln. Die gewaltsam und vorzeitig erzwungene Trennung von den eigenen Eltern und der eigenen Familie, von der Peergroup wie der weiteren Einbettung in die Gesellschaft kann diese Entwicklung massiv stören. Die idealerweise stetig und integrativ ablaufende Loslösung aus dem schützenden Raum der elterlichen Bezugsobjekte wird von außen erzwungen, zusätzlich oft auch abrupt vollzogen. Ein in diesem Transformationsraum zunächst spielerisch und keineswegs endgültig gedachter Trennungsprozess erfährt über die Flucht eine unwiderrufliche Realität. Eine psychisch noch nicht sicher erreichte Position verantwortlichen erwachsenen Lebens wird in diesem Schritt oktroyiert. Es kommt daher zu einem Verlust gerade jenes adoleszenten Übergangsraumes, der oben als Ort der moralischen, gesellschaftlichen und psychischen Integration ausgezeichnet wurde.

Diagnostische Schwierigkeiten in der Einschätzung der psychischen Problemlagen von minderjährigen Geflüchteten: auffällige Unauffälligkeit

Dieser Verlust einer Jugend oder Kindheit wird von den unbegleiteten minderjährigen Geflüchteten in Form eines vielschichtigen intrapsychischen Konflikts erlebt. Geflüchtete Jugendliche befinden sich dabei oft in einem Tumult zwischen der Erfahrung tiefer Verluste und schmerzhafter Trennungen von allem, was ihnen Schutz, Sicherheit und Vertrauen bedeutet hat einerseits, und tiefen Schuldgefühlen andererseits. Die Erfahrung des „Verlust[es] von Texten, Traditionen und Kontinuitäten, die das eigentliche Gewebe einer Kultur ausmachen" (Said 1997, S. 14), wohl mehr oder minder allen Geflüchteten eigen, wird bei jungen Geflüchteten von starken Schuldgefühlen wegen der im Sinne einer Illoyalität gegenüber den eigenen Eltern und Geschwistern erlebten Entscheidung zur Flucht begleitet, die dabei auch als Akt des Verrats und des Verstoßes gegen verinnerlichte Anforderungen des Gewissens und verinnerlichte Selbstideale erscheint. Minderjährige Geflüchtete sind in einem vielfachen, auch ökonomischen oder politischen Sinne mit familiären Aufgaben und Aufträgen belastet, die über diese bewussten wie unbewussten Schuldgefühle eine erhebliche Verstärkung erfahren. Es ist unschwer nachzuvollziehen, dass eine solche hoch belastende intrapsychische Verarbeitung der Fluchterfahrung durch das zusätzliche Erleben traumatischer Situationen weiter kompliziert wird und gerade Schuldgefühle eine weitere Verstärkung erfahren. Für die Jugendlichen bedeutet dies, dass der Kontakt mit der eigenen inneren Welt schnell bedrohliche und angstauslösende Gefühle aktiviert und deshalb gemieden wird. Gerade so aber erscheinen Jugendliche trotz ihrer gravierenden Belastungen oft unauffällig und tragen damit dazu bei, dass ihre Not und ihr Hilfebedarf leicht übersehen werden.

Die Möglichkeit einer Fehleinschätzung der psychologischen Kondition der minderjährigen Geflüchteten im Zuge des Clearingverfahrens wird so dadurch erhöht, dass in der Kommunikation und dem Verhalten bisweilen die beeinträchtigenden Reaktionen der Jugendlichen auf das im Heimatland bzw. auf der Flucht Erlebte relativ schwer erkennbar sind und also verborgen bleiben. Die zugrunde liegenden psychischen Beweggründe können zahlreich sein: Neben dem beschriebenen, oft vorrangigen Wunsch, alten Ängsten und Nöten nicht mehr begegnen zu müssen, ist es die Suche nach einer schützenden und sicheren Umgebung und der Wunsch nach Normalität wie auch ein Nichtverstehen des eigenen Befindens, die die Praxis des – auf der Flucht schützenden – Unsichtbarwerdens ebenso wie die rechtliche Unsicherheit des eigenen Aufenthalts eine starke Motivation sein lässt, den eigenen leidvollen Erlebnissen und dem eigenen Befinden den Ausdruck zu versagen.

So bleibt die tragende spezifische psychosoziale Entwicklungsproblematik bei jungen Geflüchteten gerade im Zuge des Clearingverfahrens häufig unerkannt und die Jugendlichen, die auf den ersten Blick unauffällig, in einer scheinbar psychosozial „normalen" Kondition, erscheinen, werden als gesund eingestuft. Gerade die auffällige Unauffälligkeit junger Geflüchteter erschwert so die Aufgabe der Gutachter_innen im Clearingverfahren und verweist auf die Notwendigkeit einer intensiven Kenntnis und Auseinandersetzung mit der hier beschriebenen spezifischen entwicklungspsychologischen wie psychosozialen Problematik junger Geflüchteter.

Literatur

Bausum, J./Besser, L./Kühn, M./Weiß, W. (Hrsg.) (2011): Traumapädagogik. Grundlagen, Arbeitsfelder und Methoden für die pädagogische Praxis. Weinheim: Beltz Juventa.

Bohleber, W. (2004): Adoleszenz, Identität und Trauma. In: Streeck-Fischer, A. (Hrsg.): Adoleszenz - Bindung - Destruktivität. Stuttgart: Klett-Cotta. S. 229-242.

Erikson, H. E. (1999): Kindheit und Gesellschaft. Stuttgart: Klett-Cotta.

Fischer, G. (2000): MPTT. Mehrdimensionale Psychodynamische Traumatherapie. Manual zur Behandlung psychotraumatischer Störungen. Heidelberg: Asanger.

Fischer, G./Riedesser, P. (2009): Lehrbuch der Psychotraumatologie. München: Reinhardt.

Fonagy, P. (2003): Bindungstheorie und Psychoanalyse. Stuttgart: Klett-Cotta.

Fonagy, P./Gergely, G./Jurist, E. L./Target, M. (Hrsg.) (2004): Affektregulierung, Mentalisierung und die Entwicklung des Selbst. Stuttgart: Klett-Cotta.

Götz, T. (2015): Die akute psychosoziale Versorgung im Flüchtlingskontext – Eine Herausforderung für Frankfurt (Vortrag Gesundheitsamt Frankfurt am 26.10.2015).

King, V. (2004): Die Entstehung des Neuen in der Adoleszenz. Individuation, Generativität und Geschlecht in modernisierten Gesellschaften. Hamburg: Springer.

Küchenhoff, J. (1990): Die Repräsentation früher Traumata in der Übertragung. Forum der Psychoanalyse 6, S. 15-31.

Lang, B./Schirmer, C./Lang, T./Andreae de Hair, I./Wahle, T./Bausum, J./Weiß, W./Schmid, M. (Hrsg.) (2013): Traumapädagogische Standards in der stationären Kinder- und Jugendhilfe. Weinheim: Beltz Juventa.

Quindeau, I. (2008): Psychoanalyse. Paderborn: Fink.

Rauwald, M. (Hrsg.) (2013): Vererbte Wunden. Transgenerationale Weitergabe traumatischer Erfahrungen. Weinheim: Beltz.

Said, E. (1997): Die Welt, der Text und der Kritiker. Hamburg: Fischer.

Stierlin, H. (1982): Delegation und Familie. Beiträge zum Heidelberger familiendynamischen Konzept. Hamburg: Suhrkamp.

Streeck-Fischer, A. (2011): Trauma und Entwicklung: Frühe Traumatisierungen und ihre Folgen in der Adoleszenz. Stuttgart: Klett-Cotta.

Terr, L. C. (1995): Childhood Traumas. An Outline and Overview. In: Everly, G. S./Lating, J. M. (Hrsg.): Psychotraumatology: Key papers and core concepts in post-traumatic stress. New York: Plenum Press. S. 301-320.

Rechtliche Rahmenbedingungen und Gestaltungsaufträge an die Kinder- und Jugendhilfe

Irmela Wiesinger

„Kinder und Jugendliche, die aus ihren Herkunftsländern allein nach Deutschland kommen, gehören zu den schutzbedürftigsten Personengruppen. Es sind junge Menschen, die häufig Schreckliches erlebt haben und möglicherweise physisch und psychisch stark belastet oder traumatisiert sind. [...] Es sind aber auch junge Menschen, die über Potentiale und Ressourcen verfügen. [...] Sie müssen [...] mit allen ihren Belastungen, schmerzhaften Erfahrungen und Ängsten aufgefangen werden, aber auch die Möglichkeit erhalten, durch Zugänge zu Angeboten formaler und non-formaler Bildung ihre Potentiale zu entfalten und sich in die Gesellschaft einzubringen." (Bundestag-Drucksache 18/5921, S.1)

In seiner Begründung zum „Gesetz zur Verbesserung der Unterbringung, Versorgung und Betreuung ausländischer Kinder und Jugendlicher" beschreibt das Bundesfamilienministerium (BMFSFJ) sehr treffend die psychosoziale Situation geflüchteter junger Menschen und die sich daraus ergebenden Aufträge an die freie und öffentliche Kinder- und Jugendhilfe.

Der folgende Beitrag befasst sich mit den verschiedenen Anforderungen auf der pädagogischen, konzeptionellen und fachpolitischen Ebene, die sich aus der aktuellen rechtlichen Rahmung ergeben.

Im Spannungsfeld zweier Systeme

Als Geflüchtete und zugleich Minderjährige stehen die Jugendlichen zwischen zwei Rechtssystemen mit völlig gegensätzlichen Interessen. Internationale Schutzgarantien und kinderrechtliche Normen sind im SGB VIII gesetzlich verankert und verpflichten die Jugendhilfe – unabhängig von Staatsangehörigkeit und Aufenthaltsstatus – das Kindeswohl sicherzustellen und die Jugendlichen in ihrer individuellen und sozialen Entwicklung zu fördern. In der Praxis bedeutet dies beispielsweise, dass geflüchtete Minderjährige ohne Begleitung nicht in Erwachsenenunterkünften, sondern durch das Jugendamt an einem kind- und jugendgerechten Ort in Obhut genommen werden müssen.

Dagegen soll das Aufenthalts- und Asylrecht den Interessen des Staates dienen und hat die Reduzierung der Flüchtlingszahlen durch immer restriktivere Maßnahmen zum Ziel. Bis auf wenige Ausnahmen gelten diese Regelungen auch für unbegleitete Minderjährige, denn auch sie durchlaufen das Asylverfahren wie alle anderen Asylbewerber_innen. Der Asylantrag kann jedoch nur durch einen Vormund gestellt werden, der sein Mündel unter anderem bei der mündlichen Anhörung durch das „Bundesamt für Migration und Flüchtlinge" begleitet und unterstützt. Die wenigsten Jugendlichen und jungen Volljährigen müssen zwar eine Abschiebung befürchten. Die Schutzquote, d. h., die Entscheidungen des Bundesamtes, die zu einer Bleibeperspektive führen, ist in den vergangenen Jahren kontinuierlich bis auf 88% im Jahr 2015 angestiegen. Dennoch kann die Wartezeit auf eine Entscheidung mehrere Jahre dauern. Diese Ungewissheit über die weitere Zukunft belastet und verunsichert die Jugendlichen in hohem Maße.

Immer mehr Kinder und Jugendliche auf der Flucht

Schätzungsweise 230 Millionen Kinder sind weltweit von bewaffneten Konflikten oder kriegerischen Auseinandersetzungen betroffen. Daher überrascht es nicht, dass nach Angaben des UN-Flüchtlingshilfswerks (UNHCR) im Jahr 2013 von den insgesamt 52 Millionen Geflüchteten weltweit jeder zweite Flüchtling ein Kind war. So suchen auch in Deutschland immer mehr Kinder und Jugendliche ohne Begleitung eines Personensorgeberechtigten Schutz vor Krieg, Bürgerkrieg und Terror. Darüber hinaus sind kinderspezifische Bedrohungen, wie z. B. Entführung, Zwangsrekrutierung, Genitalverstümmlung, Missbrauch, Kinderarbeit und Zwangsprostitution häufige Fluchtgründe. Seit einigen Jahren kommen vorwiegend Jungen aus Afghanistan, Syrien, Eritrea, Somalia und dem Irak im Alter von 15 bis 17 Jahren. Wurden im Jahr 2014 bundesweit für 12.400 unbegleitet eingereiste Minderjährige Schutzmaßnahmen eingeleitet, stieg die Zahl im Jahr 2015 auf rund 35.000 junge Geflüchtete an.

Die Einreisen und somit die Inobhutnahmen konzentrieren sich auf bestimmte Einreiseschwerpunkte wie beispielsweise Bayern, Hamburg, Berlin und Hessen, hier vor allem Frankfurt und Gießen. Die Zugangszahlen stiegen zum Bespiel allein in Hessen von 1.900 unbegleiteten minderjährigen Geflüchteten im Jahr 2014 auf fast 8.000 im Jahre 2015.

Auf diese rasante Entwicklung war das Jugendhilfesystem nicht vorbereitet. Vor allem in der zweiten Jahreshälfte 2015 kam es zu einem massiven Engpass bei den Heimplatzkapazitäten. Trotz großer Anstrengungen seitens vieler öffentlicher und freier Jugendhilfeträger, Kapazitäten auszubauen und Personal zu finden, konnten die Standards einer jugendhilfegerechten Unterbringung und Betreuung nicht mehr eingehalten werden. Provisorische Unterkünfte, zum Beispiel Hotels oder Turnhallen, und Betreuungssettings mit sehr unterschiedlicher Qualität und Intensität mussten kurzfristig bereitgestellt werden, um die minderjährigen Geflüchteten notdürftig zu versorgen.

Viele dieser meist traumatisierten und verängstigten Jugendlichen haben bisher noch keinen sicheren Ort, an dem sie nach der lebensgefährlichen Flucht zur Ruhe kommen können.

Dem regional unterschiedlich hohen Versorgungsdruck und der damit einhergehenden Überlastung kommunaler Regelsysteme soll durch eine gleichmäßigere Verteilung der unbegleiteten minderjährigen Flüchtlinge auf der Grundlage des Gesetzes zur Verbesserung der Unterbringung, Versorgung und Betreuung ausländischer Kinder und Jugendlicher entgegengewirkt werden.

Bundesweite Verteilung unter Beachtung des Kindeswohls – eine Quadratur des Kreises?

Kernstück des am 1. November 2015 in Kraft getretenen Gesetzes ist die bundesweite Verteilung der Kinder und Jugendlichen nach dem sogenannten Königsteiner Schlüssel. Dieser legt – wie bei erwachsenen Asylbewerber_innen schon lange praktiziert – Aufnahmequoten für Bundesländer und Kommunen fest, um die bisher zuständigen Jugendämter zu entlasten.

Die minderjährigen Geflüchteten werden nach einer Alterseinschätzung durch das Jugendamt zunächst dort vorläufig in Obhut genommen, wo sie ankommen oder sich erstmalig melden. In einem Schnellverfahren von sieben Tagen wird dann eingeschätzt, ob es gesundheitliche oder psychische Gründe gibt, die eine Verteilung ausschließen und ob eine Zusammenführung mit Verwandten kurzfristig möglich ist. Kommt es zu einer Verteilung, wird je nach Aufnahmepflicht ein Jugendamt in einem Bundesland bestimmt. Dort findet dann das Clearingverfahren statt, in dem über den Unterstützungsbedarf und die weiteren Hilfsangebote entschieden wird.

Praktiker_innen und Expert_innen der Fachwelt befürchteten bereits vor Inkrafttreten des Gesetzes, dass es kaum möglich sein würde, den individuellen Bedarf im Einzelfall und das postulierte vorrangig zu beachtende Kindeswohl in einer einmal in Gang gesetzten „Verteilmaschinerie" (Bundesfachverband unbegleitete minderjährige Flüchtlinge 2015) eines ordnungspolitisch ausgerichteten Verfahrens ausreichend zu berücksichtigen.

In vielen Regionen Deutschlands fehlt es zudem noch an einer erfahrungsbasierten Fachlichkeit und qualitativen Jugendhilfestruktur – unabdingbare Voraussetzungen für ein gelingendes Ankommen und einen darauf aufbauenden Integrationsprozess. So haben laut einer Erhebung des

Bundesfachverbandes UMF von 600 Jugendämtern in Deutschland bis Ende 2014 nur ca. 90 Jugendämter unbegleitete minderjährige Geflüchtete in relevantem Maß aufgenommen.

Quote versus Qualität

Die Erfahrungen der ersten sechs Monate mit der neuen Gesetzeslage bestätigen, dass die in dem Eingangszitat der Bundesregierung postulierten Hilfsangebote nicht für jeden jungen Geflüchteten an jedem Ort gewährleistet werden. Ob er seinem individuellen Bedarf entsprechend versorgt, betreut und gefördert wird und ob seine familiären Bindungen bei der Verteilung berücksichtigt werden, hängt vielmehr entscheidend von der quotenbasierten Zuweisungsentscheidung und der lokalen Aufnahmestruktur ab.

So sind z.B. viele Jugendämter damit befasst, die Zuweisungsentscheidung in ihre Kommune nachträglich zu korrigieren und in einem bürokratisch aufwändigen Verfahren eine Umverteilung des Jugendlichen zu Verwandten an einem anderen Ort zu erreichen. Nicht immer sind Familienangehörige in der Lage, z.B. einen Bruder oder Neffen bei sich aufzunehmen und die rechtliche Verantwortung zu übernehmen – auch wenn eine emotionale Bindung besteht und der regelmäßige Kontakt für den Jugendlichen unterstützend wäre. Dennoch wird eine Verteilung in die Nähe der Familienangehörigen in einigen Bundesländern nur unter diesen Voraussetzungen berücksichtigt.

Die regionalen Disparitäten hinsichtlich Angebotsstruktur und Qualität der Unterbringung und Betreuung führen dazu, dass minderjährige Geflüchtete aus strukturschwachen Regionen in die Einreise- und Ballungszentren zurückkehren oder „verschwinden", weil z.B. nach mehreren Monaten noch immer kein Schulbesuch oder Sprachkurs angeboten wurde.

Die öffentliche und freie Jugendhilfe steht deshalb in allen Bundesländern vor der gemeinsamen Aufgabe, geeignete Jugendhilfe-, Bildungs- und Unterstützungsangebote aufzubauen und bundesweit zu den rechtlichen und fachlichen Standards der Jugendhilfe zurückzukehren. Das vorrangige Ziel muss sein, die jungen Geflüchteten schnellstmöglich aus den provisorischen Unterkünften in Einrichtungen der Jugendhilfe oder andere Hilfearten überzuleiten.

Darüber hinaus hat das Jugendhilfesystem als zentraler Integrationsakteur auch den Auftrag, kommunale Netzwerke zwischen den Bereichen Jugendhilfe, Beratung, Therapie, Schule, Ausbildung, zwischen Kulturvermittlern, Ehrenamtlichen, Vereinen und Communities beständig zu erweitern oder neu aufzubauen. Erst ein Verbundsystem von vielfältigen Angeboten, das an der konkreten Lebenswelt junger Geflüchteter anknüpft, eröffnet ihnen außerhalb des „klassischen" Settings einer Jugendhilfeeinrichtung die Teilhabe an Bildung, sozialem Miteinander und Kultur.

Wenn diese adäquaten Hilfen und vor allem haltgebende Beziehungsangebote nicht vorhanden sind, reagieren die unbegleiteten minderjährigen Geflüchteten auf diese Defizite mit ihren eigenen Überlebens- und Bewältigungsstrategien, die sie in ihrer bisherigen Biografie als hochfunktional erlebt haben.

Demgegenüber besteht die Gefahr, dass die von aufenthaltsrechtlichen Bestimmungen und ordnungspolitischen Instrumenten dominierte Jugendhilfepraxis besonders bei jungen Geflüchteten auf nicht-konformes Verhalten ausschließlich restriktiv und sanktionierend reagiert, um Verwaltungsentscheidungen durchzusetzen und die Funktionalität des Verteilungsverfahrens aufrechtzuerhalten.

Sicherheit und Normalität bieten

In dem Grundbedürfnis nach Halt und Angenommen-Sein unterscheiden sich die geflüchteten Jugendlichen jedoch nicht von anderen Gleichaltrigen. Unabhängig von ihrer Fluchtgeschichte und ihrem soziokulturellen Hintergrund sind sie Jugendliche, deren Identitätsentwicklung noch nicht abgeschlossen bzw. ungleichzeitig verlaufen ist. Einerseits mussten sie durch die Zerstörung ihrer Lebensgrundlagen abrupt erwachsen werden, Überlebensmechanismen entwickeln, Verantwortung für sich und ihre Familienangehörigen übernehmen. Andere Entwicklungsaufgaben der Adoleszenz, z.B. die emotionale Ablösung von den Eltern und die Ausbildung eines realistischen Selbstbildes, konnten noch nicht durchlebt werden.

Wie andere Gleichaltrige, die aus unterschiedlichsten Gründen nicht in ihrer Familie oder bei ihren Eltern aufwachsen können, brauchen sie einen Lebensort, der ihnen Sicherheit und Normalität nach einem Leben im Ausnahmezustand ermöglicht. Einen Ort, an dem sich ein Zugehörigkeitsgefühl zu einer Gemeinschaft und zu unserer Gesellschaft entwickeln kann, an dem konkrete Möglichkeiten einer Teilhabe verfügbar sind. Sie brauchen qualifizierte Pädagog_innen, die sowohl individuelle Ressourcen erkennen und fördern, als auch mit depressivem, aggressivem oder sehr angepasstem Verhalten traumasensibel und professionell umgehen können. Die Basis hierfür ist der kontinuierliche Aufbau einer Vertrauensbeziehung, bei der auch die Klärung des elterlichen Auftrages eine wichtige Rolle spielen kann. Häufig stehen die Jugendlichen unter einem starken Erwartungsdruck der Familienangehörigen oder leiden an Schuldgefühlen. Durch die mediale Vernetzung erhalten sie unmittelbar Informationen über den Bombenangriff in der Heimatstadt, über die Notsituation der Verwandten oder über den Tod eines nahestehenden Menschen.

Diese seelischen Belastungen konnten in den vergangenen Monaten nicht immer durch eine adäquate und professionelle Unterstützung aufgefangen werden. Der hohe Druck in vielen Kommunen, schnell und pragmatisch die Versorgung mit dem Nötigsten sicherzustellen, führte zu Defiziten in der psychosozialen und individualpädagogischen Betreuung. Ein geregeltes Clearingverfahren, in dem der individuelle Hilfebedarf geklärt und in dem mit dem jungen Menschen gemeinsam realistische Perspektiven entwickelt werden, hat in vielen Fällen nicht stattgefunden. Dem Bedürfnis der Jugendlichen, mit ihren persönlichen Anliegen gehört und ernstgenommen zu werden, konnte trotz des hohen Engagements vieler Fachkräfte nicht immer entsprochen werden. Eine ungenügende Aufklärung über Möglichkeiten und Grenzen des Jugendhilfe- und Bildungssystems, verbunden mit dem „Dichtestress" in einer überbelegten Einrichtung und eingeschränkten zeitlichen Ressourcen des Betreuungspersonals verstärken Frustrationen und das Konfliktpotenzial unter den Jugendlichen.

Die personelle und finanzielle Überlastung des Jugendhilfesystems darf jedoch nicht die Tendenz entwickeln, speziell von jungen Geflüchteten im Vergleich zu anderen Adressaten der Jugendhilfe ein besonders angepasstes und regelkonformes Verhalten für eine Hilfegewährung im Sinne einer „Vorschussleistung" zu erwarten. Der fachliche Anspruch der Hilfen zur Erziehung, jungen Menschen mit einer belastenden Lebensgeschichte genügend Zeit für nachholende Entwicklung – auch für damit einhergehende konflikt- und krisenhafte Phasen – einzuräumen, muss weiterhin für alle jungen Menschen gelten.

Die „Chronifizierung der Vorläufigkeit"

Die gegenwärtige Praxis zeigt eine Entwicklung, die als eine „Chronifizierung der Vorläufigkeit" beschrieben werden kann. Die provisorischen Aufnahmekonstrukte, z.B. Hotelunterbringungen, scheinen sich vielerorts zu verstetigen und als langfristige Form der Unterbringung und Betreuung zu etablieren. Trotz intensiver Bemühungen vieler Jugendämter und freier Träger werden kommunale Planungsprozesse, eine diversifizierte bedarfsgenaue Hilfestruktur zu entwickeln, durch eine fehlende Planungssicherheit im Hinblick auf langfristige Bedarfe erschwert.

Die Sperrung der Balkanroute im März 2016 und der damit einhergehende deutliche Rückgang der Zugangszahlen hat die Zurückhaltung und Stagnation beim Ausbau von Angebotsstrukturen deutlich verstärkt. Wurden z. B. in Frankfurt und Gießen im Januar 2016 noch 452 Einreisen registriert, waren es im April nur noch 147.

Es ist daher zu befürchten, dass sich die ohnehin schon bestehende regionale Heterogenität in Form eines Flickenteppichs von unterschiedlichen Standards und Strukturen hinsichtlich Unterbringung, Betreuung, Qualifikation der Fachkräfte und Beratungsangeboten manifestieren wird.

Unsicherheit als Lebensgefühl

Die „Chronifizierung des Vorläufigen" zeigt sich ebenso auf der Ebene der Aufenthaltsperspektive: Die Asylverfahren laufen bei bestimmten Herkunftsländern, z. B. Afghanistan, über mehrere Jahre. Bei einer hohen Zahl von jungen Afghan_innen finden die Anhörung und die Entscheidung des Bundesamtes für Migration und Flüchtlinge erst nach Erreichen der Volljährigkeit statt.

Obwohl sie als unbegleitete Minderjährige aus den gleichen Gründen wie ihre Altersgenoss_innen ihr Land verlassen haben, unterliegen diese Heranwachsenden nicht mehr den für Minderjährige geltenden Schutzkriterien und haben dadurch deutlich geringe Aussichten auf Schutz und Aufenthalt.

Die lange Ungewissheit über die eigene Bleibeperspektive, die gesellschaftspolitische Debatte über die Flüchtlingspolitik, die zahlreichen gesetzlichen Neuregelungen und Verschärfungen[1] und auch die öffentliche Diskussion, ob Afghanistan als ein sicheres Herkunftsland eingestuft wird, erzeugen bei einigen Jugendlichen massive Verunsicherung und Verzweiflung.

Die Hoffnung auf einen objektiv und – auch in einem traumapädagogischen Verständnis – subjektiv sicheren Lebensort, der eine Zukunftsperspektive bietet, erscheint aus ihrer Sicht nicht erreichbar. Dadurch werden Angst und Flucht als bisherige Lebensmuster reaktiviert und manifestiert.

Der starke Einfluss staatlicher und politischer Steuerungsmechanismen auf die Lebensrealität von jungen Geflüchteten ist ein spezifisches strukturelles Merkmal der pädagogischen Arbeit mit dieser Personengruppe. Von Beginn an ist dieses Handlungsfeld der Kinder- und Jugendhilfe geprägt

---

1 Restriktive Regelungen wurden z. B. beim Familiennachzug und bei Personen aus als sicher definierten Herkunftsstaaten (derzeit Albanien, Bosnien und Herzegowina, Ghana, Kosovo, Mazedonien, Montenegro, Senegal und Serbien) eingeführt. Wenn diese nach dem 31.08.15 einen Asylantrag gestellt haben, wird Ihnen z. B. der Zugang zu einer Berufsausbildung komplett verwehrt.

durch fachfremde aufenthaltsrechtliche Vorgaben – nun auch durch die verfahrenstechnischen Abläufe des Verteilungsgesetzes. Nicht nur die Einhaltung dieser mit extrem kurzen Fristen verbundenen Abläufe stellt die Fachkräfte unter einen enormen Handlungsdruck. Die Geschwindigkeit, mit der Politik seit Mitte 2015 durch mehrere gesetzliche Neuregelungen auf den hohen Zugang von Geflüchteten reagiert hat, führt auch bei Fachkräften zu Handlungsunsicherheiten und dem Gefühl, auf diesen reflexhaften Aktionismus und die gleichzeitig zunehmenden rechtspopulistischen Strömungen in der Gesellschaft nur noch reagieren zu können. Die Entwicklung einer eigenständigen Fachlichkeit ist dadurch stark in den Hintergrund getreten.

Kinder- und Menschenrechtsorientierung als Grundlage professionellen Handelns

Unter diesen Rahmenbedingungen stellen sich dem Kinder- und Jugendhilfesystem neben den vielfältigen Herausforderungen auf der praktischen Ebene auch fachlich-konzeptionelle und politische Aufträge.

Von zentraler Bedeutung ist zunächst die Ausbildung eines beruflichen Selbstverständnisses, das die universelle Gültigkeit von Kinder- und Menschenrechten zur Grundlage des professionellen Handelns macht (vgl. Staub-Bernasconi 2016). Soziale Arbeit mit jungen Geflüchteten, unabhängig davon, ob sie alleine oder mit ihren Eltern kommen, muss sich in ihren jeweiligen Praxisfeldern und Institutionen an diesem normativen Bezugspunkt orientieren und einen klaren Standpunkt einnehmen. Fachkräfte müssen sich darüber bewusst sein, dass sie mit der Betreuung einer Flüchtlingsjugendlichen oder jungen Volljährigen zugleich einen anwaltlich-politischen Auftrag übernehmen, indem sie sich z. B. für die Durchsetzung von Rechtsansprüchen ihres Schutzbefohlenen einsetzen und dabei auch gegen strukturelle Diskriminierungsmechanismen Position beziehen. Mit dieser Grundhaltung werden Fachkräfte auch Defizite innerhalb des Kinder- und Jugendhilfesystems kritisieren und sich aus ihrer selbstbestimmten Fachlichkeit heraus für bessere Rahmenbedingungen engagieren.

Nach Staub-Bernasconi ist ein ethischer Berufskodex die wesentliche Grundlage für ein professionelles Selbstverständnis der Sozialen Arbeit. Staub-Bernasconi (2007) definiert die Menschenrechtsorientierung als das „dritte Mandat" der Sozialen Arbeit (2007, 200 f.). Diese bildet die eigenständige Legitimationsbasis, sich im Sinne einer wissenschaftlich und menschenrechtlich begründeten Fachpolitik für gesellschaftliche Veränderungen einzusetzen.

Das „dritte Mandat" im Sinne von Staub-Bernasconi bedeutet somit, dass die Kinder- und Jugendhilfe ihren politischen und gesellschaftlichen Gestaltungsauftrag gegenüber anderen beteiligten Akteuren selbstbewusst und offensiv vertritt und in dieser eigenständigen Fachlichkeit anerkannt wird. Dies kann jedoch nur durch solidarische Kooperationen und breite Bündnisse auf lokaler und bundesweiter Ebene gelingen. Die in der Praxis stehenden Fachkräfte brauchen Rückhalt in ihren eigenen Institutionen und fachpolitische Unterstützung durch überregionale Jugendhilfeträger, Verbände, Interessensvertretungen und unabhängige Ombudsstellen.

Die konkrete Übertragung dieser berufsspezifischen ethischen Grundhaltung auf das Arbeitsfeld der Kinder- und Jugendhilfe mit jungen Geflüchteten muss an den Hochschulen und Fachhochschulen stärker als bisher Inhalt des Curriculums werden. Dem Fachkräftemangel – eine der größten Herausforderungen in der Praxis – kann nachhaltig nur begegnet werden, wenn das Thema Soziale Arbeit mit (un)begleiteten Flüchtlingskindern und -jugendlichen als Studieninhalt an Universitäten und Fachhochschulen regelhaft präsent ist.

Die Chancen in der Krise – von der Notversorgung zurück zur Pädagogik

Grundsätzlich hat die Kinder- und Jugendhilfe nach dem Ausnahmezustand der vergangenen Monate den fachlich-konzeptionellen Auftrag, wieder an bereits vorhandene Qualitätsstandards der pädagogischen Praxis anzuknüpfen und diese weiterzuentwickeln. In den in der Arbeit mit unbegleiteten jugendlichen Geflüchteten erfahrenen Regionen haben sich punktuell sehr gute fachliche Standards im Sinne einer *best practice*, u.a. in den Bereichen Clearingverfahren, Traumapädagogik und Bildungsförderung, herausgebildet. Nun gilt es, dieses Erfahrungswissen und die konkreten Gelingensfaktoren zu evaluieren und die Ergebnisse für das gesamte Praxisfeld nutzbar zu machen. Hierzu braucht es Plattformen für den strukturierten fachlichen Austausch zwischen Fachkräften, Praxisforschungsprojekte sowie Qualifizierungsangebote, die die konkreten regionalen Rahmenbedingungen stärker berücksichtigen.

Die Tatsache, dass sich Ende 2015 ca. 55.000 minderjährige Geflüchtete und junge Volljährige in Einrichtungen der Jugendhilfe befanden (Bundesfachverband unbegleitete minderjährige Flüchtlinge 2015), lässt den Schluss zu, dass der hohe Zugang von jungen Geflüchteten das Jugendhilfesystem in vielen Regionen Deutschlands bereits nachhaltig verändert hat.

Trotz der bestehenden Defizite und Überforderungen bei der Aufnahme und Betreuung sind vielerorts gleichzeitig „aus der Not geborene" neue Ideen und integrationsfördernde Konzepte entstanden, die für die Qualitätsentwicklung und Vielfalt des gesamten Jugendhilfesystems eine Chance sein können. Einige dieser positiven Effekte, die hier nur schlaglichtartig und ohne Anspruch auf Vollständigkeit aufgeführt werden, bedürfen sicherlich noch weiterer Praxisforschung, bevor sie sich als strukturelle und fachliche Qualitätsstandards in der Praxis etablieren.

Aufgrund des hohen Handlungsdrucks wurde z.B. die Vernetzung und Kooperation zwischen Institutionen innerhalb der kommunalen und sozialräumlichen Struktur beschleunigt und gefördert. Von diesen neuen Netzwerken können auch andere Zielgruppen der Jugendhilfe profitieren.

Die vielfältigen positiven Erfahrungen mit ehrenamtlichen Unterstützungsangeboten, z.B. Patenschafts- und Vormundschaftsprojekten, können dazu anregen, die Potenziale zivilgesellschaftlicher Akteure grundsätzlich stärker in die Hilfen der Erziehung zu integrieren.

Der Ausbau der Hilfen zur Erziehung für die unbegleiteten minderjährigen Geflüchteten hat in einigen Kommunen und Städten eine interkulturelle Öffnung der Regeldienste gefördert. In den Sozialen Diensten und Amtsvormundschaften wurde zusätzliches Fachpersonal eingestellt – zum Teil mit eigenen Migrationserfahrungen. Die pädagogische Arbeit mit Flüchtlingskindern und -jugendlichen wird als ein regulärer Aufgabenschwerpunkt innerhalb des Regelsystems wahrgenommen. Auch die fachliche Auseinandersetzung mit migrationspädagogischen Konzepten wird dadurch unterstützt. Betreuungs- und Unterstützungsangebote für Flüchtlingsfamilien, die mit ihren Kindern in Erwachsenenunterkünften leben, sind ein relativ neues Handlungsfeld der Jugendhilfe, das weiter ausgebaut werden muss.

Das Pflegekinderwesen hat sich ebenfalls für die Aufnahme von unbegleiteten minderjährigen Geflüchteten geöffnet, allerdings mit sehr heterogenen Qualitätsstandards in Bezug auf die rechtlichen Grundlagen, die Auswahl, Vorbereitung und fachliche Begleitung der aufnehmenden Personen. Nicht immer beruht die Unterbringung in familiären Settings auf der Grundlage von § 33 SGB VIII. In diesem Praxisfeld bestehen noch vielfältige konzeptionelle Fragen und Regelungsbedarfe, auch im Hinblick auf fachliche Standards der Verwandtenpflege oder Unterbringung. Ein Forum für einen regelmäßigen fachlichen Diskurs und bundesweiten Austausch wäre sehr wünschenswert, um von *best-practice*-Erfahrungen lernen zu können.

Die Jugendhilfelandschaft im Bereich der stationären Hilfen nach § 34 SGB VIII hat sich bundesweit wohl allein durch ihre quantitative Entwicklung am Stärksten verändert. Die ohnehin bestehende Vielfalt an unterschiedlichen Hilfesettings hat sich hinsichtlich Anzahl und Zusammensetzung der Jugendlichen, der Betreuungsintensität sowie migrations- und traumapädagogischer Konzepte bei Trägern weiter ausdifferenziert. Neben den ausschließlich auf junge Geflüchtete spezialisierten haben sich auch eine Vielzahl von gemischt belegten Einrichtungen und Wohngruppen etabliert.

Auch hier erfolgte die interkulturelle Öffnung von stationären Regeleinrichtungen vielerorts eher aufgrund der Notwendigkeit pragmatischer Lösungen als aufgrund eines spezifischen pädagogischen Konzeptes.

Die gemeinsame Unterbringung von Geflüchteten und in Deutschland sozialisierten Jugendlichen – unabhängig von ihrer Nationalität und Herkunft – erfordert allerdings bestimmte strukturelle Rahmenbedingungen sowie ein theoretisch fundiertes pädagogisches Handeln, um den jungen Menschen mit ihren unterschiedlichen Hintergründen und Problemlagen gerecht zu werden und interkulturelles Lernen zu ermöglichen. Die hier gemachten positiven Erfahrungen müssten theoretisch-konzeptionell aufbereitet und anderen Jugendhilfeträgern zur Verfügung gestellt werden.

Als ein relativ junges Feld der Kinder- und Jugendhilfe ist die pädagogische Arbeit mit Flüchtlingskindern und -jugendlichen auch gefordert, sich mit konzeptionellen Ansätzen aus anderen Bereichen der Pädagogik auseinanderzusetzen und diese in die Praxis zu übertragen. So könnten beispielsweise außer der Traumapädagogik Konzepte der Psychoedukation, der migrationssensiblen Pädagogik, genderspezifische Aspekte sowie die Perspektive der Transnationalität in der Erziehungshilfe die fachliche Kompetenz der Sozialen Arbeit mit jungen Geflüchteten erweitern.

Mit Achtzehn ist alles vorbei? – Hilfen für junge Volljährige

Bei jungen Menschen, die im Durchschnittsalter von 16 Jahren in das deutsche Jugendhilfesystem „einsteigen", meist extreme Verlusterfahrungen hinter sich haben und neben den alterstypischen Entwicklungsaufgaben auch einen Prozess der Akkulturation durchlaufen, drängt sich die Frage nach der Notwendigkeit einer Hilfemaßnahme für junge Volljährige geradezu auf.

Obwohl das Kinder- und Jugendhilfegesetz mit § 41 SGB VIII eine Hilfe für junge Volljährige bis zum 21. Lebensjahr, bei Bedarf darüber hinaus, ausdrücklich ermöglicht, stellt der 18. Geburtstag für viele junge Geflüchtete eine willkürliche Schranke dar, die zu abrupten Hilfebeendigungen führt. Eine positive Persönlichkeitsentwicklung und bereits geleistete Erfolge von Schule und Jugendhilfe laufen ins Leere, weil die erforderlichen Grundlagen und stabilisierenden Netzwerke entzogen werden. Die zum Teil rigide Entscheidungspraxis mancher Jugendämter gefährdet begonnene Integrationsprozesse, weil diese nicht ausreichend abgesichert werden konnten.

Die jungen Volljährigen erleben dadurch eine erneute Verunsicherung in ihrer Lebensplanung und Perspektiventwicklung. Die „Chronifizierung der Vorläufigkeit" holt sie wieder ein. Vielleicht sind sie erst vor einigen Monaten aus einer provisorischen Unterbringung in eine reguläre Form der stationären Jugendhilfe gekommen, vielleicht konnten sie dort einen sicheren Lebensort finden, bis ihnen dieser nach ein paar weiteren Monaten wieder entzogen wird. Ein neues Provisorium an einem anderen Ort beginnt, allerdings ohne den Schutzraum der Jugendhilfe, jedoch mit den gleichen Erwartungen an ihre Integrationsbereitschaft und Mitwirkung.

Fachkräfte der Jugendämter und Jugendhilfeeinrichtungen erleben seit Jahrzehnten, dass die große Mehrheit der unbegleiteten minderjährigen Geflüchteten und jungen Volljährigen in hohem Maße bereit ist, sich auf die Angebote der Jugendhilfe einzulassen und aktiv mitzuwirken, obwohl sie durch den unsicheren Aufenthaltsstatus belastet und in ihren Teilhabemöglichkeiten eingeschränkt sind.

Unzählige Erfolgsgeschichten bestätigen, dass die Unterstützungsangebote der Jugendhilfe positive Entwicklungsprozesse und trotz schwieriger Rahmenbedingungen eine nachhaltige gesellschaftliche Teilhabe ermöglichen. Wenn sie bei dem Erreichen ihrer Ziele in ausreichendem Umfang pädagogisch begleitet und bei Rückschlägen psychosozial aufgefangen werden, schaffen es diese hoch motivierten jungen Menschen innerhalb weniger Jahre, sich schulisch und beruflich zu qualifizieren und ein eigenverantwortliches von öffentlichen Leistungen unabhängiges Erwachsenenleben zu führen.

Diese enorme Anpassungsleistung zeigt zugleich die hohe Wirksamkeit der Hilfen zur Erziehung im Rahmen des SGB VIII.

Diese Wirksamkeit darf nicht durch eine vorzeitige Beendigung aufs Spiel gesetzt werden. Handlungsempfehlungen mit Argumentationshilfen für die Gewährungspraxis von Hilfen für junge Volljährige sind dringend erforderlich.

Jugendhilfe zweiter Klasse für junge Geflüchtete?

Die rechtliche Gleichstellung von Flüchtlingskindern und -jugendlichen mit anderen Minderjährigen im SGB VIII, d.h., ihr Rechtsanspruch auf Leistungen nach diesem Gesetz, wurde vom Bundesfamilienministerium während des Gesetzgebungsverfahrens zum „Verteilungsgesetz" als grundlegender Konsens bekräftigt und ist u.a. in § 6 SGB VIII verankert. Immer wiederkehrende Bestrebungen, z.B. von einigen Bundesländern und Kommunen, aus Kostengründen eigenständige Regelungen und Standards bei der Versorgung und Betreuung unbegleiteter minderjähriger Geflüchteter zu setzen, gefährden die oben dargestellten Integrationsleistungen, die von diesen jungen Menschen im Rahmen der Hilfen zur Erziehung erbracht werden.

Die Vorstellung, exklusiv bei einer bestimmten Gruppe von Leistungs-
berechtigten Kosten durch reduzierte oder verkürzte Leistungen einzuspa-
ren, widerspricht der gesetzlich und fachlich vorgegebenen Ausrichtung der
Jugendhilfe am individuellen Bedarf, der sich nicht durch die Zugehörigkeit
zu einer bestimmten und zudem noch völlig inhomogenen Personengruppe
begründet. Der normative Anspruch und das Ziel der Jugendhilfe, allen
Kindern und Jugendlichen die Inklusion in die Gesellschaft zu ermöglichen,
werden damit *ad absurdum* geführt.

Auch wenn junge Geflüchtete aufgrund ihrer Fluchtbiografie einen spezifischen Unterstützungsbedarf haben, sind sie eine heterogene Gruppe mit
unterschiedlichsten Biografien, Zielen, Ressourcen und Problemlagen. Wie
bei allen anderen Kindern und Jugendlichen gehört es zu den Aufgaben der
Fachkräfte im Rahmen einer sozialpädagogischen Diagnostik, den individuellen Hilfebedarf, die dazu passende Hilfeform und den zeitlichen Umfang
der Hilfe zu definieren. Außerdem ist es gängige Praxis, dass die Jugendämter vor einer Hilfegewährung auch den Aspekt der Kostenentwicklung prüfen.

Seit vielen Jahren existieren gute und in der Praxis bewährte Standards
für ein Clearingverfahren für unbegleitete minderjährige Geflüchtete. Diese
tragen in erheblichem Maß zu erfolgreichen Hilfeverläufen nach der Beendigung der Inobhutnahme bei.

Fachkräfte der öffentlichen und freien Jugendhilfe, aber auch Entschei-
dungsträger in den jeweiligen Institutionen und Behörden müssten nun die
Ersten sein, die im Sinne eines „dritten Mandates" aus ihrer eigenständigen
Fachlichkeit heraus Stellung beziehen und sich öffentlich für den Erhalt der
bewährten Standards einsetzen. Es geht darum, die jahrelangen Erfolge und
die Wirksamkeit der Kinder- und Jugendhilfe mit den dahinterstehenden
Einzelschicksalen zu dokumentieren und an Hand dieser positiven Beispiele
deutlich zu machen, welche langfristigen psychosozialen Schäden und sozialen Folgekosten entstehen, wenn Integrationsprozesse durch von vorher-
ein eingeschränkte oder vorzeitig beendete Hilfeleistungen erschwert oder
gar verhindert werden.

Vor dem Hintergrund, dass fast 90 % dieser jungen Geflüchteten eine
Bleibeperspektive in Deutschland haben und somit langfristig dem Arbeitsmarkt zur Verfügung stehen werden, wären Kosteneinsparungen an
dieser Stelle arbeitsmarkt- und gesellschaftspolitisch nicht zu verantworten.

Damit die Hilfen zur Erziehung weiterhin uneingeschränkt als ein Weg-
bereiter für gelingende Persönlichkeitsentwicklung und Integration fungie-
ren können, brauchen sie die breite Unterstützung von Akteuren_innen aus
dem Bildungs- und Gesundheitssystem, von Ausbildungsbetrieben, der
Berufsförderung, von Therapeut_innen, Beratungsstellen, Vereinen und
ehrenamtlich Engagierten.

Nur durch ein gemeinsames Engagement aller Kooperationspartner, das gesamte Leistungsspektrum der Jugendhilfe weiterhin für alle Kinder, Jugendliche und Heranwachsende offen zu halten, besteht eine Chance für weitere Erfolgsgeschichten von jungen Menschen, die in ihrem Leben bereits unermesslich viel verloren haben und bereit sind, unermesslich viel zu geben, um sich hier eine Zukunftsperspektive aufzubauen.

Literatur

Bundesfachverband unbegleitete minderjährige Flüchtlinge [BumF] (2015): Die gegenwärtige Situation von unbegleiteten minderjährigen Flüchtlingen. Präsentation von Niels Espenhorst bei der Regionaltagung am 23.11.2015 in Mannheim.
http://www.b-umf.de/images/folien_regio_mannheim_23.11.2015.pdf (Zugriff am 16.7.2016).

Bundesfachverband unbegleitete minderjährige Flüchtlinge [BumF] (2016): Erfolge der Erziehungshilfen für unbegleitete Minderjährige nicht gefährden. Stellungnahme anlässlich des Treffens der Staatskanzleien und des Kanzleramtes am 12.05.2016, Unveröffentlichtes Positionspapier.

Bundestag-Drucksache 18/5921. http://dip21.bundestag.de/dip21/btd/18/059/1805921.pdf (Zugriff am 16.7.2016).

Dubois de Luchet, Isabelle: Möglichkeiten pädagogischer Arbeit im Rahmen gemeinsamer Unterbringung von unbegleiteten minderjährigen Flüchtlingen und Jugendlichen deutscher Staatsangehörigkeit in Wohngruppen der stationären Jugendhilfe, Bachelorarbeit, Ev. Hochschule Darmstadt, Wintersemester 2015/2016.

Karpenstein, J./Schmidt, F./Thomas, S.: Erwachsen werden in Heimerziehung oder Pflegefamilien. Herausforderungen und Belastungen für junge Menschen mit und ohne Fluchterfahrungen. Unveröffentlichtes Manuskript.

Schöning, Enno (2014): Unbegleitete minderjährige Flüchtlinge und Soziale Arbeit in Deutschland. Sozialarbeit zwischen Menschenrechten und ordnungspolitisch bestimmter Zuwanderungspolitik. Saarbrücken: Akademiker Verlag.

Staub-Bernasconi, Silvia (2007): Soziale Arbeit als Handlungswissenschaft. Systemtheoretische Grundlagen und professionelle Praxis. Bern: Haupt Verlag.

Gesundheitszustand der unbegleiteten minderjährigen Ausländer (UMA) aus der Perspektive des Gesundheitsamtes

Meike Huber, Sibylle Bausback-Schomakers

Einleitung

Unbegleitete minderjährige Ausländer_innen (UMA)[1] werden in Frankfurt vom Jugendamt in Obhut genommen. Dort wird ihr Alter im Rahmen eines psychosozialen Clearinggesprächs geschätzt. Über 18-jährige werden in die Hessische Erstaufnahmeeinrichtung HEAE-Gießen verlegt. Bei den Minderjährigen wird in Erfahrung gebracht, ob es Verwandte zur direkten Unterbringung gibt. Die verbleibenden UMA werden in einer ständig wachsenden Zahl von Übergangswohnheimen in Frankfurt am Main untergebracht. Nach § 62 Asylverfahrensgesetz, dem Erlass des Hessischen Ministeriums für Arbeit, Familie und Gesundheit vom 23.02.2009 sowie §§ 25, 36 Infektionsschutzgesetz müssen Flüchtlinge Menschen, die in einer Gemeinschaftsunterkunft aufgenommen werden, sich einer ärztlichen Untersuchung zum Ausschluss einer ansteckenden Erkrankung unterziehen. Wir, als Gesundheitsamt, werden seit 1998 von der Clearingstelle des Jugendamtes damit beauftragt, die UMA zu untersuchen. Üblicherweise erfolgt die Anmeldung der UMA in unserer Geschäftsstelle in der Woche ihrer Anreise bis freitags 12:00, um einen Untersuchungstermin in der darauf folgenden Woche zu erhalten. Die Herkunftsländer variieren nach den aktuellen politischen Krisenherden. Lag die Spitzenposition noch vor wenigen Jahren bei Afghanistan, kann man in den letzten Jahren eine Verschiebung hin zum Horn von Afrika beobachten. Regelmäßig suchen wir die Übergangswohnheime vor Ort auf, um die Mitarbeiter_innen zu beraten und die komplexen Abläufe zu koordinieren. Wir berichten über unsere Ergebnisse von 2010 bis 2014.

---

1   Wir folgen hier der Terminologie des HSMI und bezeichnen die minderjährigen unbegleiteten Geflüchteten als „UMA" bzw. „Unbegleitete Minderjährige Ausländer".

Untersuchung

In den ersten Jahren wurde die Untersuchung durch ein Team aus Medizinischer Fachangestellter (MFA) und Ärztin durchgeführt. Aufgrund der steigenden Zahl der Flüchtlinge wurde unser ständiges Team auf zwei MFAs und einen Arzt sowie eine Ärztin erweitert. Bei kurzfristig stark erhöhten Anmeldezahlen kommt ein drittes Team hinzu oder unser Angebot wird auf weitere Untersuchungstage ausgedehnt. Eine weitere MFA impft und führt Blutentnahmen durch. Bei der Untersuchung ist in der Regel eine Dolmetscher_in anwesend. Die Anwesenheit wird vom Übergangswohnheim organisiert. Kann dies nicht realisiert werden, so haben wir Fragebogen mit allen relevanten Fragen in den Sprachen der wichtigsten Herkunftsländer erarbeitet und übersetzen lassen. Gegebenenfalls ergänzen wir die Anamnese mit Hilfe eines Internet-Übersetzungsprogramms. Ist keine Dolmetscher_in anwesend und handelt es sich bei den untersuchten Patienten um Analphabeten, so müssen wir uns mit Gestik, Mimik sowie einem medizinischen Bildwörterbuch behelfen (vgl. Heiligensetzer/Buchfink/Herschlein 2010).

Jeder Jugendliche wird, unter Ausschluss der Genitalien und der Analregion, eingehend kinderärztlich untersucht und ggf. einer fachärztlichen Behandlung zugeführt. Ganz bewusst verzichten wir auf die Untersuchung der Genitalien, um den Kindern und Jugendlichen einen sicheren und respektvollen Untersuchungsrahmen bieten zu können. Bei den Mädchen untersuchen wir in aller Regel gleichgeschlechtlich: Patientin, Medizinische Fachangestellte und Kinder- und Jugendärztin. Bei den Jungen gelingt uns dies nicht, da wesentlich mehr männliche Geflüchtete auf überwiegend weibliches Personal treffen. Ergänzt wird die körperliche Untersuchung durch eine Stuhl- und Urinprobe, sowie einen Hör- und Sehtest.

Seit Mitte 2013 erhalten nur noch die über 15-Jährigen primär eine Röntgenaufnahme des Thorax zum Ausschluss einer Lungentuberkulose, zuvor alle. Die Röntgenaufnahme der Lunge ist im Infektionsschutzgesetz §36 ab dem vollendeten 15. Lebensjahr bei Aufnahme in eine Gemeinschaftseinrichtung für Flüchtlinge und Asylbewerber_innen vorgeschrieben. Um eine unnötige Strahlenbelastung der Jüngeren zu vermeiden, wird seit Mitte 2013 bei allen Jugendlichen unter 15 Jahren ein Interferon Gamma Release Assay (IGRA) zum Ausschluss einer Tuberkuloseinfektion durchgeführt. Dabei handelt es sich um eine Blutuntersuchung, die allerdings keine Unterscheidung zwischen einer aktiven, möglicherweise ansteckenden Erkrankung und einer nicht ansteckenden latenten Infektion zulässt. Nur bei positivem Befund folgt dann die zum Ausschluss einer aktiven Tuberkulose medizinisch obligatorische Röntgendiagnostik. Vorübergehend erhielten auch die älteren Jugendlichen eine Bluttuberkulosediagnostik zur Untersuchung auf eine latente Tuberkuloseinfektion.

Da nahezu alle Geflüchteten ohne Impfdokumente einreisen, beginnen wir die Impfserie nach den Empfehlungen der Ständigen Impfkommission des Robert-Koch-Instituts (STIKO) und empfehlen die Vervollständigung bei der Kinder- und Jugendärztin oder Hausärztin.

Seit Mai 2013 werden alle Kinder und Jugendlichen in unserer Abteilung Zahnmedizin untersucht, zuvor wurde bei auffälligem Zahnstatus durch die Kinder- und Jugendärzte eine fachärztliche Abklärung empfohlen.

Ergebnisse

Im Zeitraum von 2010 bis 2014 wurden 1518 UMA untersucht. Im Jahr 2010 erreichten noch 186 Jugendliche unbegleitet Frankfurt am Main, ihre Zahl stieg bis 2014 auf 558 an. Der Anteil der weiblichen Geflüchteten lag bei durchschnittlich 16% und damit deutlich unter dem der männlichen mit 84%. Betrachtet man die Tendenz, so zeigt sich bis 2014 eine Abnahme der weiblichen Jugendlichen auf 11% (Abb. 1, S. 45).

Das Alter lag zwischen 5 und 18 Jahren, mit einem Durchschnitt von 16 Jahren. Drei der untersuchten Jugendlichen waren zum Untersuchungszeitpunkt bereits seit wenigen Tagen 18 Jahre alt. Sie waren mit 17 Jahren in Obhut genommen worden (Abb. 2, S. 45). Einige Jugendliche konnten kein Alter oder Geburtsdatum angeben.

Als einzelnes Land betrachtet, kamen und kommen die meisten Kinder und Jugendlichen aus Afghanistan, betrachtet man Äthiopien, Eritrea und Somalia jedoch als eine Region, so stammen die meisten UMA von dort, mit steigender Tendenz. Die Herkunftsangaben sind auch teilweise politisch denkend geprägt. So geben einige Jugendliche, die aus der äthiopischen Region Ogadenia stammen, als Herkunftsland Somalia an. Ihre Familien kämpfen um die Zugehörigkeit Ogadenias zu Somalia, sie sprechen somalisch und betrachten diese Region als Somalia zugehörig (Abb. 3, S. 46).

Bei der Stuhluntersuchung konnten bei 18% der UMA therapiebedürftig Krankheitserreger nachgewiesen werden. Hier waren die Lamblien mit 60% der mit Abstand häufigste Befund. Der Rest verteilte sich recht gleichmäßig auf andere Erreger (Abb. 4, S. 46).

Von 2010 bis 2014 lag bei 16 Patient_innen eine behandlungsbedürftige Tuberkulose vor. Sieben Patient_innen zeigten eine abgelaufene Tuberkulose. Über den gesamten Zeitraum gesehen, hatte jede 100. Jugendliche eine Tuberkulose. Betrachtet man jedoch 2014 allein, so hatte etwa jede 50. Jugendliche eine therapiebedürftige Tuberkulose. Bei den somalischen Jugendlichen war es sogar jede 15. In der zweiten Jahreshälfte 2013 untersuchten wir vorübergehend alle Jugendlichen mit dem IGRA-Bluttuberkulosetest. Wir untersuchten in diesem Zeitraum 179 Patient_innen. Sie zeigten in

Abbildung 1. Untersuchte UMA 2010-2014 nach Jahr/Geschlecht

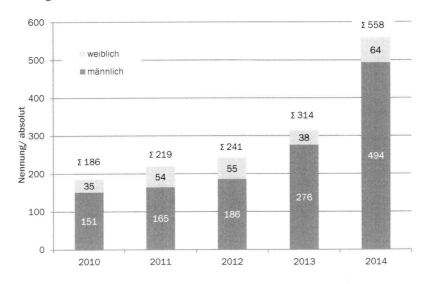

Abbildung 2. Untersuchte UMA 2010-2014 nach Alter bei Untersuchung (n: 1518)

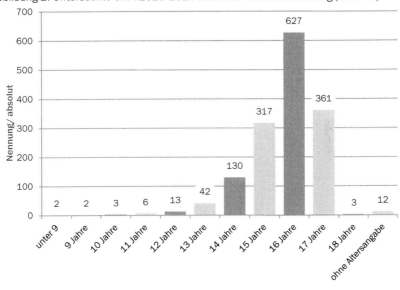

Abbildung 3. Untersuchte UMA von 2010-2014 nach ethnischen Gruppen (n: 1518)

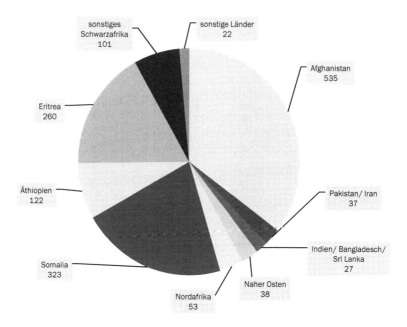

Abbildung 4. Pathologische Stuhlproben von 2010 - 2014 nach Erreger (n: 280)

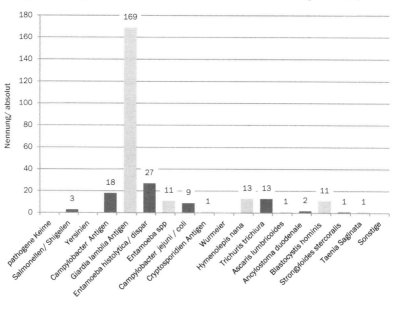

Abbildung 5. Quantiferontest nach ethnischer Herkunft

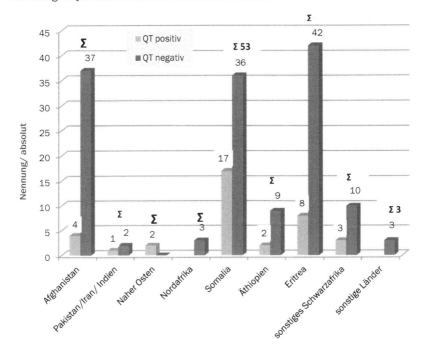

durchschnittlich 20% ein positives Testergebnis. Somalische Flüchtlinge waren mit 32% Testpositivität führend (Abb. 5, S. 47).

Die körperliche Untersuchung wies auf insgesamt 972 Erkrankungen hin. Davon waren die Hauterkrankungen führend. Sie lagen bei knapp 20% der UMA vor. Nach Häufigkeit der Diagnosen stand die Krätze (Skabies) dabei an vorderster Stelle, gefolgt von Pilz-, Bakterien- und Virusinfektionen. Gefolgt wurde diese Gruppe von den psychiatrischen Krankheitsbildern, hier allen voran die posttraumatischen Belastungsstörungen (PTBS). Anfangs führten sie bei 10% der Kinder und Jugendlichen zu der Empfehlung, eine kinder- und jugendpsychiatrische Behandlung einzuleiten. Im letzten Untersuchungsjahr stieg die Rate derer, bei denen wir eine Therapie empfahlen, auf 17% an. Psychiatrische Krankheitsbilder lagen bei mindestens der Hälfte aller Jugendlichen vor. Viele lehnten jedoch eine Therapie ab. Andere sprachen ihre Probleme nicht im Rahmen der Erstuntersuchung an.

Bei knapp jeder zehnten zeigten sich Erkrankungen des Bewegungsapparates. Muskel- und Skelettverletzungen lagen nach Unfällen, jedoch auch durch Einwirkung äußerer Gewalt vor. Bei den abdominellen Beschwerden führten die stressbedingten Magenschmerzen vor den Harnwegsinfekten. Andere Krankheitsbilder traten in geringerer Zahl auf.

Seit Mai 2014 werden die UMA durch die Zahnärzte der Abteilung Zahnmedizin des Gesundheitsamtes untersucht. In 50% der Fälle fanden sich dringend behandlungsbedürftige Befunde. Bei auffälligem Befund wird eine Empfehlung zur Behandlung an den niedergelassenen Zahnarzt erstellt.

Diskussion

Gesundheitsstatus

Die UMA kommen zu einem immer geringer werdenden Anteil mit dem Flugzeug. Der größte Teil von ihnen nimmt den Landweg, der oft Monate bis Jahre dauert. Nicht selten kommt es hier zur Inhaftierung im Gefängnis oder Kasernierung in einem Camp. Auch vor und während des Weitertransports durch Schlepper werden sie oft über Tage bis Wochen auf sehr engem Raum mit anderen Flüchtlingen zusammen untergebracht. Unterwegs oder im Gefängnis sind sie teilweise gewaltsamen Übergriffen ausgesetzt. Die Jugendlichen kommen aus Kriegs- und Krisengebieten und durchreisen ebensolche auf ihrem Weg. Bis vor wenigen Jahren kamen Mädchen meistens mit dem Flugzeug. Seit die Flucht über den Flugweg kaum mehr möglich scheint, kommen auch weniger Mädchen als UMA nach Frankfurt.

Nicht nur die eigene Vergangenheit im Herkunftsland, die zur Flucht geführt hat, sondern auch die Flucht selbst hat körperliche und seelische Spuren hinterlassen (vgl. Geier/Daqieq/Schlüter-Müller 2012; Gavranidou et al. 2008). Nach Unterbringung in Massenunterkünften/Gefängnissen findet sich vermehrt Skabies. Schlechte hygienische Bedingungen begünstigen bakterielle und virale Infektionen sowie Mykosen.

Verletzungen des Bewegungsapparates entstehen auf der Flucht durch Unfälle, Fremdeinwirkung oder Überlastung. Teilweise waren gewaltsame Übergriffe im Heimatland, die mit Verletzungen einhergingen, fluchtauslösend. Der anhaltend hohe Stresspegel während der monatelangen Flucht begünstigt die Entstehung einer Gastritis. Hier erfolgt die medizinische Behandlung im regulären Versorgungssystem.

Viele Jugendliche klagen über diffuse Kopf-, Bauch- und Gliederschmerzen, über Haarausfall, Schlafstörungen und Angstzustände bis hin zu Panikattacken. Trotz häufig vorhandener Anzeichen einer posttraumatischen Belastungsstörung werden nicht alle Betroffenen einer Weiterbehandlung durch eine Kinder- und Jugendpsychiater_in bzw. Psychotherapeut_in zugeführt, da ein Teil der Betroffenen eine solche Therapie zum Untersuchungszeitpunkt ablehnt oder seine seelischen Nöte nicht anspricht. Uns liegt jedoch die Rückmeldung aus den Einrichtungen vor, dass die Betreuung der Jugendlichen aufgrund ihrer zunehmenden Traumatisierung in den letzten Jahren deutlich schwieriger wurde. Die Fluchtwege werden länger, die Gefängnisaufenthalte häufiger, Flugreisen wurden zu einer Rarität. Viele der UMA sind Halb- oder Vollwaisen. Um diese Situation zu entschärfen, wird seit 2015 durch die Kinder- und Jugendpsychiatrie des Gesundheitsamtes und der Clearingstelle des Jugendamtes in einem Pilotprojekt die psychologische Begleitung der UMF im Sinne einer Psychoedukation geprüft. Eine Kleingruppe von 8-10 UMF wird in 10-12 Sitzungen von einer Trauma-Therapeut_in mit Dolmetscher_in behandelt. Jede Jugendliche soll durch dieses Setting eine Stabilisierung erfahren. Patient_innen mit erhöhtem Bedarf können erkannt und einer Einzeltherapie zugeführt werden. Auf diese Weise kann man auch die traumatisierten Jugendlichen erreichen, die aufgrund persönlicher Vorbehalte trotz Bedarf eine Therapie abgelehnt haben. Umgekehrt reicht dem einen oder anderen, der bislang vielleicht eine Einzeltherapie erhalten hat, die Stabilisierung in der Gruppe. Ziel ist es, jeden Einzelnen und damit die Gruppe zu stabilisieren und gleichzeitig den individuellen Therapiebedarf konkreter zu evaluieren.

Eine HIV-Testung wird wegen ethischer Bedenken als Routineuntersuchung zum Aufnahmezeitpunkt nicht durchgeführt, da sie eine wirksame Einwilligung voraussetzt. Im Rahmen einer Erstuntersuchung kann die Bedeutung und Tragweite dieser Untersuchung nicht hinreichend erklärt werden. Die meisten UMA sind aber schon zu alt, um sie bei dieser Fragestellung zu umgehen. Die Amtsvormundschaft hat deshalb ihr Einverständnis verweigert. In begründeten Einzelfällen oder wenn die Patient_innen den Wunsch äußern, werden die HIV-Testungen durchgeführt.

Bei Verdacht auf eine Tuberkulose wird in eine Klinik eingewiesen, wo eine weitere Abklärung erfolgt und ggf. eine leitliniengerechte Therapie eingeleitet wird. Meist handelte es sich um eine Lungentuberkulose. Allerdings traten auch Lymphknotentuberkulosen auf. Die starke Zunahme der Tuberkulosefälle 2014 kann nicht allein aus der Zunahme der ostafrikanischen Jugendlichen erklärt werden. Vermutlich spielen hier auch erschwerte Fluchtbedingungen mit erhöhtem anhaltendem Stress eine Rolle. Im Falle einer ansteckenden Lungentuberkulose wird die Umgebungsuntersuchung von der Tuberkuloseberatung des Gesundheitsamtes übernommen. Im Jahr 2013 begannen wir, die latente Tuberkulose bei allen Jugendlichen durch einen Bluttest zu diagnostizieren und sprachen eine Empfehlung zur Chemoprävention aus. Dies taten wir geleitet von der erhöhten Inzidenz der Tuberkulose in den Herkunftsländern, der Beobachtung der erhöhten Rate an Übergängen der latenten in eine manifeste Tuberkulose bei jungen Geflüchteten in Großbritannien – vor allem aus Somalia – und der Stellungnahme der Kommission für Infektionskrankheiten und Impffragen der

Deutschen Akademie für Kinder- und Jugendmedizin e.V. zu „Medizinischen Maßnahmen bei immigrierenden Kindern und Jugendlichen". Zunächst empfehlen wir bei Patient_innen mit latenter Tuberkuloseinfektion (LTBI) eine Chemoprävention über neun Monate mit einer Monotherapie (INH) (vgl. NICE, Kruijshaar et al. 2013; Pareek et al. 2012; DAKJ 2013). Es zeigten sich Complianceprobleme von Seiten der Jugendlichen und Bedenken seitens der niedergelassenen Pneumolog_innen, deren Leitlinien eine solche Chemoprävention nicht vorsehen (vgl. Schaberg et al. 2012; DZK 2011). Verlegungen einiger Patient_innen in eine andere Einrichtung erschwerten die Situation. Wir unternahmen zusammen mit dem Tuberkulosebereich des Gesundheitsamtes verschiedene Versuche, die Akzeptanz der Chemoprävention zu verbessern. So empfehlen wir eine 3-monatige Therapie mit einer Medikamentenkombination (INH/Rifampicin), legen ein Informationsschreiben für den Fall einer Verlegung bei und führen persönliche Gespräche mit allen beteiligten Akteur_innen.

Wir impfen primär gegen Masern-Mumps-Röteln und Varizellen, um dem Ausbruch vor allem der Masern und Windpocken in den Gemeinschaftseinrichtungen vorzubeugen. Da einige Jugendliche aus Polio-Endemie-Gebieten stammen oder diese durchqueren, führen wir zusätzlich eine Diphtherie-Tetanus-Pertussis-Polio-Impfung durch.

Der marode Zahnstatus ist auf eine schlechte Zahnpflege und zahnmedizinische Versorgung zurückzuführen. Er liegt aber auch an den Nahrungsgewohnheiten. Vor allem in Ostafrika wird häufig Kath mit koffeinähnlicher Wirkung als Alltagsdroge gekaut. Dies ist sehr bitter, weshalb oft süßer Tee dazu getrunken wird.

Altersschätzung

Wir führen in Frankfurt am Main keine medizinische Altersschätzung durch. Mithilfe einer körperlichen Untersuchung, die Größe, Gewicht, Konstitution und sexuelle Reife zusammen mit einer Röntgenaufnahme der Hand, der Röntgenübersichtsaufnahme des Gebisses und der Dünnschicht-Computertomographie der Schlüsselbeine einbezieht, lässt sich das Alter einer Person schätzen. Voraussetzung ist jedoch, dass keine Erkrankung vorliegt, die ein Abweichen der o.g. Parameter von der Norm verursacht. Man schließt dann vom biologischen auf das chronologische Alter. Die Streubreite der einzelnen Messwerte kann dabei über mehrere Jahre reichen. Alle Parameter, außer der Verknöcherung der medialen Schlüsselbeinwachstumsfuge, können auch bereits bei Minderjährigen im letzten Entwicklungsstadium auftreten. Geht es also um die häufigste Frage, die nach dem Vorliegen der Volljährigkeit, hilft nur die Dünnschicht–Computertomographie weiter. Hier treten fortgeschrittene Verknöcherungsstadien der Wachstumsfugen erst im Erwachsenenalter auf. Vergleichende Untersuchungen zum Zeitpunkt der Verknöcherung an Personen aus den Gebieten z.B. der Subsahara liegen derzeit jedoch nicht vor. Im Bereich des Strafrechtes wird von der medizinischen Altersschätzung Gebrauch gemacht. Empfehlungen der AGFAD (Arbeitsgemeinschaft für forensische Altersdiagnostik) liegen hierzu vor. Eine Dünnschicht-Computertomographie-Aufnahme verursacht bei dem derzeitigen Gerätestandard eine Strahlendosis von mindestens 0,4 mSv. Die untersuchte Region liegt in der Nähe strahlensensibler Organe, wie z.B. der Schilddrüse. Die jährliche zugelassene Höchstdosis liegt bei 1mSv/Jahr.

Bei der Untersuchung der unbegleiteten minderjährigen Geflüchteten fehlt für diese Untersuchung die rechtfertigende Indikation. Bei Röntgenstrahlung gibt es keine Schwellendosis. Auch im Niedrigdosisbereich sind Strahlenschäden nicht auszuschließen. Deshalb sind diese nur bei medizinischer Indikation anzuwenden. Insbesondere bei Kindern und Jugendlichen ist die Strahlenempfindlichkeit noch größer als bei älteren Menschen. Es gibt keinen Hinweis darauf, dass die Genauigkeit der Altersschätzung mit medizinischen Untersuchungstechniken genauer wäre als die einer psychosozialen Anamnese. Eine Altersfeststellung gibt es in keinem Fall. Es handelt sich immer nur um eine Schätzung des chronologischen Alters, das letztendlich nicht eruiert werden kann. Das psychosoziale Alter eines Menschen beschreibt den Hilfebedarf besser als das biologische Alter. Wir befürworten aufgrund aller genannten Faktoren klar die in Frankfurt durchgeführte Altersschätzung durch die Anamneseerhebung im Clearingverfahren.

Fazit

Wir arbeiten kontinuierlich, interdisziplinär und ämterübergreifend an der Verbesserung und Anpassung unserer Untersuchung. Da alle Jugendlichen in Frankfurt am Main zentral an einer Stelle im Gesundheitsamt untersucht werden, liegen die Daten gesammelt vor und können unmittelbar ausgewertet werden. So lassen sich epidemiologisch wichtige Trends frühzeitig erkennen. Notwendige Konsequenzen können rasch eingeleitet werden.

Wir orientieren uns bei der Untersuchung der UMA an der in Deutschland 2010 ohne Vorbehalte ratifizierten UN-Kinderrechtskonvention, nach der jedes Kind mit Achtung vor der dem Menschen innewohnenden Würde behandelt werden soll und Anspruch auf das erreichbare Höchstmaß an Gesundheit hat.

Anhang

Frau Dr. Bausback-Schomakers, Abteilung Zahnmedizin, Gesundheitsamt Frankfurt am Main

Abbildung 6. Zahnärztliche Untersuchung (UMA) 6.5.2014–20.5.2015

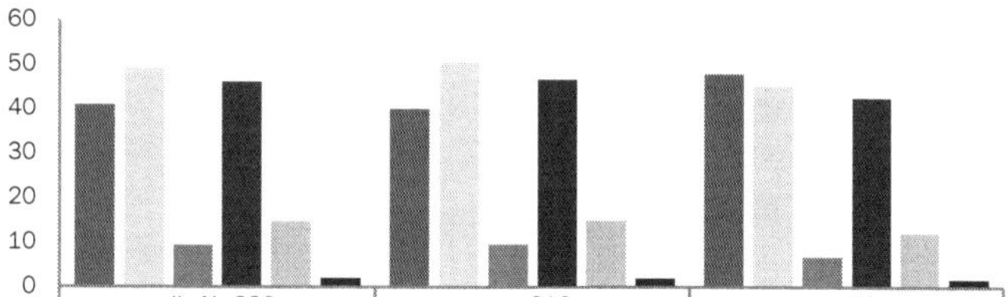

	alle N=689	m=616	w=73
■ naturgesund %	40,8	39,9	47,9
behandlungsbed.%	49,1	50,5	45,2
■ saniert %	9,3	9,6	6,9
■ Zahnstein %	46,1	46,6	42,5
■ Gingivitis %	14,7	14,9	12,3
■ DMF-T	2,02	2,06	1,71

Zusammengefasst: **50%** der untersuchten Jugendlichen (Durchschnittsalter 16,3 Jahre) zeigen **dringenden** Behandlungsbedarf. Statistisch nicht ausgewertet und dargestellt wurden kariöse Initialläsionen, die durch eine adäquate Mundhygiene und Fluoridierungsmaßnahmen inaktiviert werden können. Auffällig sind die farbliche und strukturelle Schmelzveränderungen im Sinne von Fluorosen bzw. Schmelzhypoplasien insbesondere bei Jugendlichen aus Somalia.

Abbildung 7. Flüchtling aus Somalia, männlich *1999

Abbildung 8. Hochgradig kariös zerstörtes Gebiss, frontal offener Biss, Aplasie 11 (Fluorose, Kath-Strauch?)

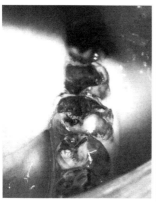

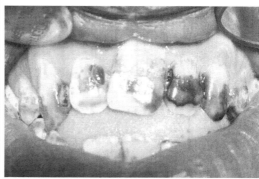

Literatur

Deutsche Akademie für Kinder- und Jugendmedizin e.V. [DAKJ] (2013): Medizinische Maßnahmen bei immigrierenden Kindern und Jugendlichen, 07.10.2013. http://dakj.de/media/stellungnahmen/infektionskrankheiten-impffragen/2013_med-massnahmen-immigrierende-kinder-jugendliche.pdf.

Deutsches Zentralkomitee zur Bekämpfung der Tuberkulose [DZK] (2011): Neue Empfehlungen für die Umgebungsuntersuchungen bei Tuberkulose. In: Pneumologie 65, H. 6, S. 359-378.

Gavranidou, M./Niemiec, B./Magg, B./Rosnaer, R. (2008): Traumatische Erfahrungen, aktuelle Lebensbedingungen im Exil und psychische Belastung junger Flüchtlinge. In: Kindheit und Entwicklung 17, H. 4, S. 224-231.

Geier, K./Daqieq, B./Schlüter-Müller, S. (2012): Kultursensible Hilfen für traumatisierte Flüchtlinge. In: Schmid, M./Tetzer, M./Rensch, K./Schlüter-Müller, S. (Hrsg.): Handbuch Psychiatriebezogene Sozialpädagogik. Göttingen: Vandenhoeck & Ruprecht.

Heiligensetzer, C./Buchfink, S./Herschlein, H. J. (2010): tip doc: Arzt-Patient-Gespräch in Bildern. Stuttgart: Setzer Verlag.

Kruijshaar, M. E/Abdubakar, I./Stagg, H. R./Pedrazzoli, D./Lippman, M. (2013): Migration and tuberculosis in the UK: targeting screening for latent infection to those at greatest risk of disease. In: Thorax 68, H. 12, S.1172-1174.

National Institute for Health and Care Excellence [NICE]. www.nice.org.uk.

Pareek, M./Baussano, I./Abukakbar, I./Dye, C./Lalvani, A. (2012): Evaluation of Immigrant Tuberculosis Screening in Industrialized Countries. In: Emerging Infectious Diseases 18, H. 9, S. 1422-1429.

Schaberg, T./Bauer, T./Castell, S./Dalhoff, K./Detjen, A./Diel, R./Greinert, U./Hauer, B./Lange, C./Magdorf, K./Loddenkemper, R. (2012): Empfehlungen zur Therapie und Chemoprävention und Chemoprophylaxe der Tuberkulose im Erwachsenen- und Kindesalter. In: Pneumologie 66: S. 133-171.

Das Arbeiten mit einer Sprachmittler_in

Marianne Rauwald

Die Grenzen meiner Sprache bedeuten die Grenzen meiner Welt. (Ludwig Wittgenstein „Tractatus logico-philosophicus")

Psychosoziale Bedeutung der Sprache

Inmitten der vielen Verluste, die mit der Flucht aus der Heimat verbunden sind, stellt der Verlust der Vertrautheit und der Selbstverständlichkeit, sich in der eigenen Muttersprache auszudrücken und damit unmittelbar verstanden zu werden, zu den oft fühlbarsten Einschränkungen und täglich erfahrenen Grenzen, die nach der Flucht auch im Ankunftsland das Fremd- und Anderssein deutlich spürbar werden lassen. Die Möglichkeit, Fragen zu stellen und Antworten zu finden und so über ein gemeinsames Zuhören und Gehörtwerden in einen unmittelbaren Kontakt und Austausch treten zu können, ist oft sehr reduziert. In der Begegnung mit Geflüchteten als Klient_innen, deren Sprache fremd und unbekannt ist, spüren eine Erfahrung dieser Grenze auch viele Professionelle in der klinischen und pädagogischen Arbeit, die gewöhnt sind, Sprache als zentrales Mittel und Werkzeug ihrer Arbeit einzusetzen. Ein unmittelbarer Kontakt über einen sprachlichen Austausch ist nicht möglich, wenn es keine gemeinsame Sprache gibt. Sehr bald zeigt sich so die Ohnmacht, die auch die Professionellen in der Arbeit mit den Geflüchteten erleben müssen.

Aufbrechen der beraterischen Dyade

Oft wird in diesen Momenten der Einsatz einer Sprachmittlers_in notwendig werden. Diese für viele Professionelle ungewohnte Situation kann zunächst als eine schwer zu nehmende Hürde verstanden werden. Die Arbeit mit einem notwendig anwesenden Dritten, der die Intimität und Exklusivität der sonst oft selbstverständlichen beraterischen bzw. therapeutischen Dyade aufbricht, stellt eine gravierende Veränderung des gewohnten Settings dar. Die Sicherheit, die das Vieraugengespräch vermittelt, scheint durch den plötzlich öffentlicheren und als ungeschützt erlebten Raum verloren zu gehen. Die Frage, inwieweit Offenheit und Vertraulichkeit als notwendige Voraussetzungen eines therapeutischen Prozesses unter solchen Bedingungen möglich sind, steht ebenso im Raum wie die Frage, ob eine Übersetzung in der Lage ist, die tieferen, mit sprachlichen Äußerungen diffizil verbundenen, seelischen Mitteilungen zu erfassen und zu kommunizieren.

Viele Berater_innen und Therapeut_innen scheuen sich, eine Behandlung vor diesem Hintergrund einzugehen, die mit derart unbekannten Einflussfaktoren auf die eigene Arbeit im vertrauten Setting verbunden zu sein scheint. Dass eine solche Arbeit zu dritt aber nicht nur Risiken bezüglich einer sicherlich vielfach komplexeren Kommunikation birgt, sondern auch mit bereichernden Chancen verbunden sein kann, und unter welchen Bedingungen eine solche bereichernde Tendenz gefördert werden kann, soll im Folgenden diskutiert werden.

Die Suche nach einer Sprachmittler_in

Da die Aufgaben einer Sprachmittlers_in gerade in der beraterischen wie therapeutischen Arbeit weit über eine rein sprachliche Übersetzung hinausgehen, vielleicht gerade in diesem „Mehr" die besondere Unterstützung liegen kann, ist bereits die Frage der Auswahl einer Dolmetscher_in von großer Relevanz. Mit und in der Sprache vermitteln sich viele Informationen, die weit über eine rein technische Übersetzung hinausgehen. Um diese besondere Qualität und Bedeutung herauszustellen, hat sich gerade in psychosozialen Zusammenhängen seit langem die Bezeichnung der Dolmetschers_in als Sprach- und Kulturmittler_in durchgesetzt. Bei der Suche nach geeigneten Sprachmittler_innen sind einige wesentliche Punkte zu beachten.

Vielleicht öfter als vermutet besteht die erste Aufgabe darin, eine Sprachmittler_in zu finden, die die Heimatsprache oder den Dialekt der Klient_in spricht und versteht. In vielen der Länder, aus denen Geflüchtete zu uns kommen, werden mehrere Sprachen und Dialekte gesprochen, deren Sprecher_innen sich gegenseitig nicht oder nicht sicher verstehen. Oft muss – wenn dies im Vorfeld nicht geklärt werden konnte – in der ersten Begegnung geprüft werden, inwieweit eine Verständigung im nötigen Umfang möglich ist.

Wichtig ist, bei der Auswahl einer Sprachmittlers_in auch zu beachten, dass es für Klient_innen oft mit Ängsten verbunden sein kann, wenn die Sprachmittler_in in seiner oder ihrer Heimat einer Bevölkerungsgruppe zugehörig ist, die von der Klient_in als bedrohlich und potentiell verfolgend erlebt wird. So sprechen sehr viele verfolgte Minderheiten zwar zumeist die in ihrer Heimat durchgesetzte Herrschaftssprache, erleben aber gerade in der Situation einer Beratung oder Therapie, in der ohnehin die alten und mit ihrer Flucht eng verknüpften Bedrohungen und Ängste leicht aktualisiert werden, eine Sprachmittler_in, die dem eigenen engeren Kulturkreis entstammt, als entlastend. Sie sind dann besser in der Lage, die Beratung oder Therapie im Sinne eines sicheren und geschützten Raums zu verstehen. Steht eine solche Sprachmittler_in nicht zur Verfügung, ist es sinnvoll, mögliche Vorbehalte, die mit einer gemeinsamen Arbeit über die Nutzung der „Sprache der Verfolger" verbunden sein könnten, zu thematisieren, um mögliche Bedenken so frühzeitig erkennen zu können. Dies kann der möglichen – und sicher nicht immer unberechtigten – Sorge von Klient_innen mit einem Fluchthintergrund entgegenwirken, dass die erlebte Verfolgung nicht an den Landesgrenzen ein sicheres Ende gefunden hat und potentielle Verfolger auch in unserem Land aktiv sein könnten – eine Sorge, die ihren Ausdruck sicherlich in einem Misstrauen gegenüber einer Sprachmittler_in finden kann.

Familienmitglieder als Sprachmittler_innen

Nicht nur aus praktischen Erwägungen der Verfügbarkeit oder der finanziellen Entlastung heraus, sondern vor allem auch in dem Wunsch begründet, Sicherheit und Vertrauen in die so bedeutsame Sprachmittler_in setzen zu können, bringen viele Geflüchtete ihnen nahestehende Menschen, Verwandte, Freunde oder Bekannte zu den Gesprächen mit. Gerade Eltern bringen öfter die eigenen Kinder, die die Sprache des Ankunftslands oft schnell aufgefasst haben, zu den Gesprächen mit. Dass dies eine hohe Belastung und Überforderung der Kinder bedeutet, können Betroffene oft nur unzureichend erkennen, wie die folgende Szene aus der Therapie mit einer jungen Mutter verdeutlichen kann (Rauwald 2013):

Etwa vier Wochen nach Therapiebeginn erhalte ich einen Anruf von Frau T. In brüchigem Deutsch teilt sie mir mit, dass sie mich unbedingt sofort sprechen müsse: Es drohe ihrer ganzen Familie die Ausweisung. Ihr Anwalt bitte um ein Attest von mir. Wir vereinbaren ein Gespräch für den Nachmittag, und sie schlägt vor, einen Dolmetscher mitzubringen, da unsere Übersetzerin nicht zur Verfügung steht.
Als ich ihr nachmittags zur vereinbarten Zeit die Tür öffne, spüre ich, wie mir der Atem stockt. Sie hat Bekim, ihren 12-jährigen Sohn mitgebracht. Er soll für seine Mutter übersetzen. Ich blicke in das ängstliche Gesicht eines Jungen, das trotz des jungen Alters auszudrücken scheint, dass er weiß, worum es geht und die Gräuel kennt, die seine Mutter berichten will. Er wirkt entschlossen zu helfen, obwohl er weiß, dass dies seine Kräfte übersteigen wird. Sein ganzer Körper drückt Verzweiflung aus, er zittert, verkriecht sich in einen Sessel des Wartezimmers, als wünsche er sich, dort zu verschwinden, während ich seine Mutter ins Behandlungszimmer bitte.

Die Verpflichtung, der Mutter in der traumatischen Vergangenheit verbunden zu bleiben, hatte ihm nicht erlaubt, an sein eigenes Befinden und seine kindgemäßen Bedürfnisse zu denken.

Frau T., die ebenfalls sehr erregt ist, spürt meine Ablehnung, Bekim als Übersetzer zu akzeptieren, und versucht mir zu erklären, dass Bekim ohnehin alles wisse, dass er sich freiwillig angeboten habe, mitzukommen, weil die Familie in Gefahr sei. Ich entscheide nach einer kurzen Rücksprache mit dem Anwalt von Frau T., unser Gespräch auf den nächsten Tag zu verlegen, zu dem auch unsere Übersetzerin kommen kann. Bekim reagiert sehr erleichtert, seine Verkrampfung löst sich, er fängt an zu weinen und wird wieder zu dem kleinen Jungen, der er tatsächlich ist.

Oft wird gerade auch zu Beginn der therapeutischen oder beraterischen Arbeit nur unzureichend gesehen, dass und wie sehr die Wahl nahestehender Menschen als Dolmetscher_innen die eigene freie und offene Mitteilsamkeit beschränkt. In vielen Kulturen ist es zudem durchaus üblich, dass Familienmitglieder zu z.B. ärztlichen Untersuchungen begleitet werden. Es kann daher unterstützend sein, ein erstes Kennenlerngespräch durchaus auch in größerem Kreis der Familie bzw. der mitgebrachten Begleiter_innen zu führen, in dem dann erläutert wird, dass weitere Gespräche mit der Klient_in alleine geführt werden sollen. Hier kann dann auch geklärt werden, dass eine Übersetzung im beraterischen und therapeutischen Kontext nur über professionelle Sprachmittler_innen möglich ist.

Auswahl von Sprachmittler_innen

Wesentlich bei der Auswahl einer Sprachmittler_in ist darüber hinaus die Fähigkeit, die spezifischen Erfordernisse einer psychosozialen Beratung oder einer Therapie bei der Sprachmittlung berücksichtigen zu können. Dass oft eine bestimmte Konnotation oder Nebenbedeutung des Gesagten eine hohe Bedeutung haben kann, dass Brüche und Stolpersteine im Vortrag der Klient_innen für das klinische Verständnis wesentlich sein können und etwa auch umständliche und langwierige Darstellungen möglichst vollständig wiedergegeben werden sollten, ist für viele Übersetzer, die sonst in anderen Arbeitsfeldern tätig sind, unvertraut. Daher gibt es spezifische Weiterbildungen für die Sprachmittlung im psychosozialen Bereich, wie sie für die Herausforderungen einer Übersetzung in der beratenden und therapeutischen Arbeit mit oft traumatisierten Geflüchteten z.B. von FATRA e.V. oder der Bundesarbeitsgemeinschaft für Geflüchtete angeboten werden. Diese Organisationen sind auch hilfreiche Ansprechpartner bei der Suche nach einer geeigneten Sprachmittler_in.

Chancen und Risiken der Arbeit zu dritt

In der beraterischen und therapeutischen Arbeit mit jungen Geflüchteten begegnen wir neben der Erfahrung der Arbeit in einer uns fremden Sprache, die uns einen direkten verbalen Austausch mit unseren jungen Klient_innen nicht erlaubt, zugleich auch einer uns zumeist wenig bekannten Kultur, die die Lebenswelt, die Werte und Normen, Erwartungen und Haltungen der nun bei uns Schutz suchenden Jugendlichen bislang geprägt hat. Auch für uns ist die Arbeit mit jungen Geflüchteten eine Begegnung mit der Fremde.

Die Aufgabe der Sprachmittler_in ist hier, eine Brücke zwischen zuvor fremden Welten zu bauen. Für Geflüchtete ist die Erfahrung, sich in ihrer Muttersprache ausdrücken zu können und auch in dieser Antwort zu erhalten, oft mit einem besonderen Gefühl der Nähe und einer unmittelbaren Verbundenheit zu dem anwesenden Dolmetscher verknüpft. Leicht entwickelt sich hieraus eine positive und idealisierende Übertragungsbeziehung und die Sprachmittler_in wird unbewusst zu einem hilfreichen und versorgenden elterlichen Objekt. Die gemeinsame Arbeit erhält so einen besonderen Vertrauensbonus. In wenigen Fällen kann es allerdings auch vorkommen, dass ein Akzent in der Sprache der Dolmetscher_in, ihr Name, der Assoziationen auf ihre Herkunft wecken mag, oder ein anderes Detail in der Person der Dolmetscher_in die Geflüchtete in Bezug auf eine offene Zusammenarbeit behindert. So ist es unter Umständen möglich, dass die Dolmetscher_in die Geflüchtete an Aspekte der Verfolgung erinnert und alte Ängste erneuert. Mitunter kann es zu der Frage kommen, inwieweit die Dolmetscher_in mit der oft sehr kleinen und überschaubaren Heimatcommunity – und deren Erwartungen oder Tabus – verbunden ist und die beratende oder therapeutische Arbeit unter diesen Bedingungen überhaupt geschützt bleiben kann. Es ist wichtig, solche unterschwelligen Misstrauensäußerungen möglichst schnell zu erfassen und zu kommunizieren, um zu klären, ob und wie sich diese ausräumen lassen.

Häufig kann vor allem im Kontext einer positiven Übertragung auf die Sprachmittler_in eine Tendenz beobachtet werden, ihn auch außerhalb der Sitzungen für andere Fragen und Belange zu nutzen. Inwieweit dies sinnvoll und von allen Seiten gewünscht ist, sollte daher im Vorfeld geklärt werden. Gerade vor dem Hintergrund der besonderen Not vieler Geflüchteter fühlen sich Dolmetscher_innen mitunter verpflichtet, diesen Wünschen der Klient_innen nachzukommen. Ist eine längerfristige therapeutische Arbeit mit der Übersetzer_in geplant, ist dies auch aus professioneller Sicht ungünstig, z.B. weil unter solchen Umständen in die reale, sich außertherapeutisch etablierende Beziehung zwischen Klient_in und Dolmetscher_in viel von dem einfließen kann, was dann für die therapeutische Arbeit verloren gehen kann. Eine genaue Vorbesprechung mit Sprachmittler_innen, gerade wenn es zuvor noch keine Zusammenarbeit gegeben hat, ist hier hilfreich, um die Erwartungen und Grenzen der gemeinsamen Arbeit abzustecken.

Sprachmittler_innen, die zugleich oft tiefe und persönliche Erfahrungen in beiden Kulturen haben, können diese – wie die weiter unten zu findende Vignette darstellen soll – oft sehr hilfreich und unterstützend einbringen: Hier sind nicht nur ihr Wissen z.B. über gesellschaftliche Normen und Regeln der Heimatkultur, über den Einfluss auch bei uns entstandener Communitys von Landsleuten, über religiöse Sitten und Gebräuche, Feste und Feiertage, über das Verhältnis der Geschlechter und ihrer Präsenz etwa im öffentlichen Leben, sondern auch ihre Erinnerungen daran, wie selbstverständlich wir oft etwas voraussetzen, was zu unserem Lebensalltag gehören mag, aber dennoch für unsere Klient_innen neu, unverständlich und bisweilen sogar aversiv wirken mag. Sprachmittler_innen können zu Kulturmittler_innen werden und unser Verständnis für die jungen Menschen, mit denen wir arbeiten, erleichtern und vertiefen. Sie ermöglichen oft auch, dass wir einen neuen und anregenden Blick auf uns und unsere impliziten kulturell bedingten Selbstverständlichkeiten werfen, die eben auch immer mit Grenzen verbunden sind. Gerade an dieser Stelle wird so spürbar, wie sehr diese gemeinsame Arbeit eine spannende Bereicherung unseres Arbeitslebens werden kann. Deutlich wird hier aber auch, dass es eine eingreifende Veränderung des uns zumeist sehr gewohnten Settings bedeutet. Gerade die Wertschätzung und der Einbezug der kulturellen Kenntnisse und Erfahrungen einer Sprachmittler_in machen diese zu einer relevanten Partner_in in der therapeutischen und beraterischen Arbeit, die nicht auf die technische Funktion einer Übersetzer_in zu reduzieren ist. Dies alleine verändert unsere eigene Rolle und ist eine bedeutsame, mitunter ungewohnte Erfahrung, werden wir doch aus der zumeist sicheren Position der kompetenten Professionellen in die Rolle der Nicht-Wissenden, der Lernenden versetzt.

Oft können Aspekte, die solche Themen betreffen, nicht unmittelbar und vor allem nicht erschöpfend im Verlauf einer Beratungs- oder Therapiestunde angesprochen werden. Das Setting der Arbeit mit der Sprachmittler_in sollte also Zeiten, eventuell vor und vor allem auch nach der gemeinsamen Arbeitssitzung vorsehen, in der solche Fragen Platz und Raum haben. Vielfach ist dieser gemeinsame Raum zum Nachdenken über die Klient_innen eine sehr wertvolle und für alle Seiten bereichernde Zeit. Während hier einerseits die besonderen Erfahrungen und Kenntnisse der Sprachmittler_in etwa über die Situation des Flüchtlings vor der Flucht und teilweise auch in Bezug auf seine oder ihre derzeitigen Lebensumstände wie auch über kulturelle, religiöse oder soziale Einflussfaktoren der Herkunftsländer mit dem Erleben und den Berichten der Klientinnen in Verbindung gebracht werden können, ist andererseits hier auch der Raum, über die besonderen Belastungen der Sprachmittler_in zu reflektieren.

Herausforderung für die Dolmetscher_in

Gerade die Arbeit im psychosozialen Kontext bedeutet für die Sprachmittler_in eine hohe Herausforderung, da sie immer wieder mit Situationen konfrontiert sein wird, die für die Klient_innen traumatische Qualität hatten. Klient_innen berichten über teilweise unerträgliches Leid, lebensbedrohliche Situationen, schwere Verluste oft sehr naher und bedeutsamer Menschen. Über die zum Teil unter hoher innerer Erregung und einer im Moment des Berichts aktualisierten, erneut überschwemmenden Angst, Wut oder Verzweiflung werden die Zuhörer in einer unmittelbaren Weise zu Zeugen des Erlebten. Die oft unverdauten, fragmentierten und stark an konkreten Wahrnehmungsdetails gebundenen, überwältigenden Affekte werden vom Gegenüber in ihrer unintegrierten Form aufgenommen und können auch ihn leicht erfassen. Dass diese Zeugenschaft für eine mit traumatisierten Menschen arbeitende Professionelle mit eigenen Belastungen verbunden ist und zu einer sekundären Traumatisierung der betroffenen Professionellen führen kann, ist oft beschrieben und wissenschaftlich gut untersucht worden (vgl. Pross 2009).

Es ist der Dolmetscher, der als erster und ungeschützt diesen Berichten ausgesetzt ist, während die Berater_in bzw. Therapeut_in als Beobachter_in in der zweiten Reihe steht und das Geschehen bereits emotional und verbal vermittelt durch den Dolmetscher mitgeteilt bekommt. Mehr als die Sprachmittler_in hat die Berater_in daher Zeit und Möglichkeit, zunächst aus der entfernteren Position der Beobachter_in das sich abbildende Geschehen in einer gedämmten Weise wahrzunehmen.

Für die Sprachmittler_in stellt dies auch deshalb eine besondere Belastung dar, weil sie oft mit dem Kulturkreis der Klient_innen eng verbunden ist und mit den politischen Ereignissen und individuellen Härten der Geflüchteten sehr vertraut ist. Darüber hinaus ist es eine wichtige Aufgabe der Berater_in bzw. Therapeut_in, einzuschätzen, inwieweit die Sprachmittler_in etwa aufgrund persönlichen Leids oder aus Sorge um Familienangehörige selbst belastet ist. Auch wenn eigene Erfahrungen oft mit zu der Motivation beitragen, sich in der Flüchtlingsarbeit zu engagieren und eigene Ressourcen zur Verfügung zu stellen, ist dennoch auf die erhöhte Gefahr hinzuweisen, dass eine emotionale Distanzierung auf dem Hintergrund der eigenen Betroffenheit oft schwierig ist und bis hin zu retraumatisierenden Erfahrungen über die Konfrontation mit den Schilderungen der Geflüchteten führen kann. Auch bei erfahrenen und sehr stabil wirkenden Sprachmittler_innen kann sich dies jederzeit während der gemeinsamen Arbeit ereignen. Auch diesbezüglich ist eine gemeinsame Reflexion im Anschluss an die Sitzungen wertvoll.

Besonderheiten im Setting zu dritt

Das wohl augenfälligste Merkmal der Arbeit mit der Sprachmittler_in ist für viele Professionelle das Verlassen der vertrauten und als selbstverständlich vorausgesetzten Situation, in der Klient_in und Berater_in oder Therapeut_in einen vertrauensvollen und geschützten Rahmen gerade über die Intimität der Vier-Augen-Situation erleben. Die Arbeit in der Triangulierung scheint diesen unmittelbaren Schutzraum aufzubrechen, weil immer auch ein Dritter anwesend ist und damit eine deutlich öffentlichere Situation entsteht. Dies wird spürbarer sein, wenn neben der Klient_in auch die Dolmetscher_in unbekannt ist. Die Sorge, inwieweit unter dieser Bedingung ein Austausch über sehr persönliche Erfahrungen auf einer tiefen und bedeutsamen Ebene möglich ist, wird erfahrungsgemäß aber bald nicht mehr im Fokus stehen, während andere Fragen die gemeinsame Arbeit durchaus weiterhin begleiten können.

Die Triangulierung, die Wahrnehmung und Einbeziehung der Anwesenheit eines Dritten, stellt eine besondere psychische Aufgabe dar. Wie in jeder Gruppensituation stehen Fragen der Nähe und Distanz der Mitglieder, ihrer Bedeutung und gegenseitigen Wertschätzung im Fokus der Aufmerksamkeit. In der Arbeit mit einer Dolmetscher_in wird dies gerade ihre Position im Geschehen besonders betreffen. Steht die Dolmetscher_in mehr an der Seite der Klient_in, deren Sprache sie spricht und deren Kulturkreis sie oft auch entstammt? Identifiziert sie sich mit den Bedürfnissen und der Not der Klient_in? Oder ist sie in ihrer Funktion der Berater_in bzw. Therapeut_in näher, da sie wie diese eine professionelle Aufgabe übernommen hat? Kann sie sich in dem sich entwickelnden oft sehr emotionalen Gespräch und dem oft lebhaften Übertragungs- und Gegenübertragungsgeschehen in ihrer Rolle verorten? Was bedeutet es für einen therapeutischen Prozess, wenn zwei Übertragungsfiguren zur Verfügung stehen? Wie verstehen die Protagonist_innen in dieser oft herausfordernden und komplexen Situation diese Fragen? Oft werden diese Fragen in einer gemeinsamen Zeit der Reflexion von Dolmetscher_in und Therapeut_in immer wieder neu zu bestimmen und zu diskutieren sein. Dabei ist gerade diese gemeinsame Arbeit am Rahmen eine sehr wertvolle und bereichernde Erfahrung und kann das Verständnis der Situation der Klient_ innen vertiefen.

Eine weitere Besonderheit der Arbeit mit einer Sprachmittler_in kann in einer veränderten zeitlichen Strukturierung der Beratungs- bzw. Therapiesitzung gesehen werden. Während einerseits die Zeit zunächst als limitierter betrachtet werden muss, da jede Äußerung der Therapeut_in wie der Klient_ in zunächst von der Sprachmittler_in übersetzt werden muss (die auch dadurch eine hohe Präsenz in der Sitzung erhält und somit als das aktivste Mitglied der Gruppe erscheint), eröffnet sich eine besondere und für die professionelle Arbeit sehr wertvolle Möglichkeit des Erlebens aus der beobachtenden Situation heraus. So ist es möglich, die Aufmerksamkeit während des Berichts der Klient_in zunächst weitgehend auf nonverbale Äußerungen zu konzentrieren, z.B. auf Fragen wie: Spricht die Klient_in ruhig und gelassen oder nervös und erregt? Wirken ihre Darstellungen flüssig? Wie wirkt ihre Gestik und Mimik? Wie ist die Körperhaltung? Gibt es hinsichtlich dieser Faktoren augenfällige Veränderungen während des Gesprächs? Oft erhalten wir wertvolle Hinweise auf wesentliche Themen und belastende Episoden gerade über die achtsame Wahrnehmung solcher nonverbaler Informationen. Auch haben Professionelle so die Gelegenheit, die Wirkung ihrer Interventionen und Mitteilungen auf die Patient_in zunächst zu beobachten, während die Antwort erst im Anschluss durch die Übersetzer_in verbalisiert wird. Nur am Rande soll darauf hingewiesen werden, dass es hier zu einer für den Professionellen auch schützenden Situation kommt, da insbesondere traumatische Inhalte in zweifacher Hinsicht gebremst vermittelt werden: Sie werden zum einen „in Portionen" (zunächst über die nonverbale Reaktion der Klient_in, dann in der Übersetzung) wahrgenommen, zum anderen ist die „rohe", unverarbeitete Äußerung traumatischer Erfahrungen durch die „glattere" Übersetzung gemildert. Auch an dieser Stelle wird noch einmal die besondere Belastung der Sprachmittler_in erkenntlich.

Hilfreich kann diese Situation aber auch für die Klient_in sein, die so ebenfalls die Gelegenheit hat – und diese häufig auch intensiv nutzt –, während der mit der Übersetzung ihrer Mitteilungen durch die Sprachmittler_in einhergehenden kleinen Pause, aufmerksam zu verfolgen, wie ihre Mitteilungen von der Professionellen aufgenommen werden. Gerade dies war in der im Anschluss dargestellten Arbeit mit Mansour, einem jungen Flüchtling aus Kabul, von Bedeutung, der diese Zeiten immer wieder nutzte, um sich zu versichern, dass die Therapeutin die Situation aushalten und seine Haltung akzeptieren konnte.

Eine kleine Szene: Mansour

Zum Abschluss möchte ich die vorangegangenen Überlegungen noch einmal an der folgenden kleinen Vignette aus der Arbeit mit einem jungen afghanischen Flüchtling verdeutlichen.

Der knapp 20-jährige Mansour K. kam über seinen Betreuer zu uns ans Institut. Er war in einer Einrichtung in einer kleinen Stadt südlich von Frankfurt untergebracht, die vom Träger seines Betreuers geführt wurde. Anlass für die Vorstellung in unserer Ambulanz war der zunehmende Rückzug Mansours: Er verließ seit einigen Wochen kaum noch sein Zimmer. Eine Vorstellung bei einem Psychiater hatte zwar zu einer Medikation geführt, die aber nichts geändert hatte. Seit einigen Wochen verweigerte Mansour auch den Besuch des Deutschkurses, der endlich für ihn gefunden worden war.

Mansour wurde zu den ersten Kontakten von seinem Betreuer begleitet, der erklärte, dass Mansour oft „verloren gehe", sehr leicht den Weg und die Orientierung verliere. Über den Betreuer erfuhr ich einige Details zur aktuellen Situation in Bezug auf die Zeit seit seiner Ankunft in Deutschland, auf seinen noch unklaren Aufenthaltsstatus und seine derzeitige Befindlichkeit, wie sie sich in der Einrichtung spiegelte. Es wurde deutlich, dass sich die Einrichtung große Sorgen machte und Mansour auch für suizidal hielt.

Zum ersten Termin hatte ich eine Pashtu-sprechende Dolmetscherin eingeladen, da ich von Mansours Betreuer erfahren hatte, dass Mansour nicht Dari, sondern Pashtu als Muttersprache angegeben hatte. Mit dieser Dolmetscherin hatte ich bereits zuvor einige Male gearbeitet, zumeist in kürzeren Sequenzen.

Mansour war ein hochgewachsener, sehr hagerer und eingefallen wirkender junger Mann, der im ersten Kontakt recht apathisch wirkte. Auf sein Befinden angesprochen kramte er einige Packungen mit Medikamenten hervor, die er mir überreichte. Zu meiner Überraschung waren dies drei verschiedene Antidepressiva, von denen mir Mansour nicht genau erklären konnte, wie er an sie gekommen war.

Die ersten beiden Sitzungen verliefen etwas zäh, Mansour verhielt sich höflich, ohne einen aktiven Kontakt zu mir oder der Dolmetscherin aufzunehmen. Er äußerte sich zumeist sehr knapp und zumindest auf der Oberfläche wenig emotional auf meine Versuche, mit ihm über sein Leben hier in Deutschland, seine aktuelle Situation, seine Schulverweigerung oder auch in groben Zügen über seine Flucht und deren Hintergrund in Kontakt zu kommen. Mansour vermittelte, dass ihm sein Leben hier relativ gleichgültig war. Zum Fluchthintergrund berichtete er dann kurz eine typische Geschichte: Die Familie hatte in Angst in der Nähe von Kabul gelebt, das Dorf war zerstört worden, die Familie hatte ihn als ältesten Sohn auf die Flucht geschickt, er war über viele Länder und dann mit einem kleinen Boot über das Mittelmeer geflüchtet. Es wurde spürbar, dass er mit einem Auftrag hierhergekommen war bzw. diesen familiären Auftrag zumindest selbst erlebte. Es wurde deutlich, dass Mansour arbeiten wollte und er Geld zu seiner Familie schicken wollte, die sich inzwischen in Pakistan aufhielt. Zeit für einen Schulbesuch meinte er deshalb nicht zu haben.

An dieser Stelle war es der Hinweis der Dolmetscherin, dass sich Mansour erstaunlich differenziert und auf hohem Sprachniveau ausdrückte, der mich nachfragen ließ, welche Schulen er denn in Afghanistan besucht habe und welche Vorstellungen er früher ausbildungsmäßig gehabt habe.

Neugierig geworden frage ich nun noch einmal detailliert nach seiner Schulerfahrung in der Heimat. Mansour berichtet daraufhin, dass er lange in Kabul zur Schule gegangen sei, zuletzt aber in Wardak, wohin ihn ein Onkel des Vaters geholt habe, der dort große Ländereien besitze und ein sehr wohlhabender Mann sei. Mansour kommt dann aber wieder auf Kabul, seine Schule dort, sowie seinen Wunsch, englisch zu lernen, um später auch einmal als Dolmetscher arbeiten zu können, zurück. Sein Onkel sei damit nicht einverstanden gewesen. Er schildert, dass der Onkel das Familienoberhaupt der Familie sei und dass es schon Konflikte in der Familie wegen der Heirat des Vaters gegeben habe, der eine Schiitin geheiratet habe. Mansour erklärt hier die verschiedenen Clans, denen die Familie der Mutter bzw. des Vaters angehört haben und fügt an, dass er selbst auch schiitisch erzogen sei. Sein Vater habe ihn dann mit dem Onkel nach Wardak geschickt.

Während Mansour zunächst der Dolmetscherin von seiner Schullaufbahn berichtete, war eine Veränderung in Mansour zu bemerken, der wacher und auch deutlich erregter wirkte. Da die Stunde weit fortgeschritten ist, gehe ich nicht weiter darauf ein, versuche etwas zu stabilisieren, indem ich noch ein paar Fragen der gegenwärtigen Situation anspreche.
Nach der Stunde gibt es – wie immer – die Gelegenheit des Austausches mit der Dolmetscherin. Wir sprechen über meine Beobachtung der steigenden Erregung in Mansour, während er von seinen verwandtschaftlichen Konflikten sprach. Die Dolmetscherin erläutert mir dann, dass sie vermute, dass Mansour hier zwischen zwei Stühle geraten sein könne. Es sei ungewöhnlich, dass er schiitisch erzogen worden sei, denn die Religion werde vom Vater vorgegeben, der entsprechend seines Clans Sunnit sei. Wir sprechen dann auch noch über Wardak, eine von der Landwirtschaft dominierte Region. Die Dolmetscherin weiß, dass dort zum einen der Mohnanbau weit verbreitet ist, auch dass die Taliban von dort aus viele Angriffe gestartet haben, Hintergründe, die in den folgenden Stunden aufgegriffen werden können und ein tiefgreifenderes Verständnis der Situation von Mansour ermöglichen.

„In Afghanistan ist es so: Wenn Du keine Macht hast, werden Deine Rechte getrunken wie ein Glas Wasser."
Als ich in der nächsten Stunde anspreche, dass der Wechsel nach Wardak für ihn schwierig gewesen sei, berichtet Mansour über die eigentlichen Hintergründe für die Flucht seiner Familie, die ich jetzt nur skizzieren kann. Tatsächlich stammt der Onkel aus einer reichen Familie, die Mohn

anbaut (es ist Mansour wichtig, zu betonen, dass niemand der Familie selbst konsumiert). Der einflussreiche Onkel selbst ist ein Taleb, ein weiser Mann, und steckt ihn in die Koranschule, die als Internat funktioniert. Viele, besonders arme Kinder, die aus verschiedenen Regionen Afghanistans stammen, werden hier zu gläubigen Moslems erzogen. Mansour schildert den Unterricht, der neben dem Koranunterricht auch Unterricht an den Waffen umfasst. Er schildert seine Angst, dass sein schiitischer Glaube entdeckt werden könnte und wie er sich bemüht, schnell alle sunnitischen Regeln und Gebetsriten zu übernehmen.

Viel später kommt – und auch hier wieder ist ein Hinweis der Dolmetscherin auf ein Detail des Berichts (abendliche „Derwischtänze") hilfreich – ein Thema zum Vorschein, dass in seiner ganzen Tiefe und Bedeutung auch in der KZT, die ich durchgeführt habe, nicht ausgelotet werden kann, dessen Thematisierung aber für Mansour offensichtlich wichtig war: Der sexuelle Missbrauch und darüber das Brechen und Gefügigmachen der jungen Internatsschüler, die so zu gefügigen Kämpfern der Taliban gemacht wurden. Für Mansour, der uns aufmerksam beobachtete, während er berichtete, war – so denke ich – meine Haltung nach diesem Bericht wichtig. Meine Fantasie, dass möglicherweise ein eigenes Erlebnis dann den Ausschlag zur Flucht gegeben hat, haben wir in diesem Rahmen nicht verfolgen können, nach diesen Schilderungen kam er nicht wieder auf diese Zeit zurück. Gleichzeitig war es offensichtlich eine tiefe Entlastung, darüber zu sprechen und so ein Thema innerlich zur Seite stellen zu können.

Literatur

BAfF – Bundesweite Arbeitsgemeinschaft der psychosozialen Zentren für Flüchtlinge und Folteropfer e.V. (2016): www.baff-zentren.org (Zugriff am 9.03.2016).

FATRA – Frankfurter Arbeitskreis Trauma und Exil e. V. (2016): www.fatra-ev.de (Zugriff am 9.03.2016).

Pross, C. (2009): Verletzte Helfer. Stuttgart: Klett-Cotta.

Rauwald, M. (2013): Flüchtlinge und ihre Kinder – Der Einfluss von Migration und Trauma auf die Beziehung zwischen Eltern und ihren Kindern. In: Rauwald, M. (Hrsg.): Vererbte Wunden. Weinheim: Beltz. S. 99-108.

Geflüchtete Kinder und Jugendliche in der Schule

Hanne Shah

2015 flüchteten rund eine Millionen Menschen nach Deutschland. Auch wenn die große Zahl der Geflüchteten, aufgrund der erschwerten Einreisebedingungen zurückgegangen ist, beantragten weiterhin viele Menschen 2016 in Deutschland Asyl, darunter viele Familien mit Kindern, sowie unbegleitete minderjährige Geflüchtete.

Inzwischen besuchen die meisten Kinder und Jugendlichen deutsche Schulen. Die Unsicherheit im Umgang mit diesen Kindern und Jugendlichen ist jedoch meist noch ziemlich groß. Es gibt Sprachbarrieren, oftmals Unsicherheiten im Umgang mit einer fremden Kultur und viele Lehrkräfte belastet die Angst möglicherweise traumatisierte Kinder „falsch zu behandeln". Viele stellen sich die Frage, wie sie Flüchtlingskindern begegnen sollen.

Zahlreiche dieser Kinder haben Unaussprechliches erlebt, viele sind traumatisiert.

Vor allem aber sind sie Kinder. Sie sind Jungen und Mädchen, manche schüchtern, andere frech, die einen sportlich und die anderen eher an Kunst interessiert. Kinder, die lachen und spielen wollen, Kinder, die Freunde brauchen.

Dies sollte bei aller Diskussion über Traumatisierung und die schlimmen Kriegserlebnisse nicht vergessen werden. Sie nur auf ihr Flüchtlingsschicksal oder ihre Traumatisierungen zu reduzieren, wird ihnen nicht gerecht. Selbst wenn Kriegs- und Fluchterfahrungen sicherlich ihr Leben für immer prägen werden.

Es gibt nicht „die Flüchtlingskinder" und erst recht gibt es kein Patentrezept für den Umgang mit „diesen Kindern und Jugendlichen".

Jedes Kind, jeder Jugendliche ist anders, jede Familie unterschiedlich. Die Kinder kommen aus den verschiedensten Ländern, Kontinenten und oft grundverschiedenen sozialen Schichten und haben unterschiedliche Religionen.

Manche Familien haben ihr Leben lang in extremster Armut gelebt, die Eltern können weder lesen noch schreiben und die Kinder oder Jugendlichen haben noch nie eine Schule von innen gesehen. Andere Familien lebten in ihrer Heimat im Wohlstand, die Eltern sind Ärzte, Anwälte oder Lehrer, hatten ein Haus und viele Annehmlichkeiten. Ihre Kinder besuchten die Schule, bekamen vielleicht Musikunterricht und lebten einen sorgenfreien Alltag.

Aber sie alle sind geflohen, verloren Besitz und Heimat und haben nun als meist mittellose Geflüchtete in Deutschland aus den verschiedensten Gründen Zuflucht gefunden.

Je nachdem, wie das Leben früher für diese Kinder war, kämpfen sie hier mit unterschiedlichen Schwierigkeiten.

Bei Flüchtlingskindern und Jugendlichen kann Folgendes zutreffen oder ist zumindest sehr wahrscheinlich:

- sie sind traumatisiert
- sie trauern
- sie erleben einen „Kulturschock"
- sie sind „sprachlos"
- sie leben (auch) jetzt in Armut
- ihr Familiensystem ist zusammengebrochen

Bereits einer dieser Faktoren reicht aus, um normales schulisches Lernen und die Entwicklung zu beeinträchtigen. Dann bedarf es sensibler Unterstützung, damit das möglicherweise schwerverletzte Kind seine Möglichkeiten entfalten kann und Lernen und Integration möglich werden.

Traumatisierte Kinder und Jugendliche

Viele Flüchtlingskinder sind durch Kriegserlebnisse, Flucht oder Gräueltaten traumatisiert. Sie haben Schreckliches gesehen oder gehört und sind dem Geschehen hilflos und meist mit Todesangst ausgeliefert gewesen. Bilder des Grauens, Schreie, aber auch Gerüche und Geräusche, die mit dem traumatischen Erleben einhergingen, haben sich tief ins Gehirn eingebrannt.

Diese Bilder können sich auch später in Friedenszeiten und in Sicherheit immer wieder unkontrolliert aufdrängen und wie ein innerer Film ablaufen. Das Kind erlebt sich dann in der gleichen ohnmächtigen Angst wie zu dem Zeitpunkt, als das Trauma entstanden ist.

Besonders häufig tauchen diese Bilder nachts in Form von Albträumen auf. Am nächsten Morgen ist das Kind dann unausgeschlafen und gereizt. Aber auch tagsüber können diese Schreckensbilder erscheinen. Dann wirken die Kinder wie in einer anderen Welt, starren vielleicht gedankenverloren vor sich hin und schrecken zusammen, wenn sie angesprochen werden.

Unbewusst vermeiden viele dann bestimmte, angstmachende Situationen. Das Vermeiden dient als Schutz. So kann es beispielsweise vorkommen, dass ein Kind nicht Bahn fahren möchte, weil es Angst vor dem Kontrolleur in Uniform hat, der es an einen Soldaten erinnert.

Kleinigkeiten aus dem Alltag können für Menschen aus Kriegsgebieten „Trigger" sein, die den inneren Film zum Ablaufen bringen.

- So kann rote Farbe an Blut erinnern,
- ein einfacher Knall an Schüsse,
- der Geruch von Grillfleisch an Menschen, die im Feuer umkamen.

Die meisten Kinder verstehen nicht, warum sie Angst haben. Sie reagieren einfach verstört, verkriechen sich unter einem Tisch oder weigern sich vehement, einen bestimmten Ort zu betreten.

Durch das erlebte Trauma ist der Körper in einer permanenten Hochspannung. Wachsamkeit ist in einer Gefahrenlage lebensnotwendig und kann von den Kindern auch in Friedenszeiten nicht einfach abgestellt werden. Diese Übererregbarkeit kann sich durch motorische Unruhe, Schreckhaftigkeit, aber auch Aggressivität zeigen.

Trauernde Kinder und Jugendliche

Fast alle Flüchtlingskinder haben große Verluste erlebt. Vielleicht starb ein Familienmitglied, manchmal sogar Vater, Mutter und/oder ein Geschwisterkind. Viele Familien sind auseinandergerissen, sie wissen nicht, wie es ihren Liebsten geht, ob sie gesund sind oder noch leben. Zudem leiden die meisten Kinder unter Heimweh, vermissen Freunde und ein vertrautes Umfeld.

Jedes Kind trauert anders, so wie jedes Kind auch seine eigene Art im Umgang mit Trauma hat. Vielen Kindern sieht man die Trauer nicht an. Sie lachen, spielen und verhalten sich (scheinbar) völlig normal.

Das Kind kommt aus einer anderen Kultur.

Jedes Land hat seine unausgesprochenen Regeln, die wir von klein auf beigebracht bekommen und verinnerlicht haben. Menschen aus anderen Kulturen, die andere Regeln gelernt haben, müssen sich erst an das neue Umfeld gewöhnen. Alles ist neu, alles anders und es ist zutiefst verunsichernd, wenn man sich nicht verständigen kann und zudem noch ständig Angst haben muss, etwas falsch zu machen.

Kinder lernen zwar schnell, doch auch sie brauchen Zeit.

Vielleicht kennen sie ein Schulsystem, welches sehr viel autoritärer war und den Kindern weniger Entscheidungsfreiheit ließ. Vielleicht waren sie es gewohnt, sich in der alten Heimat ohne Aufsicht völlig frei zu bewegen, zu klettern und zu toben, ohne ständige Begrenzung. Vielleicht sprach man in der Heimat laut und hier nun plötzlich leise. Es sind nicht die großen Dinge, sondern die vielen Kleinigkeiten des Alltags, die normalerweise mühsam erlernt werden müssen und oft zu Missverständnissen führen. Flüchtlingskinder, die hierher kommen, haben meist keine Erwachsenen, die ihnen die neuen Regeln und Gebräuche beibringen können. Die Erwachsenen mit denen sie kamen, sind selbst unsicher und fühlen sich fremd.

So müssen die Kinder alles alleine lernen, am Anfang nur durch Beobachten und ohne Kenntnis der hiesigen Sprache.

Soziale Unterschiede

Die Lebenswirklichkeit eines indischen Bauernkindes, welches in großer Armut aufwächst, dessen Eltern weder lesen noch schreiben können und welches schon in jungen Jahren arbeiten muss, wird sich gravierend vom Leben eines indischen Kindes aus der Mittelschicht unterscheiden.

Soziale Unterschiede können bisweilen schwerer zu überwinden sein, als kulturelle. Der Alltag eines indischen Jugendlichen aus einer Mittelschichtfamilie wird sich zwar vom Alltag eines Jugendlichen aus der deutschen Mittelschicht unterscheiden und doch wird es viele Gemeinsamkeiten geben, Verbindendes durch Schule, Bildung, Musik und gemeinsame Werte.

Prallen in deutschen Klassen die Lebenswelten dieser sehr unterschiedlichen sozialen Schichten, potenziert durch kulturelle Unterschiede und Sprachprobleme aufeinander, so ist ein gutes Miteinander eine große Herausforderung für alle Beteiligten.

Die „doppelte" Sprachlosigkeit

Flüchtlingskinder sind meist im doppelten Sinne sprachlos.

Das, was sie erlebt haben, ist oft so unvorstellbar, dass sie das Grauen, aber besonders auch ihre Gefühle, kaum erzählen können. Je schlimmer das Erlebte, je größer die Sprachlosigkeit. Das Geschehen lässt sich meist nicht in Worte fassen, auch nicht für Erwachsene. Und selbst wenn Worte gefunden würden, so bleibt die Unsicherheit, wie das Gegenüber auf solch eine Erzählung reagiert. Wird man die schrecklichen Dinge überhaupt glauben? Oder hält mein Gegenüber es aus, wenn ich ihr davon erzähle? Kinder haben meist feine Antennen und spüren, wie viel der Erwachsene verträgt. Nicht selten schweigen sie, wenn sie spüren, dass ihre Geschichte eine zu große Belastung für den anderen ist, oder wenn sie befürchten, dass ihnen nicht geglaubt wird.

So sind viele traumatisierte Kinder sprachlos. Doppelt sprachlos sind die meisten, wenn sie die deutsche Sprache nicht oder nur rudimentär beherrschen. Gerade Gefühle sind besonders schwer in einer fremden Sprache auszudrücken, selbst wenn man sich im Alltag schon gut verständigen kann.

Leben in Armut

Flüchtlinge in Deutschland leben in relativer Sicherheit aber oftmals in Isolation und in ärmlichen Verhältnissen. Die Wohnsituation ist meist extrem beengt und viele Sammelunterkünfte befinden sich abseits gelegen. Die meisten Familien bewohnen auch mit zwei, drei oder mehr Kindern ein, allerhöchstens zwei kleine Zimmer. Das lässt keinen Platz für Privatsphäre.

Nachts ist es oft laut, die Kinder können nicht schlafen und sind am nächsten Morgen müde in der Schule oder im Kindergarten. Vor allem aber bewirkt die beengte Wohnsituation, dass die Kinder ungefiltert alle Sorgen und Nöte der Erwachsenen mitbekommen.

Wenn das System Familie zusammengebrochen ist

Die wichtigste Ressource für die seelische Gesundheit von Kindern sind zuverlässige Bezugspersonen, Eltern, die sie lieben, stützen und führen. In Flüchtlingsfamilien sind viele Erwachsene selbst so traumatisiert und von Trauer betroffen, dass sie nicht mehr in der Lage sind, ihre Kinder genügend zu unterstützen. Manchmal konnte nur ein Teil der Familie fliehen oder ein Elternteil oder Geschwisterkind ist umgekommen. Oft ist das ganze System Familie zusammengebrochen.

Die Schulen

Je nach Bundesland, Region oder Ort sind die Schulen sehr unterschiedlich auf den Umgang mit Flüchtlingskindern vorbereitet.

In vielen Großstädten haben die Lehrkräfte jahrelange Erfahrung mit Kindern, die ohne deutsche Sprachkenntnisse und aus einem fremden Kulturkreis nach Deutschland kommen. Spezielle Vorbereitungsklassen zur Sprachförderung sollen die Eingliederung in die normalen Schulklassen erleichtern. Etliche der in diesen Klassen unterrichtenden Lehrkräfte haben selbst einen Migrationshintergrund, sie sprechen mehrere Sprachen und kennen sich auch mit den kulturellen Besonderheiten, beispielsweise aus dem arabischen Raum aus.

Beispielhaft für die Förderung von unbegleiteten, minderjährigen Geflüchteten sei die „Schlau Schule" in München genannt. Dort werden seit dem Jahr 2000 nach einem speziellen Konzept Jugendliche zwischen dem 16. und 21. Lebensjahr beschult und auf die Arbeitswelt vorbereitet. Für jüngere Flüchtlingskinder gibt es inzwischen die Partnerschule ISuS. ISuS (Integration durch Sofortbeschulung und Stabilisierung) wurde im Jahr 2012 gegründet und hat zum Ziel jungen Geflüchteten unmittelbar nach ihrer Ankunft durch Beschulung und sozialpädagogische Betreuung einen Halt sowie eine Perspektive zu geben. Mit Gründung der Schule wurde den jungen – oftmals schwer traumatisierten – Menschen der Zugang zu ihrem Menschenrecht auf Bildung und die dringend benötigte Perspektivenschaffung sowie ein geregelter Alltag im neuen kulturellen Umfeld ermöglicht. Der Name der Schule beschreibt gleichzeitig das Angebot: ISuS ist ein Schulprojekt zur Sofortbeschulung und Stabilisierung der jungen Menschen nach schrecklichen Erlebnissen im Herkunftsland und auf der Flucht. Im Schuljahr 2014/2015 stellt ISuS 74 Schulplätze zur Verfügung.

Insgesamt fünf Lehrkräfte, angestellt beim Referat für Bildung und Sport der Stadt München, sowie mehrere Honorarkolleg_innen unterrichten die jungen Geflüchtete in den ehemaligen Räumlichkeiten der SchlaU-Schule in der Schillerstraße (insgesamt 125 Unterrichtseinheiten pro Woche). In fünf Klassen absolvieren die Schüler_innen das Berufsvorbereitungsjahr (BVJ) und erhalten Unterricht in den Fächern Deutsch schriftlich, Deutsch mündlich und Mathematik. Neben den Kernfächern spielen insbesondere die Themenbereiche Orientierung, Gleichberechtigung und Konfliktmanagement eine große Rolle innerhalb der Unterrichtsgestaltung.

Die Aufteilung der Schüler_innen auf die fünf Klassen erfolgt anhand verschiedener Kriterien wie etwa den schulischen Vorkenntnissen, dem Alphabetisierungsgrad und den Fremdsprachenkenntnissen. Insgesamt sind durchschnittlich circa 1/3 der Schüler_innen bei ISuS zu Schuljahresbeginn Analphabeten.

Wie in der SchlaU-Schule werden die Schüler_innen durch Schulsozialarbeit begleitet. Zwei Sozialpädagog_innen gewährleisten eine psychosoziale Betreuung der Schüler_innen. Unterstützt werden sie durch eine sozialpädagogische Hilfskraft. Da es sich bei den Schüler_innen bei ISuS fast durchweg um stark traumatisierte und gerade geflohene Personen handelt, bedarf es hier einer Vielzahl an persönlichen, intensiven Gesprächen und einem deutlich höheren Betreuungsaufwand.

Am Ende eines Schuljahres stellt man dort jedes Jahr aufs Neue fest: Während die Schüler_innen im September traurig, verschüchtert und mit negativen Lebenseinstellungen zu ISuS kamen, erkennt man schon nach sechs Monaten Betreuung, dass die extremen psychischen Anspannungen gelindert werden, das Selbstwertgefühl gesteigert wird und die Schüler_innen in die Lage versetzt werden sich in der Fremdsprache Deutsch auszudrücken.

Leider sind solche speziellen und gut ausgestatteten Schulen und Klassen bisher noch eine Seltenheit. Die Realität für viele Schulen sieht anders aus. Nicht in allen Schulen gibt es die sogenannten Willkommensklassen und eine gezielte Sprachförderung.

In etlichen Schulen kommen die Flüchtlingskinder ohne große Vorbereitung in die einzelnen, ihrem Alter entsprechenden, Klassen und haben lediglich am Nachmittag Sprachförderung durch ehrenamtliche Helfer_innen.

Während Lehrkräfte der Vorbereitungsklassen oder Schulen wie der „Schlau Schule" sich uneingeschränkt auf die besonderen Bedürfnisse von Flüchtlingskindern und Jugendlichen konzentrieren können (Kulturelle Unterschiede, Traumatisierung etc.), haben Lehrkräfte, die „nur" einzelne Flüchtlingskinder in einer „normalen" Klasse haben, dazu kaum die Möglichkeit.

Sie sollen den Lehrplan einhalten, alle Kinder fördern, etlichen schwierigen und verhaltensauffälligen Kindern gerecht werden und dann auch noch den Kindern, die durch Flucht und Gewalterlebnisse traumatisiert sind, Zeit und Aufmerksamkeit schenken. Das ist nicht leicht. Trotzdem kann auch im täglichen Schulalltag einiges getan werden, um Flüchtlingskinder zu unterstützen.

Struktur und klare Haltung

Klare Regeln und Rituale in Schulen und anderen Einrichtungen geben allen Kindern Halt und Struktur. Gerade für traumatisierte Kinder, die auch zu Hause keine Orientierung mehr haben, können klar erklärte Regeln Schutz bieten.

Verwirren Sie die Kinder nicht durch zu viel Entscheidungsfreiheit. In unserem Kulturkreis werden Kinder permanent nach ihren Wünschen gefragt und müssen wählen.

- Wo möchtest du sitzen?
- Welches Buch möchtest du lesen?
- Möchtest du lieber malen oder spielen?

In vielen anderen Kulturen lernen Kinder, sich im Hintergrund zu halten, unterzuordnen und ihre Pflicht zu erfüllen. Sie haben gar nicht so viel

Wahlmöglichkeit. Die vielen Fragen zu Kleinigkeiten verwirren, die Kinder ziehen sich zurück und sind verunsichert. Wichtige Entscheidungen, die das Kind oder den Jugendlichen betreffen, sollten natürlich nicht über seinen Kopf hinweg getroffen werden – es gilt hier zu unterscheiden zwischen wichtig und unwichtig.

Fremdenfeindlichkeit, Mythen und Vorurteile

Bevorzugen Sie kein Flüchtlingskind, aber stellen sie sich uneingeschränkt auf seine Seite, wenn sie mitbekommen, dass dieses Kind ausgegrenzt beziehungsweise gehänselt wird oder fremdenfeindliche, diskriminierende Äußerungen fallen.

Hier muss Ihre Haltung eindeutig sein. Das Kind braucht dann den Schutz von Erwachsenen.

Rassismus, Intoleranz oder abwertende Sprüche über etwas, was einem fremd ist, gibt es in allen Kulturen und Schichten. Dumme, aber zutiefst verletzende Worte erleben Geflüchtete von vielen Seiten, von Deutschen ebenso wie von Migranten, manchmal selbst von anderen Geflüchteten. So kann es auch sein, dass in Ihrer Schule oder Einrichtung Kinder unterschiedlicher „verfeindeter" Ethnien aufeinandertreffen.

Es kann auch sein, dass es bei Geflüchteten untereinander Vorurteile und eine Hierarchie gibt.

Machen Sie trotzdem ganz klar, dass Ihre Einrichtung ein Ort ist, an dem alle gleiche Rechte und Pflichten haben, ein Ort, mit Null-Toleranz gegenüber Diskriminierung.

Unwissen und Vorurteile prägen viele Debatten um Geflüchtete, schüren Ängste und fördern Aggressivität. Die Auswirkungen von solchem Denken gipfelten im zweiten Weltkrieg und in der bis dahin beispiellosen Vernichtung von Juden, Roma und Sinti, Homosexuellen, psychisch Kranken und Menschen, die als fremd und bedrohlich wahrgenommen wurden.

Aus der Geschichte kann und sollte gelernt werden.

Aufklärung, Wissen und Begegnungen helfen Vorurteile abzubauen.

Schulen, Kindergärten und öffentliche Begegnungsstätten sind wichtige Orte, die dies ermöglichen können.

Kulturelle Missverständnisse

„Sieh mich an, wenn ich mit dir rede!", meinte die Lehrerin ärgerlich, als sie dem Kind etwas erklärte und dieses nur auf seine Schuhe blickte. Sie empfand das Verhalten des Kindes als sehr ungehörig.

Dabei war ihr nicht bewusst, dass es in der Kultur, aus der das Kind kam, als sehr unhöflich galt, wenn ein Kind einem Erwachsenen, noch dazu einer Respektperson wie einer Lehrerin, direkt in die Augen sieht.

Von Ihnen kann nicht erwartet werden, dass Sie all die verschiedenen Anstandsregeln der unterschiedlichen Kulturen kennen. Seien Sie sich aber bitte bewusst, dass unsere Höflichkeitsregeln in Deutschland nicht allen bekannt sind.

Erklären Sie bitte, warum Sie möchten, dass ein Kind dieses oder jenes tut. Sagen Sie, dass es in Deutschland unhöflich ist auf den Boden zu sehen, wenn jemand mit einem spricht. Auch ein junges Kind kann die unterschiedlichen Regeln des Respekts verstehen, schnell lernen und wird auch begreifen, in welchem Umfeld es sich wie zu verhalten hat. (Zu Hause sehe ich bescheiden zu Boden, wenn die Eltern mit mir sprechen, aber in der Schule sehe ich die Lehrerin direkt an, weil sie sonst denkt, ich höre nicht zu). Klare Worte helfen, zu verstehen und die Dinge richtig einzuordnen.

Interesse am Kind und seinem Leben bekunden

Erkundigen Sie sich nach der Heimat der Kinder und Jugendlichen und zeigen Sie dadurch, dass Ihnen bewusst ist, mit welchen Schwierigkeiten sie leben müssen.

Allgemeine Fragen, wie „Wie geht es dir?" sind meist zu Floskeln verkommen, zu allgemein und werden genauso salopp beantwortet: „Gut."

Fragen Sie konkret, ohne Gefühle direkt anzusprechen. Dies kann Kinder oder Jugendliche, besonders in der schulischen Umgebung, überfordern.

„Wie habt ihr früher zu Hause Feste gefeiert?"

„Habt ihr in der Stadt oder auf dem Land gelebt?"

„Was ist dein Lieblingsgericht? Gibt es das hier auch? Vermisst du das manchmal?"

Falls es Gelegenheit und Zeit geben sollte, lassen sie die Kinder und Jugendlichen von positiven Erlebnissen zu Hause erzählen. Auch in Kriegs- und Notzeiten gibt es Momente des Glücks, Menschen, die einem gut tun, oder Begebenheiten, an die man sich dankbar erinnert. Diese Kleinigkeiten wahrzunehmen und nicht nur das Schreckliche, gibt Kraft – das Kind wird nicht nur auf das „arme Flüchtlingskind" reduziert. Solche Gespräche sollten aber nicht zwischen Tür und Angel geführt werden, sondern wenn Sie wirklich etwas Zeit und Ruhe haben, zuzuhören.

Begegnen Sie den Kindern und Jugendlichen mit Mitgefühl, aber nicht mit Mitleid. Mitleid lähmt.

Der Französische Arzt und Resilienz-Forscher Boris Cyrulnik, der als jüdisches Kind in Frankreich versteckt die Nazi-Zeit überlebt hat, schreibt: „Die Belastung kam erst mit dem Frieden, als sich die Erwachsenen, die den Auftrag hatten, sich um die Kinder ohne Familie zu kümmern, nicht die Mühe machten mit ihnen zu sprechen. Oder wenn sie mitleidig sagten: „Der Arme hat keine Familie." Oder eine Sozialarbeiterin, die in schallendes Gelächter ausbrach, als ich ihr erzählte, ich wolle Arzt werden."

Die Art und Weise wie über Erlebnisse gesprochen wird, ruft unterschiedliche Empfindungen hervor.

Viele Flüchtlingskinder haben Schreckliches erlebt und überlebt. Sie verdienen Unterstützung und unseren Respekt.

Etliche Kinder malen Bilder vom Krieg oder Entsetzlichem, was ihnen zugestoßen ist. Das ist dann eine Möglichkeit, mit dem Kind ins Gespräch zu kommen, sich das Bild erklären zu lassen, vorsichtig nachzufragen.

Bitte meiden Sie Kommentare wie: „Das ist ja schrecklich, mal doch mal etwas Schönes, Buntes" oder „Das solltest du schnell vergessen, jetzt geht es dir ja gut."

Manche verarbeiten ihren Schmerz im Spiel. Sie wiederholen immer gleiche Szenen, die sie beschäftigen und belasten. Das Spiel hilft dem Kind, das Unfassbare zu begreifen, einzuordnen und sich damit auseinander zu setzen. Das Spiel ermöglicht auch das Gespräch mit Erwachsenen, wenn sie sich die Zeit nehmen, zuzuhören.

Gerade bei allen Kreativangeboten spielen die außerschulischen Betreuungsangebote und die damit verbundene sensible Begleitung der Kinder eine besonders wichtige Rolle.

Eine gute Integration von Kindern und Jugendlichen, die flüchten mussten, wird sicherlich noch lange Zeit und auf verschiedenen Ebenen diskutiert werden. Es wird nicht ein Patentrezept geben. Genauso wenig wie es „die Flüchtlingskinder" gibt, gibt es „die Lehrer_innen" oder „die Schule".

Hintergrundwissen über kulturelle, vor allem aber auch soziale Unterschiede, darüber wie sich Trauma und Trauer auf die Entwicklung eines Kindes auswirken können, helfen manche Zusammenhänge besser zu verstehen und Berührungsängste abzubauen.

Noch wichtiger als dieses Wissen ist allerdings eine empathische Grundhaltung. Die Offenheit, sich in eine Welt einzufühlen, die einem fremd ist und sich nicht nur von seinen eigenen Wertvorstellungen leiten zu lassen.

Literatur

Shah, Hanne (2015): „Flüchtlingskinder und jugendliche Flüchtlinge" – in Schulen, Kindergärten und Freizeiteinrichtungen. Köln: Zentrum für Trauma und Konfliktmanagement (ZTK) GmbH.

Zentrum für Trauma und Konfliktmanagement (ZTK) GmbH. Broschüre: „Flüchtlingskinder und jugendliche Flüchtlinge" – In Schulen, Kindergärten und Freizeiteinrichtungen. http://www. ztk-koeln.de/info-broschueren/broschuere-fluechtlingskinder-und-jugendliche-fluechtlinge-in-schulen-kindergaerten-und-freizeiteinrichtungen/ (Abfrage: 21.03.2016).

Cyrulnik, Boris (2013): „Rette dich, das Leben ruft!". 2. Auflage. Ullstein Verlag.

Trägerkreis Junge Flüchtlinge e.V. (2015): „So arbeiten wir". http://www.schlau-schule.de/lehr konzept/ so-arbeitet-schlau.html (Abfrage: 21.03.2016).

Trägerkreis Junge Flüchtlinge e.V. (2015): „ISuS Schule". http://www.schlau-schule.de/ueber-uns/isus-schule.html (Abfrage: 21.03.2016).

Bindungsorientierte pädagogische Arbeit mit jungen Geflüchteten

Sophia Becke

In der pädagogischen Arbeit mit jungen Flüchtlingen, besonders solchen, die ohne erwachsene Begleitung in Deutschland sind, stellt sich oft die Frage, welcher konzeptuelle Ansatz den besonderen Bedingungen den Kindern und Jugendlichen mit ihren Erfahrungen gerecht wird. Dabei stehen nicht nur mögliche belastende Erlebnisse im Herkunftsland und auf der Flucht im Vordergrund, auch Kindheits- und Familienstrukturen müssen Berücksichtigung finden, die vom westeuropäischen Erfahrungskontext und den sich daraus entwickelten impliziten Vorstellungen abweichen können. Ziel der pädagogischen Arbeit ist es, die Kinder und Jugendlichen auf ihre weitere psychosoziale Entwicklung optimal vorzubereiten. Dabei eignet sich das psychologische Konstrukt der Bindung als Grundlage pädagogischer Arbeit mit jungen Geflüchteten besonders gut, um all diese Aspekte zu berücksichtigen und gleichzeitig die individuelle Entwicklung jedes Kindes und Jugendlichen zu begleiten.

Nach einer kurzen Darstellung des Konstrukts – besonders in Bezug auf transkulturelle Unterschiede – möchte ich auf den Zusammenhang von Bindung und Trauma hinweisen, um damit eine Skizze der bindungsorientierten Arbeit mit jungen Geflüchteten zu entwerfen.

Zur Relevanz des psychologischen Konstrukts Bindung

Bindung stellt zunächst eine sehr universelle Idee in der Psychologie dar. Sie beschreibt die Beziehung und die Beziehungsqualität zwischen zwei Personen, in der anfänglichen theoretischen Auseinandersetzung vor allem zwischen Mutter und Kleinkind (Ainsworth/Bell 1974; Bowlby 2010). Ein universelles Sicherheitsbedürfnis löst bei allen Verunsicherungen eine Annäherung an die eigene Bindungsperson aus. Zudem stellen Bindungspersonen in Zeiten der Sichreheit eine Basis dar, von der Explorationen in ein weiteres Umfeld stattfinden können (Ainsworth 1967; Bowlby 1969). Es wird angenommen, dass es ein eigenes Handlungssystem gibt, das diese Balance zwischen Exploration und Nähe steuert (Waters/Cummings 2000). Bindung und Neugier bilden demnach Gegenspieler. Nur ein erfülltes Bindungsbedürfnis ermöglicht die De-Aktivierung des Bindungssystems, so dass die Umwelt frei exploriert werden kann. Im Umkehrschluss bedeutet dies, dass eine Stresssituation, in der das Bindungsbedürfnis nicht ausreichend befriedigt wird, zu einer anhaltenden inneren Anspannung führt, so dass kein Neugierverhalten möglich wird (Ainsworth/Bell 2003; Bowlby 2002; Weinfield et al. 2008).

Die Grundidee der klassischen Theorie ist es, dass sich jedes Kind bindet. Als Grundlage hierfür werden auch Studien mit Tieren, besonders Primaten angeführt, die der Interpretation zufolge ein ähnliches Verhaltensmuster in Bindungssituationen zeigen (Bowlby 1969; Harlow 1958). Bindung stellt dabei ein Lebensthema dar, beschränkt sich also nicht nur auf Beziehungen in der Kindheit. Vielmehr bietet die Idee eine Möglichkeit, Beziehungen über die gesamte Lebensspanne zu betrachten (Hazan/Shaver 1994).

In westlichen Kontexten ist die Anzahl der Bindungspartner zunächst auf die Eltern beschränkt, wird später auch auf Erzieher und Großeltern erweitert (z.B. Howes/Spieker 2008). Dabei wird für jede Bindungsbeziehung angenommen, dass eine Machtungleichheit in der Beziehung vorliegt, es gibt eine mächtigere, kompetentere bindungsgebende und eine untergeordnete bindungsnehmende Person (Bowlby 1969).

Die Bindungsbeziehungen weisen dabei unterschiedliche Qualitäten auf. Diese basieren auf den Erfahrungen, die in der Bindungsbeziehung über die Verfügbarkeit des Bindungspartners gemacht wurden. Die entstehende Erwartungshaltung lässt sich in vier unterschiedlichen Bindungsqualitäten abbilden (Ainsworth/Bell/Stayton 2003; Ainsworth/Wittig 2003; Bowlby, 2002; Main/Solomon 1993). Ein sicher gebundenes Kind hat erfahren, dass sein Bindungspartner in den meisten bindungsrelevanten Situationen feinfühlig reagiert. Seine Signale werden erkannt und die Antwort erfolgt zielorientiert und zeitnah. Sein Bindungsbedürfnis wird demnach erfüllt und es kann seine Umwelt frei explorieren. Unsicher gebundene Kinder (unsicher-vermeidend und unsicher-ambivalent) dagegen erleben, dass ihre Bindungspartner ihnen nicht hilfreich zur Seite stehen, sondern abweisend reagieren, in anderen Situationen dann jedoch wieder übermäßig kontrollierend handeln (Ainsworth et al. 2003; Bowlby 1969; Bowlby 2002; Main/Hesse 1993; van IJzendoorn 1997; Weinfield et al. 2008). In der westlichen Forschungstradition wird die sichere Bindung als das Optimum angenommen (Ainsworth et al. 2003; Main 1990). Der vierte, desorganisierte Bindungstyp ist in der Normalbevölkerung nur selten anzufinden, weil er auf schwierige, teilweise traumatisierende Entwicklungsbedingungen zurückgeführt wird, z.B. Deprivation in Heimen, psychische und körperliche Gewalt (vgl. Brisch 1999; Main 2002; Main/Hesse 1993; Main/Solomon 1993; van IJzendoorn 1997).

Zu den Voraussetzungen für eine sichere Bindung zählt in erster Linie

Feinfühligkeit des Bindungspartners. Diese beschreibt die Fähigkeit, Signale des Kindes schnell wahrzunehmen und dann adäquat zu reagieren (Ainsworth/Bell 1974; Ainsworth/Bell 2003; Ainsworth et al. 2003; Bowlby 2010). Daneben nehmen die eigenen Bindungserfahrungen des Bindungspartners starken Einfluss (van IJzendoorn 1995; van IJzendoorn 1997). Daher ist in der pädagogischen Arbeit die professionelle Reflexion der eigenen Erfahrungen notwendig, um schwierige Bindungserfahrungen nicht intuitiv weiterzugeben. Ein Faktor auf Seiten des Kindes, der die Bindungsqualität beeinflusst, ist das Temperament des Kindes. Hierbei ist aber vermutlich die Passung zwischen Kind und Bindungspartner ausschlaggebend, nicht allein das Temperament selbst (Belsky/Rosenberger/Crnic 1995; Vaughn/Bost/van IJzendoorn 2008). Verschiedene Faktoren der Umgebung der Bindungsdyade nehmen ebenfalls Einfluss auf die Bindungsqualität. Dazu gehört allen voran das soziale Netzwerk des Bindungspartners und hierbei vor allem das Ausmaß der Unterstützung, das abgerufen werden kann. Zudem sind sozioökonomische Faktoren relevant. Je schlechter der ökonomische Status ist, desto mehr Stress bedeutet dies für den Bindungspartner. Mit einem erhöhten Stresslevel geht eine verminderte Feinfühligkeit einher. Zudem ist auch die Beziehungsqualität zum Umfeld entscheidend dafür, wie sicher die Bindungsqualität ausfällt (Belsky/Isabella 1988; Belsky et al. 1995; Bowlby 2010; de Wolff/van IJzendoorn 1997).

Die Bindungsqualität eines Kindes wird mit zahlreichen Entwicklungsfolgen in Verbindung gesetzt (Thompson 2008; van IJzendoorn/Sagi-Schwartz 2008). Dazu gehören die psychosoziale Entwicklung und gegebenenfalls psychische Auffälligkeiten, die Mentalisierungsfähigkeit, die Gesundheit und das Gesundheitsverhalten (vor allem in Bezug auf den Umgang mit Stress), die sprachliche Intelligenz und die spätere Beziehungsfähigkeit (Berlin/Cassidy/Appleyard 2008; Fonagy/Gergely/Target 2007; Fonagy/Higgitt 2007; Thompson 2008; van IJzendoorn/Dijkstra/Bus 1995; Weinfield et al. 2008).

Besonders in der pädagogischen Arbeit ist es wichtig zu beachten, dass die Erwartungshaltung, die sich durch frühe Erfahrungen bildet, keinesfalls für das restliche Leben determinierend und stabil sein muss. Vielmehr können positive Erfahrungen zu einer Verbesserung der Bindungsqualität, negative Erfahrungen jedoch auch zu einer Verschlechterung der Bindungsqualität führen (z.B. Thompson/Lamb/Estes 1982; Waters/Weinfield/Hamilton 2000). Grundsätzlich ist zu sagen, dass frühe positive Bindungserfahrungen ein stabiles Fundament darstellen, das nicht so leicht zu erschüttern ist und damit langfristig einen wichtigen Resilienzfaktor darstellt (Weinfield et al. 2008).

Bindung über Kulturen hinweg

Die Bindungstheorie nimmt für zahlreiche ihrer Annahmen und Forschungsergebnisse an, dass diese universelle Gültigkeit haben. Einige Forscher weisen aber nun darauf hin, dass der kulturelle Rahmen Kindheit formt und dass es deswegen auch für die Entwicklungsaufgabe der Bindung zahlreiche Lösungen geben kann, je nach kulturellem Umfeld (u.a. Keller 2007; Weisner 2005). In einer bindungsorientierten pädagogischen Arbeit mit jungen Geflüchteten ist deshalb zu beachten, dass viele Aspekte der Bindungstheorie auf westlichen Grundideen zu Kindheit und Familienstrukturen basieren. Es bedarf daher einer gesonderten Reflektion zu den Sozialstrukturen in den Herkunftskulturen der Kinder und Jugendlichen, um eine sinnvolle und individuelle pädagogische Arbeit leisten zu können.

Im Folgenden möchte ich auf bindungsbezogene Unterschiede zwischen Kulturen hinweisen, die relevant sind, um die Geschichten der einzelnen Kinder und Jugendlichen und auch ihre Erwartungshaltung in Beziehungen zu verstehen.

Dazu gehört vor allem die übermäßige Fokussierung auf die Mutter bzw. die biologischen Eltern als Bindungsperson. Oft ist die soziale Umwelt von Kindern in nichtwestlichen Kulturen schon früh sehr vielfältig, weil eine geteilte Kinderpflege praktiziert wird, in der diese Aufgabe auf viele Personen verteilt wird (Bryant 1989; Lamb/Sternberg 1992; Lancy 2015). In vielen Kulturen außerhalb Europas ist es auch üblich, dass nur wenig ältere Kinder als Bezugsperson eine relevante Rolle spielen (z.B. Gottlieb 2004; LeVine et al. 1994; Serpell 1992). Kulturen basieren in ihrem Familien- und Verwandtschaftsverständnis auch nicht auf biologischen, sondern oft auf sozialen Konzepten (Sahlins 2013). Man fühlt sich viel größeren Verwandtschaftsgruppen zugehörig, als das in westlichen Kontexten üblich ist (Fortes 1953).

Zudem unterscheiden sich Kulturen sehr deutlich darin, welchen Stellenwert Kinder und Jugendliche einnehmen und welche hierarchische Position sie in Familien haben. Ein westlicher Blick und eine damit einhergehende (Ab-)Wertung anderer Kindheits- und Familienstrukturen führt zu einer unnötigen Pathologisierung. Kindheitsstrukturen und die Rolle von Kinder in einer Kultur sind als Ergebnisse der Bedingungen und Werthaltungen der Gruppe zu verstehen, so dass sie nur vor dem Hintergrund des Bedeutungsrahmens der Kultur reflektiert werden können (Rett 1992; Stearns 2007; Tomlinson/Cooper/Murray 2003). Die Reflexion der eigenen (unbewussten) Ideen zu Familie und Kindheit ist notwendig, um Unterschiede erkennen und nicht als „Abweichung von der Norm", sondern als *andere* Ausgestaltungsmöglichkeit zu erkennen.

Bedeutsam für die Unterschiede in der frühen psychosozialen Entwicklung sind auch die elterlichen Erziehungsziele. Während in westlichen Industriegesellschaften in der frühen Kindheit schon eine Ausrichtung auf die spätere Schullaufbahn stattfindet und die Selbständigkeit und Kommunikation im Vordergrund stehen, sind die Primärziele in schwierigen Umweltbedingungen (Lebensmittelknappheit, Subsistenzwirtschaft, hohe Kindersterblichkeitsrate) oft eher Schutz und Überleben. Entsprechend unterschiedlich sind die Ausgestaltung der Beziehung und der Interaktion in den ersten Monaten und Jahren (Berk 1997; LeVine 1974; LeVine 1988; LeVine et al. 1994; Serpell 1992).

Da die jungen Geflüchteten in Deutschland aus ganz unterschiedlichen Herkunftskulturen stammen, möchte ich kein Bild zeichnen, wie Bindung „überall anders" funktioniert. Vielmehr möchte ich dazu anregen, sich über die unterschiedlichen Herkunftskulturen genau zu informieren und die Entwicklungsbedingungen der Kinder und Jugendlichen zu reflektieren. Besonders wichtig dabei ist, Nationengrenzen nicht mit Kulturgrenzen zu verwechseln. Personen aus dem gleichen Land können z.B. durch Unterschiede in ethnischer, religiöser oder sozialer Zugehörigkeit sehr unterschiedliche frühe Erfahrungen gemacht haben.

Trauma, Flucht und Bindung

Schwere Belastungen und Traumatisierungen gehen oft einher mit dem Verlust sozialer Strukturen und der Erschütterung der Beziehungserwartungen. Nach Fischer und Riedesser ist Trauma als „vitales Diskrepanzerlebnis zwischen bedrohlichen Situationsfaktoren und den individuellen Bewältigungsmöglichkeiten" (2009, S. 375) zu verstehen. Je größer das Repertoire individueller Verhaltensstrategien ist, desto weniger schnell können die Grundannahmen zum eigenen Selbst und der Umwelt erschüttert werden, desto weniger tritt eine Traumatisierung auf. Entsprechend schneller können Kinder und Jugendliche demnach traumatisiert werden, weil schneller eine Diskrepanz zwischen ihren Bewältigungsfähigkeiten und den an sie gestellten Anforderungen entstehen kann.

Sichere Bindungserfahrungen haben in Bezug auf Traumatisierungen in verschiedenen Aspekten eine große Relevanz, weil die Traumatisierung einen Verlust des Sicherheitsgefühls bedeutet. Zum einen stellen sie einen präventiven Schutz dar, sie erleichtern den Umgang mit belastenden, potenziell traumatisierenden Erfahrungen. Sie bilden einen Teil der möglichen Bewältigungsstrategien, so dass weniger schnell eine Diskrepanz zu situationalen Anforderungen entstehen kann. Dies bezieht sich vor allem auf die Erfahrungen und die dadurch entstandene Erwartungshaltung, dass andere Menschen in Stresssituationen als Hilfe zur Verfügung stehen und man daher eigene Schwierigkeiten auch äußern kann. Auch im Anschluss an

traumatisierende Erlebnisse stellen sichere Bindungen eine wichtige, korrigierende Erfahrung da. Die Person erlebt, dass andere bei der Emotionsregulation helfen, dass sie selbstwirksam sein kann und dass andere Menschen im Grunde gut und hilfreich sind (Brisch 1999; Brisch 2012; Fischer
2011; Fischer/Riedesser 2009). Obwohl die bindungsbezogene Erwartungshaltung gegenüber anderen Menschen, die in den ersten Lebensjahren ausgebildet wird, eine große Stabilität hat, sind korrigierende Erfahrungen
auch nach sehr schwierigen und möglicherweise bindungstraumatisieren-
den ersten Lebensjahren möglich (Brisch 1999; Brisch 2012).

Entwurf einer bindungsorientierten Arbeit mit jungen Geflüchteten

Wie also kann eine bindungsorientierte pädagogische Arbeit mit jungen
Geflüchteten aussehen? Und warum sollte die Arbeit überhaupt bindungsorientiert ausgerichtet werden?

Wie oben dargestellt hat Bindung eine grundsätzliche Relevanz für die
gesamte psychosoziale Entwicklung. Bindung sichert das Überleben und
macht Entwicklung erst möglich. Sie ist also ein *„Überlebensmuster"* (Bowlby 2010, S. 21, Hervorhebung im Original). Das Aufwachsen in professionellen Institutionen stellt dabei einen großen Risikofaktor dar (z.B. Brisch
1999). Wie oben dargestellt, kann die sichere Bindung nicht nur einen präventiven Schutzfaktor, sondern auch eine korrigierende Erfahrung darstellen, wie sie besonders nach Krieg und Fluchterfahrungen notwendig ist, um
eine gesunde Entwicklung zu ermöglichen.

Voraussetzungen bindungsorientierter pädagogischer Arbeit

Für die Umsetzung eines bindungsorientiertes Ansatzes im pädagogischen
Alltag sind fünf Voraussetzungen zu beachten:

Individualität im Handeln: Im bindungsorientierten pädagogischen Handeln muss die Hinwendung zur Individualität des Kindes oder des Jugendlichen erfolgen. Dazu gehört die Betrachtung der Vorgeschichte in Form der
bisherigen psychosozialen Beziehungserfahrungen, der Familienkonstellati-
onen und der erlebten Umweltstrukturen. Im Falle von jungen Geflüchteten
kommt dazu – wie oben dargestellt – noch eine kulturelle Komponente. Das
Kind oder die jugendliche Person muss in der eigenen Bindungsbiographie
und den zugehörigen Bindungserwartungen verstanden werden, um An-

knüpfungspunkte für die pädagogische Arbeit zu entwickeln. Es kann also keine *eine* ideale Strategie, vielmehr ist jeder Beziehungsaufbau so individuell wie das Gegenüber selbst.

Zeit und Konstanz des Handelns: Es bedarf ausreichend Zeit und Konstanz, um eine tragfähige Beziehung aufzubauen. Bindungsbeziehungen entstehen erst durch eine Langlebigkeit der Beziehung (Kerns et al. 2005). Dies gilt besonders bei traumatisierten Kindern und Jugendlichen. Die notwendige Konstanz und der zeitliche Rahmen beziehen sich jedoch nicht nur auf den Beziehungsaufbau, sondern auch die Ausrichtung einer Einrichtung. Dabei müssen vor allem die strukturellen Rahmenbedingungen auf eine bindungsorientierte Arbeit ausgerichtet sein, wie ich im Folgenden ausführen werde.

Interaktives Handeln: Die bindungsorientierte Arbeit stellt deshalb ein interaktives Konzept dar, weil man selbst Teil der Dyade ist, Teil einer Bindungsbeziehung. Man ist in der Beziehung eng mit den Kindern oder Jugendlichen verbunden. Dies macht eine umfangreiche Reflexion und eine professionelle Begleitung etwas in Form bindungsorientierter Supervisionen notwendig, weil das Verhalten in Bindungsbeziehungen sehr stark von eigenen Erfahrungen geleitet wird. Dies gilt auch für professionelle Bindungserfahrungen. Der eigene Anteil muss also professionell reflektiert werden, um eine gesunde, sichere Bindung herzustellen. Gleichzeitig ist die Begleitung auch deswegen notwendig, weil sich nun weder Kinder oder Jugendliche, noch Erzieher_innen in einer „Bewahranstalt" befinden, sondern emotional verbunden sind. Es muss eine gesunde Balance gefunden werden, so dass zwar eine Bindungsbeziehung hergestellt wird, diese gleichzeitig aber in einem professionellen und reflektierten Rahmen stattfindet. Diese professionelle Distanz ist in der bindungsorientierten Arbeit besonders schwierig zu finden, was sie gleichzeitig noch dringlicher werden lässt, um für beide Seiten eine gesunde Entwicklung zu erreichen.

Professionelles Handeln: Wie eben schon angerissen, ist die bindungsorientierte Arbeit ein Konzept, das eine hohe Professionalisierung erfordert. Das Konzept lebt von der professionellen Begleitung und dem kollegialen Austausch. Die Professionalisierung ist notwendig, um die Beziehung und den Bindungsaufbau sowie den Erhalt der bestehenden Bindungsbeziehung kontrollieren und bewusst halten zu können. Im Gegensatz zum Bindungsverhalten gegenüber eigenen Kindern ist das Verhalten hier nicht intuitiv, sondern gerade gezielt und reflektiert. Die Vorgeschichte und die Erwartungshaltung des jeweiligen Kindes müssen reflektiert und im eigenen Verhalten beachtet werden, um eine sichere Bindung herstellen zu können.

Besonders bei der Arbeit mit traumatisierten Kindern bedarf es einer Begleitung, um Rückschläge im pädagogischen Handeln aufarbeiten zu können, die sich in engen Beziehungen fast immer einstellen. Das Vorgehen muss strukturiert sein und gleichzeitig dokumentiert werden. Zur Dokumentation gehört vor allem, für jedes Kind festzuhalten, welche Situationen besonders verunsichernd und angstauslösend und damit bindungsrelevant sind und welches Verhalten des Gegenübers dann für das Kind besonders hilfreich ist. Dies ermöglicht es auch über Betreuer hinweg Konstanz sicherzustellen.

Umfassendes Handeln: Das Konzept ist in zweierlei Hinsicht umfassend. Zum einen umfasst es das gesamte Interaktionsgeschehen. Eine Bindung wird nicht nur in Stresssituationen, also in das Bindungssystem aktivierenden Momenten, hergestellt. Vielmehr sind die Bindung und ihre Qualität eine Reflektion der gesamten Interaktionserfahrung, die Bindungsperson dient auch als sichere Basis für die Exploration (Ainsworth 1967; Bowlby 1969). Die gesamte Interaktion mit dem Kind oder Jugendlichen muss von Feinfühligkeit und Zuverlässigkeit geprägt sein, nicht nur der Umgang mit Notfallsituationen. Bindung entsteht durch Alltagsverhalten. Darauf aufbauend bildet sich das mentale Bild, das entscheidend dafür ist, ob sich das Kind oder der Jugendliche in Bindungssituationen an seinen Bindungspartner wendet.

Umfassend ist das Konzept auch bezüglich der idealen Arbeitsbedingungen, in denen es stattfindet. Zu diesen idealen Arbeitsbedingungen gehört, dass sich ein Team in seiner Gänze zu einer bindungsorientierten Ausrichtung entscheidet. Ein Alleingang kann Konfliktpotenzial bergen, vor allem, wenn Kollegen die eigene Einrichtung explizit als „Bewahranstalt" und die Beziehung nur als flüchtig und vorübergehend verstehen, während andere Mitarbeiter sehr dicht an den Kindern orientiert sind. Das eigene Verständnis der pädagogischen Arbeit mit jungen Flüchtlingen muss im Team explizit reflektiert werden, um ein gemeinsames Vorgehen zu erreichen, was die Arbeit sehr deutlich erleichtert. Arbeitsbedingungen, die bindungsorientiert ausgerichtet sind, orientieren sich an einer größtmöglichen Konstanz und Verfügbarkeit von Bindungspersonen und der verbundenen Wahlmöglichkeit. Vor diesem Hintergrund ist Schichtdienst für die Ausbildung stabiler Bindungsbeziehungen als schwierig zu bewerten. Die Bindungsbeziehungen müssen explizit Eingang finden in die Arbeit und die Gestaltung der Arbeitsbedingungen. Dazu gehören neben der oben dargestellten Supervision auch ein regelmäßiger kollegialer Austausch, einmal, um eine gemeinsame Bindungsstrategie im Umgang mit den Kindern und Jugendlichen zu entwickeln, zum anderen, um eine Reflexion des eigenen Vorgehens durch einen Blick von außen zu erreichen, z. B. im Sinne einer kollegialen Fallberatung.

Phasen der bindungsorientierten Arbeit

Aufbau einer Bindungsbeziehung

Am Anfang der bindungsorientierten Arbeit steht zunächst der Aufbau einer Bindungsbeziehung. Auch wenn Rogers Triade der Therapieprinzipien (z. B. Rogers 1989) leider durch häufige populärwissenschaftliche Verwässerungen oft etwas belächelt wird, so halte ich sie doch weiterhin für Verhaltensideale, die jeder guten pädagogischen Arbeit, besonders aber einem bindungsorientierten Vorgehen zu Grunde liegen sollten. Sie bilden die Grundlage für das Entstehen einer (Bindungs-)Beziehung.

Sein *Echtheitsprinzip* beschreibt ein authentisches Einbringen in eine Beziehung. Nur Authentizität ermöglicht die Ausbildung einer tragfähigen und stabilen Beziehung, in der das Kind bzw. die jugendliche Person die Erwartungshaltung entwickelt, die andere Person wäre verfügbar und zuverlässig.

Die *bedingungslose positive Wertschätzung* steht für eine Annahme des Kindes oder des Jugendlichen in allen seinen Problemen und Schwierigkeiten. Erst wenn das Kind das Gefühl hat, seine Schwierigkeiten würden ebenso bedingungslos akzeptiert wie jedes unproblematische Verhalten, lernt es sich zu öffnen, Vertrauen zu fassen und die eigenen Schwierigkeiten überhaupt zu äußern, damit diese in die pädagogische Arbeit aufgenommen werden können.

Rogers Konzept der *Empathie* bildet meiner Einschätzung nach die Grundlage für das, was in der Bindungstheorie als Feinfühligkeit verstanden wird. Erst ein empathisches Einfühlen ermöglicht es mir, Signale des Gegenübers gut zu erkennen und zu verstehen, um im nächsten Schritt auch adäquat zu reagieren. Ein nichtempathischer Mensch wird besonders bei der Arbeit mit traumatisierten Kindern und Jugendlichen, die ihre Signale weit wenig eindeutiger senden als andere Interaktionspartner, scheitern und dem Kind oder der jugendlichen Person niemals das Gefühl vermitteln, er stände als Bindungspartner zur Verfügung.

Pädagogisches Handeln: Ganz konkret muss am Anfang des Aufbaus einer Bindungsbeziehung für den Bindungspartner das Beziehungsangebot stehen. Eine Beziehung, noch viel weniger eine Bindungsbeziehung kann nicht aufgezwungen werden. Idealerweis sollte den Kindern bzw. Jugendlichen selbst die Wahl gelassen werden, um eine *optimale Passung* zu ermöglichen. Das Kind oder der Jugendliche kann sich dann die Person suchen, die es am besten in seiner Individualität versteht und seine Signale am adäquatesten beantwortet. Entsprechend schwieriger ist der Beginn einer Beziehung in den Bedingungen, die sich durch einen Schichtdienst ergeben. Die Wahl sollte nach einer Phase der Anwärmung und des gegenseitigen Kennenlernens erfolgen (von Ameln/Gerstmann/Kramer 2009). Wird der Bezugsbetreuer zugeteilt, so sollte nach einer ersten Zeit eine Phase der Reflexion der Passung stattfinden.

In dieser ersten Phase ist außerdem ein Augenmerk auf die *Individualität der betreuten Person* zu richten. Kinder und Jugendliche müssen in ihren Eigenheiten, Charakterzügen, Schwierigkeiten und Vorlieben verstanden werden, um eine Beziehung aufzubauen. Daher kann es nicht die *eine* ideale bindungsorientierte Strategie geben. Diese Betonung der Individualität jeder Bindungsbeziehung bleibt über alle Phasen der Beziehung bestehen. Es muss stets eine Orientierung am Individuum erfolgen. Es dürfen keine Verallgemeinerungen über Altersgruppen, Geschlechter oder gar Ethnien erfolgen. Auf Basis der ersten Informationen steht dann die Überlegung, wie man Nähe schaffen kann. Es muss – idealerweise im Team – erörtert werden, was das Gegenüber braucht und wie positive, bindungsorientierte Situationen geschaffen werden können, in denen der Betreuer das Kind oder den Jugendlichen wahrnehmen und adäquat reagieren kann. Dies kann in Einzel- und Gruppensituationen geschehen, in denen es den Kindern oder Jugendlichen ermöglicht wird festzustellen, dass sie wahrgenommen werden. Der betreuten Person sollen positive und vertrauensvolle Interaktionen ermöglicht werden, damit diese die Grundlage für das Entstehen seiner Erwartungshaltung gegenüber seinem Bindungspartner bilden.

Kontextbedingungen: In Bezug auf die Kontextbedingungen spielen zunächst *Zeit und Konstanz* eine entscheidende Rolle. Beiden Seiten muss ausreichend Zeit zum gegenseitigen Kennenlernen eingeräumt werden. In der ersten Zeit stehen eventuell psychologische Diagnostiken auf dem Plan. Zudem muss versucht werden, möglichst viele Informationen zum Kind oder Jugendlichen zu erhalten, soweit dies möglich ist. Dabei sollten auch externe Informationsquellen genutzt werden, um ein entspanntes Ankommen zu ermöglichen und eventuelle traumatisierende (polizeiliche) Befragungssituationen im Herkunftsland oder auf der Flucht nicht zu replizieren.

Besonderheiten bei traumatisierten Kindern und Jugendlichen: Beim Beziehungsaufbau sind einige Besonderheiten von traumatisierten Kindern und Jugendlichen zu beachten, vor allem wenn die Traumatisierungen auf Beziehungsabbrüche zurückzuführen sind (Howes/Spieker 2008). Die Person sollte die Möglichkeit haben, in ihrer eigenen Geschwindigkeit auf Beziehungsangebote zu reagieren. Gerade belastete oder traumatisierte junge Menschen brauchen eine lange Zeit, um sich zu binden. Eine vorschnelle und augenscheinlich enge Beziehung bei traumatisierten Kindern und Jugendlichen sollte eher als Warnsignal für die zugrundeliegenden Schwierigkeiten verstanden werden (Brisch 1999; Brisch 2012). Gleichzeitig sollten die Prinzipien des traumaorientierten Handelns gewahrt werden, nämlich die größtmögliche Sicherheit und Selbstbestimmung der traumatisierten Person (Weiß 2011). Traumatisierte Kinder und Jugendliche werden viele Auffälligkeiten und Begleitsymptome einer Traumatisierung zeigen, die den Aufbau und den Erhalt einer Bindung erschweren. Die im ICD-10 beschriebenen reaktiven Bindungsstörungen (Graubner 2014) erfordern dabei einen ganz unterschiedlichen individuellen Umgang: Unterschiedslos sozial enthemmte junge Menschen werden sehr schnell, sehr nahe Beziehungen eingehen, die tatsächlich aber keine tragfähige Bindung darstellen. Emotional zurückgezogene gehemmte Menschen dagegen werden über einen sehr langen Zeitraum hinweg kaum Bindungsbeziehungen eingehen, bindungsorientierte, positive Situationen müssen hier immer wieder hergestellt werden, bevor ihnen dies möglich wird. Besonders bindungstraumatisierte Kinder und Jugendliche neigen dazu, die Stabilität von Beziehungen immer wieder zu testen, z.B. indem sie versuchen, einen Beziehungsabbruch zu provozieren. Der Versuch der Reinszenierung der ursprünglichen Traumatisierung führt dazu, dass diese Bindungen auch für von den Betreuern als schwierig erlebt werden. Durch die enge Einbindung in die Beziehung ist daher eine ausführliche professionelle Begleitung notwendig, um das Verhalten als Traumatisierungssymptom und nicht als Ablehnung der eigenen Kompetenz oder gar Persönlichkeit zu verstehen.

Bestehende Bindung

Auch in der bestehenden Bindung muss diese weiterhin im Fokus der pädagogischen Arbeit stehen und kann besonders bei traumatisierten oder schwer belasteten Personen nicht als gegeben hingenommen werden. Ihre Bindungen sind leicht aus dem Gleichgewicht zu bringen, da sie für alle potenziellen Ablehnungserfahrungen sensibel sind.

Pädagogisches Handeln: Für die Bindungsperson gilt weiterhin, Rogers Konzept der *Echtheit* in der Beziehung umzusetzen. Da es sich um eine interaktionsbasierte Vorgehensstrategie handelt, man in den Interaktionen also selbst beteiligt ist mit dem eigenen Handeln und vor allem auch mit den eigenen Emotionen, erhält die Echtheit eine große Relevanz. Man ist nicht oberflächlich am Geschehen beteiligt, sondern befindet sich in einer für beide Seiten realen Bindungsbeziehung. Jede Form der unreflektierten Distanzierung oder der nicht authentischen Interaktion verhindert eine tatsächliche Bindung.

Zudem ist die *Verfügbarkeit* weiterhin relevant. Eine Bindungsbeziehung basiert vor allem darauf, dass der Bindungspartner als potenziell verfügbar wahrgenommen wird (Kerns 2008). Es bedarf demnach nicht mehr einer ständigen räumlichen Nähe wie im Kleinkindalter, vielmehr sind distale oder symbolische Interaktionsformen möglich, z.B. in Form eines Telefonats oder des Betrachtens eines Bildes der Person oder eines Erinnerungsstücks (Bowlby 1969; Crowell/Waters 1994).

Auch *Empathie* ist weitergehend notwendig, um sich immer wieder in das Gegenüber hineinzufühlen, um Änderungen festzustellen und das eigene Verhalten anzupassen. Man muss immer wieder neu feststellen, welche Situationen bindungsrelevant sind und welche Verhaltensweisen auf Seiten des Betreuers weiterhin angebracht sind.

Gleichzeitig muss man in der bestehenden Bindung sehr deutlich seine *eigenen Grenzen* kennen, gerade weil es sich um ein dichtes Konzept handelt. Man muss sich nicht nur Hilfe im Team holen können, sondern sich auch abgrenzen können. Eine bindungsorientierte Strategie darf nicht als Selbstaufgabe verstanden werden, die in die private Zeit eindringt. Man sollte an der Weiterentwicklung des Kindes oder des Jugendlichen arbeiten, dabei aber auch berücksichtigen, dass diese durch die vorhandenen Vorbelastungen eingeschränkt sind. Zur Kenntnis der Grenzen des eigenen Handelns gehört es auch, andere Formen der Hilfe z.B. Psychotherapie in das eigene Vorgehen einzubinden.

Besondere Beachtung müssen auch bei einer bestehenden Bindung *die Bindungssituationen* finden, also alle Situationen, in denen das Bindungssystem durch Stresserfahrungen aktiviert wird. Diese sind für jede Person individuell: man muss für jedes Kind und jeden Jugendlichen erkennen, was ihm z.B. Angst macht, ihn verunsichert und wann es demnach einen Bindungspartner braucht. Anhand vergangener Situationen muss dokumentiert werden, was dem Kind oder der jugendlichen Person hilft und wie man die eigenständige Emotionsregulation unterstützen kann. Besonders wichtig in Bindungssituationen ist es, dass das Kind oder der Jugendliche wahrgenommen wird und dies verbalisiert wird. Bindungssituationen sollten nicht ignoriert werden. Wird eine Person in ihren Emotionsäußerungen ignoriert, wird es diese einstellen, jedoch nicht, weil es gelernt hat, damit umzugehen, sondern weil es – weiterhin hoch angespannt – den Eindruck hat, dass niemand als Hilfe verfügbar ist (vgl. hierzu Spangler/Grossmann 1993). Es ist gleichermaßen ungünstig, das Kind oder den Jugendlichen abzulenken und ihm mitzuteilen, dass seine Angst und Erregung unpassend ist. Gerade bei traumatisierten jungen Menschen ist nicht nachvollziehbar, was ihre Angst auslöst. Man sollte an einer gemeinsamen Lösung arbeiten, vor allem ältere Kinder und Jugendliche können das schon und fühlen sich hier ernst genommen.

Kontextbedingungen: Für die Kontextbedingungen gilt, dass diese der geforderten *Konstanz* Rechnung tragen, um die beschriebene wahrgenommene Verfügbarkeit zu gewährleisten. Auch in Schichtdienststrukturen kann Konstanz hergestellt werden, z. B. durch das Ansprechen bindungsbezogener Krisen in der Übergabe und Hinweisen zu gelungen Handlungsstrategien. Die Konstanz muss aber auch langfristig erhalten bleiben, was besonders bei hohen Fluktuationen nicht möglich ist. Zudem gilt es auch Konstanz im Interesse zu zeigen, selbst wenn Auffälligkeiten auftreten. Energien sind gleichmäßig zu verteilen und nicht nur auf Krisensituationen zu konzentrieren. Auch positive Beziehungssituationen müssen bei einer bestehenden Bindung ermöglicht werden, um die Stabilität der Bindung zu erhöhen, z. B. durch positive Interaktionserfahrungen in der Freizeit.

Zudem ist die *Passung* weiterhin regelmäßig zu prüfen. Nur dann ist Echtheit in der Beziehung zu erreichen. Bei fehlender oder drohender fehlender Passung muss überlegt werden, worin die Ursache liegt und ob eine Passung wiederherzustellen ist. Ein Wechsel in der Betreuung ist bei einer bestehenden Bindung deutlich weniger leicht möglich. Es muss reflektiert werden, ob eine Veränderung der Arbeitsbedingungen die Passung optimieren kann oder ob Schwierigkeiten eventuell auch auf eigene implizite Beziehungskonzepte zurückgeführt werden können. Können Beziehungsübertragungen aufgedeckt werden, so kann eine Passung wiederhergestellt werden. Es muss dabei jedoch stets beachtet werden, dass nicht jede Ablehnungsäußerung als Zeichen einer fehlenden Passung zu verstehen ist. Möglicherweise zielt das Kind oder der Jugendliche auch darauf ab, im Sinne seiner Erwartungshaltung aufgrund vorangegangener Bindungstraumatisierung einen Beziehungsabbruch herbeizuführen, um die Stabilität der Beziehung zu testen. Ist ein Wechsel nach umfassender Abwägung notwendig, muss dieser hinreichend kommuniziert werden und der Rückweg darf dem Kind oder der jugendlichen Person nicht verwehrt werden. Zudem ist der Wechsel vom Betreuer selbst nicht als persönliches Scheitern zu werten.

Besonders in der Arbeit mit traumatisierten jungen Menschen muss man stets mit Rückschlägen rechnen. Nicht jede professionelle Bindungsbeziehung funktioniert, weil es ein sehr dichtes Konzept ist, in das viele eigene Emotionen einfließen. Rückschläge und Scheitern müssen einen offenen Umgang finden, im Team und in der Supervision, weil es sonst leicht möglich wird, das Gesamtkonzept als gescheitert zu betrachten.

Ende einer Bindungsbeziehung

Da es sich um eine professionelle Bindungsbeziehung handelt, hat sie nur eine mehr oder minderbar planbare zeitliche Dauer. Das Ende bedarf hier einer ausdrücklichen Berücksichtigung, um die positive Weiterentwicklung des Kindes oder des Jugendlichen in seiner Erwartungshaltung gegenüber Bindungspartnern nicht zu gefährden, sondern weiter zu bestärken.

Wichtig ist es, *das Ende zu thematisieren*. Versuche, den jungen Menschen zu schonen, führen nur dazu, dass dies als erneuten Abbruch einer Beziehung erlebt wird. Ansonsten ist es sehr wahrscheinlich, dass die Umwelt erneut als unkontrollierbar und unzuverlässig erlebt wird. Die Person wird an dieser Stelle in ihrer Erwartung bestätigt, dass sie immer wieder verlassen wird. Der Grund des Endes muss hinreichend gut mit dem Kind oder der jugendlichen Person besprochen werden, so dass die Person dies gut versteht und sich nicht selbst als Ursache wahrnimmt.

Die *Kommunikation mit der neuen Betreuung* kann es dieser erleichtern, Zugang zum Kind oder Jugendlichen zu finden und selbst eine stabile Beziehung aufzubauen, anstatt in den ersten Monaten die notwendigen Informationen und Besonderheiten und Schwierigkeiten erneut erarbeiten zu müssen. Ideal ist dabei ein *schrittweiser Übergang*, damit das Kind oder der Jugendliche ein fortbestehendes Gefühl der Sicherheit hat. Der junge Mensch muss in seinen positiven Gefühlen gegenüber der neuen Betreuung eindeutig bestärkt werden, die Sicherheit und Zuverlässigkeit der neuen Betreuung ist zu betonen.

Zudem hilft es, *die positive Beziehung zurückzumelden*. Der junge Mensch soll sich selbst als positiven, liebenswerten Interaktionspartner verstehen. Eine sichere Bindung erleichtert dem Betreuer die Arbeit mit dem Kind oder dem Jugendlichen. Das Gegenüber sollte in seinen positiven Elementen und seiner positiven Entwicklung bestärkt werden. Dazu hilft es, dem Kind Entwicklung explizit aufzuzeigen.

Man sollte den Kindern und Jugendlichen eine *fortbestehende Verfügbarkeit* zusichern, um das Gefühl der Sicherheit zu vermitteln, in großer Not weiterhin einen Ansprechpartner zu haben. Dies muss jedoch in einem begrenzten Rahmen, z.B. telefonisch, stattfinden. Sobald sich der junge Mensch am neuen Ort gut und sicher fühlt, werden die Rückversicherungen deutlich abnehmen. Schlussendlich bedarf es der *eigenen professionellen Begleitung des Abschieds*, da man selbst Teil der Bindungsbeziehung war.

Die Bindungsforschung zeigt, dass auch Kinder mit schwierigen frühen Erfahrungen später z.B. in Rahmen von bindungsbezogenen Interventionen positivere Bindungsbeziehungen aufbauen können und dass deshalb die vorübergehende Erfahrung von Sicherheit einen großen Unterschied für die Entwicklung des jungen Menschen machen kann (Berlin/Zeanah/

Lieberman 2008). Hat die Person in der sicheren Bindungserfahrung erlebt, dass sie selbstwirksam ist, hat erfahren, dass sie ernst genommen wird und hat positiven Rückmeldungen zum eigenen Beziehungsverhalten erhalten, so erleichtert dies den Einstieg in jede neue Umgebung.

Literatur

Ainsworth, M. D. S./Bell, S. M. V. (1974): Mother-Infant Interaction and the Development of Competence. In: Connolly, K./Bruner, J. (Hrsg.): The growth of competence. New York: Academic Press. S. 97-118.

Ainsworth, M. D. S./Bell, S. M. V. (2003): Bindung, Exploration und Trennung am Beispiel des Verhaltens einjähriger Kinder in einer „Fremden Situation". In: Grossmann, K. E./Grossmann, K. (Hrsg.): Bindung und menschliche Entwicklung: John Bowlby, Mary Ainsworth und die Grundlagen der Bindungstheorie. Stuttgart: Klett-Cotta. S. 146-168.

Ainsworth, M. D. S./Bell, S. M. V./Stayton, D. J. (2003): Individuelle Unterschiede im Verhalten in der Fremden Situation bei ein Jahr alten Kindern. In: Grossmann, K. E./Grossmann, K. (Hrsg.): Bindung und menschliche Entwicklung: John Bowlby, Mary Ainsworth und die Grundlagen der Bindungstheorie. Stuttgart: Klett-Cotta. S. 169-208.

Ainsworth, M. D. S/Wittig, B. (2003): Bindungs- und Explorationsverhalten einjähriger Kinder in einer Fremden Situation. In: Grossmann, K. E./Grossmann, K. (Hrsg.): Bindung und menschliche Entwicklung: John Bowlby, Mary Ainsworth und die Grundlagen der Bindungstheorie. Stuttgart: Klett-Cotta. S. 112-145.

Belsky, J./Isabella, R. (1988): Maternal, infant, and social-contextual determinants of attachment security. In: Belsky, J./Nezworski, T. (Hrsg.): Clinical implications of attachment. Hillsdale, NJ: Lawrence Erlbaum Associates. S. 41-94.

Belsky, J./Rosenberger, K./Crnic, J. (1995): The Origins of Attachment Security – "Classical" and Contextual Determinants. In: Goldberg, S./Muir, R./Kerr, J. (Hrsg.): Attachment theory: social, developmental, and clinical perspectives. Hillsdale, NJ: The Analytic Press. S. 153-183.

Berk, L. E. (1997): Child Development. 4. Auflage. Boston: Allyn and Bacon.

Berlin, L./Zeanah, C. H./Lieberman, A.F. (2008): Prevention and intervention programs for supporting early attachment security. In: Cassidy, J./Shaver, P.R. (Hrsg.): Handbook of Attachment: Theory, Research, and Clinical Applications. 2. Auflage. New York, NY: Guilford Press. S. 745-761.

Berlin, L./Cassidy, J./Appleyard, K. (2008): The Influence of Early Attachment on Other Relationships. In: Cassidy, J./Shaver, P.R. (Hrsg.): Handbook of Attachment: Theory, Research, and Clinical Applications. 2. Auflage. New York, NY: Guilford Press. S. 333-347.

Bowlby, J. (1969): Attachment and Loss, Volume 1: Attachment. New York: Basic Books.

Bowlby, J. (2002): Bindung: Historische Wurzeln, theoretische Konzepte und klinische Relevanz. In: Spangler, G./Zimmermann, P. (Hrsg.): Die Bindungstheorie: Grundlagen, Forschung und Anwendung. Stuttgart: Klett-Cotta. S. 17-26.

Bowlby, J. (2010): Bindung als sichere Basis: Grundlagen und Anwendung der Bindungstheorie. 2.Auflage. München: Ernst Reinhardt Verlag.

Brisch, K. H. (1999): Bindungsstörungen: Von der Bindungstheorie zur Therapie. Stuttgart: Klett-Cotta.

Brisch, K. H. (2012): Bindung und frühe Störungen der Entwicklung. Stuttgart: Klett-Cotta.

Bryant, B. K. (1989): The child's perspective of sibling caretaking and its relevance to understanding social-emotional functioning and development. In: Zukow, P. (Hrsg.): Sibling interaction across cultures. New York: Springer. S. 143-164.

Crowell, J. A./Waters, E. (1994): Bowlby's theory grown up: The role of attachment in adult love relationships. In: Psychological Inquiry 5, H. 1, S. 31-34.

De Wolff, M. S./van IJzendoorn, M. H. (1997): Sensitivity and Attachment: A Meta-Analysis on Parental Antecedents of Infant Attachment. In: Child Development 68, H. 4, S. 571–591.

Fischer, G. (2011): Neue Wege aus dem Trauma. Düsseldorf: Patmos.

Fischer, G./Riedesser, P. (2009): Lehrbuch der Psychotraumatologie. Stuttgart: UTB.

Fonagy, P./Gergely, G./Target, M. (2007): The parent-infant dyad and the construction of the subjective self. In: Journal of Child Psychology and Psychiatry 48, H. 3-4, S. 288-328.

Fonagy, P./Higgitt, A. (2007): The Early Social and Emotional Determinants of Inequalities in Health. In Baruch, G./Fonagy, P./Robins, D. (Hrsg.): Reaching the Hard to Reach: Evidence-based Funding Priorities for Intervention and Research. Chichester: Wiley. S. 3-34.

Fortes, M. (1953): The structure of unilineal descent groups. In: American Anthropologist 55, H. 1, S. 17-41.

Gottlieb, A. (2004): The Afterlife is Where We Come From. Chicago: The University of Chicago Press.

Graubner, B. (2014): ICD-10-GM 2015 Alphabetisches Verzeichnis: Internationale statistische Klassifikation der Krankheiten und verwandter Gesundheitsprobleme. Köln: Deutscher Ärzte-Verlag.

Harlow, H. F. (1958): The Nature of Love. In: American Psychologist 13, H. 12, S. 673-685.

Hazan, C./Shaver, P. R. (1994): Attachment as an Organizational Framework for Research on Close Relationships. In: Psychological Inquiry 5, H. 1, S. 1-22.

Howes, C./Spieker, S. (2008): Attachment Relationships in the Context of Multiple Caregivers. In: Cassidy, J./Shaver, P. R. (Hrsg.): Handbook of Attachment: Theory, Research, and Clinical Applications. 2. Auflage. New York, NY: Guilfod Press. S. 317-332.

Keller, H. (2007): Cultures of Infancy. Mahwah, NJ: Lawrence Erlbaum Associates.

Kerns, K. A. (2008): Attachment in middle childhood. In: Cassidy, J./Shaver, P. R. (Hrsg.): Handbook of Attachment: Theory, Research, and Clinical Applications. 2. Auflage. New York, NY: Guilford Press. S. 365-382.

Kerns, K. A./Schlegelmilch, A./Morgan, T. A./Abraham, M. M. (2005): Assessing attachment in middle childhood. In: Kerns, K. A./Richardson, R. A. (Hrsg.): Attachment in middle childhood. New York: Guilford Press. S. 46-70.

Lamb, M. E./Sternberg, K. J. (1992): Sociocultural perspectives on nonparental child care. In: Lamb, M. E./Sternberg, K. J./Hwang, C./Broberg, A. G. (Hrsg.): Child care in context: Cross-cultural perspectives. Hillsdale: Lawrence Erlbaum Associates. S. 1-23.

Lancy, D. F. (2015): The anthropology of childhood: Cherubs, chattel, changelings. Cambridge: Cambridge University Press.

LeVine, R. A. (1974): Parental Goals: A Cross-Cultural View. In: Teachers College Record 76, H. 2, S. 226-239.

LeVine, R. A. (1988): Human Parental Care: Universal Goals, Cultural Strategies, Individual Behavior. In: New Directions for Child and Adolescent Development 40, S. 3-12.

LeVine, R. A./Dixon, S./LeVine, S./Richman, A./Leiderman, P. H./Keefer, C. H./Brazelton, T. B. (1994): Child care and culture: lessons from Africa. Cambridge: Cambridge University Press.

Main, M. (1990): Cross-Cultural Studies of Attachment Organization: Recent Studies, Changing Methodologies, and the Concept of Conditional Strategies. In: Human Development 30, H. 1, S. 48-61.

Main, M. (2002): Desorganisation im Bindungsverhalten. In: Spangler, G./Zimmermann, P. (Hrsg.): Die Bindungstheorie: Grundlagen, Forschung und Anwendung. Stuttgart: Klett-Cotta. S. 120-139.

Main, M./Hesse, E. (1993): Parents' Unresolved Traumatic Experiences Are Related to Infant Disorganized Attachment Status: Is Frightened and/or Frightening Parental Behavior the Linking Mechanism? In: Greenberg, M. T./Cicchetti, D./Cummings, E. M. (Hrsg.): Attachment in the Preschool Years. 2. Auflage. Chicago, IL: University of Chicago Press. S. 161-182.

Main, M./Solomon, J. (1993): Procedures for Identifying Infants as Disorganized/Disoriented during the Ainsworth Strange Situation. In: Greenberg, M. T./Cicchetti, D./Cummings, E. M. (Hrsg.): Attachment in the Preschool Years. 2. Auflage. Chicago, IL: University of Chicago Press. S. 121-160.

Rett, A. (1992): Die Geschichte der Kindheit als Kulturgeschichte. Wien: Picus Verlag.

Sahlins, M. (2013): What kinship is – And is not. Chicago: University of Chicago Press.

Serpell, R. (1992). African Dimensions of Child Care and Nurturance. In: Lamb, M. E./Sternberg, K. J./Hwang, C./Broberg, A. G. (Hrsg.): Child care in context: Cross-cultural perspectives. Hillsdale: Lawrence Erlbaum Associates.

Spangler, G./Grossmann, K. E. (1993): Biobehavioral Organization in Securely and Insecurely Attached Infants. Child Development 64, H. 5, S. 1439-1450.

Sternberg, K. J./Hwang, C./Broberg, A. G. (Hrsg.): Child Care in Context: Cross-Cultural Perspectives. Hillsdale, NJ: Lawrence Erlbaum Associates. S. 463-478.

Rett, A. (1992): Die Geschichte der Kindheit als Kulturgeschichte. Wien: Picus Verlag.

Rogers, C. R. (1989): Entwicklung der Persönlichkeit, Psychotherapie aus der Sicht eines Therapeuten. Stuttgart: Klett-Cotta.

Thompson, R. A. (2008): Early Attachment and Later Development: Familiar Questions, New Answers. In: Cassidy, J./Shaver, P. R. (Hrsg.): Handbook of Attachment: Theory, Research, and Clinical Applications. 2. Auflage. New York, NY: Guilford Press. S. 348-365.

Thompson, R. A./Lamb, M. E./Estes, D. (1982): Stability of Infant-Mother Attachment and Its Relationship to Changing Life Circumstances in an Unselcted Middle-Class Sample. In: Child Development 53, H. 1, S. 144-148.

Tomlinson, M./Cooper, P. J./Murray, L. (2010): Attachment Theory, Culture, and Africa: Past, Present, and Future. In: Erdman, P./Ng, K.-M. (Hrsg.): Attachment: Expanding the Cultural Connections. New York, NY: Routledge. S. 181-194.

Van IJzendoorn, M. H. (1995): Adult Attachment Representations, Parental Responsiveness, and Infant Attachment: A Meta-Analysis on the Predictive Validity of the Adult Attachment Interview. In: Psychological Bulletin 117, H. 3, S. 387-403.

Van IJzendoorn, M. H. (1997): Intergenerational transmission of attachment: A move to the contextual level. In Atkinson, L./Zucker, K. (Hrsg.): Attachment and psychopathology, pp. 135-170. New York, NY: Guilford Press, S. 135-170.

Van IJzendoorn, M. H./Dijkstra, J./Bus, A. G. (1995): Attachment, Intelligence, and Language: A Meta-analysis. Social Development 4, H. 2, S. 115-128.

Van IJzendoorn, M. H./Sagi-Schwartz, A. (2008): Cross-Cultural Patterns of Attachment – Universal and Contextual Dimensions. In: Cassidy, J./Shaver, P. R. (Hrsg.): Handbook of Attachment: Theory, Research, and Clinical Applications. 2. Auflage. New York, NY: Guilford Press. S. 880-905.

Vaughn, B. E./Bost, K. K./van IJzendoorn, M. H. (2008): Attachment and Temperament – Additive and Interactive Influences on Behavior, Affect, and Cognition during Infancy and Childhood. In: Cassidy, J./Shaver, P. R. (Hrsg.): Handbook of Attachment: Theory, Research, and Clinical Applications. 2. Auflage. New York, NY: Guilford Press. S. 192-216.

Von Ameln, R./Gerstmann, R./Kramer, J. (2009): Psychodrama. 2. Auflage. Heidelberg: Springer.

Waters, E./Cummings, E. M. (2000): A secure base from which to explore close relationships. In: Child Development 71, H. 1, S. 164-172.

Waters, E./Weinfield, N. S./Hamilton, C. E. (2000): The stability of Attachment Security from Infancy to Adolescence and Early Adulthood: General Discussion. In: Child Development 71, H. 3, S. 703-706.

Weinfield, N. S./Sroufe, L. A./Egeland, B./Carlson, E. (2008): Individual Differences in Infant-Caregiver Attachment – Conceptual and Empirical Aspects of Security. In: Cassidy, J./Shaver, P. R. (Hrsg.): Handbook of Attachment: Theory, Research, and Clinical Applications. 2. Auflage. New York, NY: Guilford Press. S. 78-101.

Weisner, T. (2005): Attachment as a Cultural and Ecological Problem with Pluralistic Solutions. In: Human Dcvclopmcnt 48, S. 89–94.

Weiß, W. (2011): Philipp sucht sein Ich: zum pädagogischen Umgang mit Traumata in den Erziehungshilfen. 6. überarbeitete Auflage. Weinheim: Beltz Juventa.

„Netzgruppen"

Beziehungsbasierte Psychoedukation
für junge Menschen mit Fluchterfahrung

Irina Dannert, Regina Rettenbach

Problemdefinition

Wie auch von der Bundesregierung bestätigt, gehören „ausländische Kinder und Jugendliche, die aus ihren Herkunftsländern allein nach Deutschland kommen und ihre Familien verlassen, [...] zu den schutzbedürftigsten Personengruppen überhaupt" (große Anfrage der Grünen zur Situation unbegleiteter minderjähriger Flüchtlinge in Deutschland, 2015, S. 12). Der Verlust ihrer Heimat und damit auch ihres sozialen Bezugssystems geht mit großen Entbehrungen einher und die Betroffenen sind hoch motiviert, sich in Deutschland ein neues Leben, ein Leben in Sicherheit aufzubauen – ein langwieriger Prozess, da das Leben im Exil für die betroffenen Kinder- und Jugendlichen eine Existenz in einem für sie fremden sozio-kulturellen Umfeld (Gurris/Wenk-Ansohn 2009) bedeutet. Nicht selten müssen die damit verbundenen, verschiedenartigen Herausforderungen vor dem Hintergrund traumatischer Erfahrungen bewältigt werden.

Von einem psychischen Trauma spricht man, wenn eine massive Bedrohungssituation die Bewältigungsmöglichkeiten des Individuums aktuell oder dauerhaft überfordert (Fischer/Riedesser 2009). Laut einer Studie von Refugio München haben 70% der unbegleiteten minderjährigen Geflüchteten in diesem Sinne traumatische Erfahrungen gemacht (Bundesfachverband für unbegleitete minderjährige Fluchtlinge e.V. 2014).

Wie möglicherweise bereits Erfahrungen vor und während der Flucht können auch Umstände im Aufnahmeland traumatisierend wirken. Brandmeier konnte zeigen, „dass die Bewältigung traumatischer Erlebnisse eng mit den Erfahrungen und Lebensbedingungen im Exil, den Möglichkeiten zur Entfaltung von Handlungsfähigkeit und Selbstbestimmung sowie psychosozialer Unterstützung zusammenhängt" (2013, S. 16). Eine langfristig gute Lebensqualität setzt unter anderem voraus, dass es den Betroffenen im Aufnahmeland gelingt, ihre gegebenenfalls traumatisch wirkenden Fluchterlebnisse in die eigene Lebensgeschichte zu integrieren (Sachsse 2004; Kemper/Espenhorst 2013).

Die Art der Traumatisierung, aber vor allem Faktoren wie Resilienz und

94

Selbstheilungskräfte und auch die Gestaltung der Lebensbedingungen im Exil bestimmen die Ausprägung der Symptomatik und damit auch, bei wie vielen der Betroffenen Therapiebedarf besteht. Unter der Annahme, dass die Erfahrungen im Exil und die dortigen Lebensbedingungen zum einen als salutogene Faktoren, zum anderen als Postmigrationsstressoren wirken können (Brandmeier 2013), erscheint es für die Betroffenen im Exil elementar zu sein, Strukturen zu schaffen, die eine Verarbeitung potentiell traumatischer Erfahrungen ermöglichen. Ein *stabiler Rahmen* wirkt dabei einer Pathologisierung der Prozesse entgegen (Seidler/Feldmann 2013). Die momentane Situation der Unterbringung unbegleiteter minderjähriger Geflüchteter, die durch wenig Transparenz und *Umverteilungen* zu Unsicherheiten führt, muss in diesem Zusammenhang als zusätzliche Belastung der Kinder und Jugendlichen verstanden werden. Beispielsweise ist die Dauer des Aufenthaltes in Erstaufnahmeeinrichtungen aufgrund von Verteilungsengpässen meist ungewiss. Bei längerem Aufenthalt entstehen Bindungen, und die Verlegung in andere Institutionen geht mit erneuten Beziehungsabbrüchen einher und scheint nicht selten eine retraumatisierende Wirkung zu haben. Nur ein Teil der Betroffenen verfügt unter diesen Bedingungen über ausreichende Bewältigungsmöglichkeiten.

Derzeit geht man davon aus, dass 40% der traumatisierten unbegleiteten minderjährigen Geflüchteten psychotherapeutische Unterstützung benötigen. Auch wenn akut keine Indikation zu einer traumazentrierten Psychotherapie gegeben ist, leiden Betroffene doch oft stark und für längere Zeit unter psychosomatischen Reaktionen wie z.B. Kopfschmerzen oder Schlafstörungen. Dazu können Konzentrationsprobleme, Alpträume, (aggressive) Erregungszustände, depressive Verstimmungen und Ängste kommen. Auch Intrusionen und Dissoziationen sind möglich und für die Betroffenen sehr erschreckend, wenn sie nicht als *normale Reaktionen auf eine anormale Situation* verstanden werden können. Nicht bearbeitete traumatische Erfahrungen können auch verzögert psychische Störungen nach sich ziehen. Oft zeigen sich die Traumafolgestörungen daher erst im Erwachsenenalter. Dies gilt nicht nur für Personen, die einen hohen subjektiven Leidensdruck haben, sondern auch für Betroffene, die oberflächlich betrachtet zu „funktionieren" scheinen. In Bezug auf die Beziehungsgestaltungen gefährden unverarbeitete Traumata hinzukommend die gesunde Entwicklung der nachfolgenden Generation, wenn sich „unverdaute" Erfahrungen in einer hoch belasteten Beziehung zu den eigenen Kindern widerspiegeln (Rauwald 2014).

Diese Ausführungen machen deutlich, dass bei unbegleiteten minderjährigen Geflüchteten hoher Bedarf an konkreten Hilfen zur Bearbeitung traumarelevanter Themen besteht. Die beziehungsbasierte Psychoedukation der „Netzgruppen" stellt ein adäquates Angebot dar, Dies indiziert das

Schaffen eines „stabilen Raumes", um den Unsicherheiten und Einschränkungen der Partizipation im Exil, welche sich für die Betroffen wie ein erneuter Kontrollverlust anfühlen können, entgegen zu wirken. Dabei soll die Gelegenheit geboten werden, sich mit den eigenen Schwierigkeiten auseinanderzusetzen, Symptome von Traumafolgen zu verstehen und eine positive, kontrollierbare Beziehungserfahrung zu machen. Ein solches Angebot stellt die beziehungsbasierte Psychoedukationsgruppe dar. Durch die Teilnahme an diesem Gruppenangebot werden die betroffenen Kinder und Jugendlichen durch die Aktivierung des Selbsthilfepotentials spürbar psychisch entlastet. Nach Mitarbeit in den Netzgruppen erhöht sich die Bereitschaft der Betroffenen bei dann noch bestehendem Bedarf eine psychotherapeutische Krisenintervention oder eine Kurzzeittherapie anzuschließen (Simmich et al. 1999).

Zur Notwendigkeit eines subtherapeutischen, präventiven Angebots

Im Jahr 2014 mahnte der Bundesfachverband für unbegleitete minderjährige Flüchtlinge an, dass in Deutschland die psychosoziale Versorgung von unbegleiteten minderjährigen Geflüchteten trotz des Jugendhilferechts und europarechtlich geregelter Ansprüche auf Behandlung und Versorgung nicht gewährleistet und der Zugang zu entsprechenden Angeboten den Betroffenen häufig verwehrt bleibt. Schon im etablierten Gesundheitssystem gibt es einen allgemeinen Mangel an psychotherapeutischer Betreuung von behandlungsbedürftigen Kindern und Jugendlichen (Sollmann 2007). Neben dieser allgemeinen Unterversorgung kommt in Bezug auf die Behandlung von unbegleiteten minderjährigen Geflüchteten hinzu, dass zum einen viele Therapeut_innen nicht für die Arbeit mit schwer traumatisierten Kindern und Jugendlichen ausgebildet sind und zum anderen die Antragsstellung bei den zuständigen Jugendämtern zur Kostenerstattung aufwändig ist, was dazu führt, dass ein Großteil der niedergelassen Psychotherapeut_innen nicht bereit ist, diese Kinder und Jugendlichen in Behandlung zu nehmen. Außerdem ist es kaum möglich, muttersprachliche Therapeut_innen für die betroffenen Kinder und Jugendlichen zu finden. Diese Sprachbarriere könnte durch geeignete Dolmetscher_innen überbrückt werden. Doch nicht nur werden auch für Behandlungen mit Dolmetscher_innen Therapeut_innen benötigt, die Erfahrungen in der Zusammenarbeit mit Dolmetscher_innen haben, sondern auch die Dolmetscher_innen müssen speziell auf die Übersetzungssituation im therapeutischen Setting geschult werden.

Nicht nur die Unterversorgung in der regulären Psychotherapielandschaft stellt ein Problem dar. Die betroffenen Kinder und Jugendlichen sind in ihrer Primärsozialisation durch ein kulturell anderes Krankheitsverständnis geprägt, in welchem die Existenz psychischer Störungen häufig unbekannt ist und das westliche Konzept psychischer Störungen völlig fremd erscheint. Außerdem ist das Auftreten der Symptome meist mit dem Wunsch verbunden, die Erlebnisse einfach „vergessen" zu können und die Symptome „verschwinden" zu lassen, so dass auch das Konzept eines psychotherapeutischen Settings – z. B. durch Gespräche Leiden zu lindern – häufig unvorstellbar ist. Dass es sich um einen langjährigen und notwendigen Prozess handelt, das Erlebte aufzuarbeiten, ist nur wenig bekannt. Selbst wenn es ein Verständnis für psychische Störungen gibt, ist das Bekennen zu einer Behandlung häufig mit einer großen Angst vor Stigmatisierung besetzt. Somit sind die Kinder und Jugendlichen selten für einen therapeutischen Prozess bereit, auch wenn sie einen enormen Leidensdruck aufweisen.

Hinzukommend ist der Beginn einer Langzeittherapie bei den Kindern und Jugendlichen, die sich noch in den Erstaufnahmeeinrichtungen befinden, mit der Problematik verknüpft, dass nicht absehbar ist, wie lange sie sich in diesen Einrichtungen befinden und wohin sie weiterverlegt werden. So galt lange, dass die Kinder und Jugendlichen erst in Folgeeinrichtungen psychotherapeutisch versorgt werden. Dies ist mit hohem Leid der Betroffenen, die über Monate nicht wissen, was mit ihnen vorgeht, und einer enormen Belastung für die Einrichtungen verbunden. Beim Start in ein Leben in Deutschland sind die Kinder und Jugendlichen in ihren Entwicklungsmöglichkeiten erheblich eingeschränkt und häufig durch eine Orientierungslosigkeit geprägt. Das hat zur Folge, dass sich die bei der Ankunft stark ausgeprägte Motivation zur Partizipation in der deutschen Gesellschaft erheblich abschwächen kann.

Durch das Angebot der beziehungsbasierten Psychoedukationsgruppen soll zum einen eine Versorgungslücke geschlossen werden, zum anderen die Hemmschwelle der Auseinandersetzung mit den eigenen Schwierigkeiten abgebaut werden. Sie sollen eine adäquate Erstversorgung der unbegleiteten minderjährigen Kinder und Jugendlichen ermöglichen, bei der traumarelevante Gesichtspunkte Berücksichtigung finden und die Betroffenen wieder in guten Kontakt zu sich und anderen bringen.

Konzept der „Netzgruppen"

Psychoedukation kann im engeren Sinn als Aufklärung über Auffälligkeiten, Symptome und Störungen definiert werden. Sie beschränkt sich nicht allein auf Wissensvermittlung, sondern kann auch als Hilfe zur Selbsthilfe verstanden werden. In einem übergreifenden Sinn versteht man unter „Psychoedukation [...] die systematische und strukturierte Vermittlung wissenschaftlich fundierter gesundheits- oder störungsrelevanter Informationen und Kompetenzen mit psychologischen Methoden. Es handelt sich nicht um ein umschriebenes Therapieverfahren, sondern um eine Behandlungskomponente in einem übergeordneten Interventionskonzept" (Mühlig/ Jacobi 2011, S. 478). In diesem erweiterten Sinn wird bei der Psychoedukation gemeinsam mit Betroffenen ein Krankheitsmodell erarbeitet, dass dazu beiträgt, die Symptome zu verstehen und richtig einzuordnen.

Im spezifischen Angebot der „Netzgruppen" des Instituts für Traumabearbeitung und Weiterbildung liegt ein Fokus auf der Vermittlung von Wissen über das Auftreten traumatischer Ereignisse und daraus resultierender Traumafolgestörungen. Unter anderem wird thematisiert: Welche Schwierigkeiten haben wir? Warum haben wir Schwierigkeiten? Wie können mich diese beeinflussen und was kann ich aktiv dagegen tun? Wie kann ich mit plötzlichen Erinnerungen, Flashbacks, Alpträumen und Schlafproblemen im Alltag umgehen? Warum fühlte ich mich manchmal niedergeschlagen, beschämt oder schuldig? Und warum treten Gefühle von Angst und Panik auf?

Wie oben geschildert empfinden viele Menschen, insbesondere Menschen aus anderen Herkunftsländern, die mit dem Konzept psychischer Störungen nicht vertraut sind, ihre Symptome als beängstigend, unverständlich und zum Teil beschämend. So befürchten Betroffene, die an unwillkürlichen Erinnerungen, dissoziativen Zuständen oder Konzentrations- und Gedächtnisstörungen leiden, den Verstand zu verlieren und „verrückt" zu sein. Als „erste Hilfe" im Psychoedukationsprogramm dient die Vermittlung eines Verständnisses der Symptomatik als normaler menschlicher Mechanismus unter der Prämisse, dass verschiedene Personen traumatische Ereignisse unterschiedlich verarbeiten, unterschiedliche Traumafolgen haben und unterschiedlich stark eingeschränkt sind.

Durch die Erarbeitung bewährter Hilfen gegen die Symptomatik kommt es durch das Gruppenangebot parallel zu einer Stärkung der Autonomie der Betroffenen und zur Förderung der persönlichen Ressourcen, da sie erfahren, wie sie im Alltag mit erlebten Symptomen umgehen können.

Wenn Psychoedukation in einem Gruppensetting vermittelt wird, wird die Wirkung potenziert, da sich die Betroffenen gegenseitig unterstützen. Die klinische Erfahrung zeigt, dass es unter Traumatisierten nur sehr selten zu einem Austausch über ihre Emotionalitäten und vor allem Belastungen kommt. So nehmen auch die betroffenen unbegleiteten minderjährigen Geflüchteten häufig nicht wahr, dass Andere in der Einrichtung mit ähnlichen Schwierigkeiten konfrontiert sind. Durch die beziehungsbasierten Psychoedukationsgruppen machen sie die Erfahrung, dass sie mit ihren

Empfindungen nicht allein sind und dass es zu Beginn schwierig sein kann, sich über eigene emotionale Zustände auszutauschen. Wird die Chance genutzt, sich zu öffnen und auch ängstigende oder schambesetzte Inhalte zu thematisieren, ist ein wesentlicher Schritt dahingehend getan, das Trauma in die eigene Lebensgeschichte zu integrieren.

Grundvoraussetzung dafür ist, eine Gruppenatmosphäre zu schaffen, die Vertrauen vermittelt. Der Begriff „beziehungsbasiert" ist dabei fundamental: Nur wenn tragfähige Bindungen in der Gruppe bestehen, bietet sie ausreichend Halt, damit die traumatischen Erfahrungen verbalisierbar und damit *entmächtigt* werden können. Der Vertrauensaufbau durch beziehungsbasierte Arbeit ist damit die Grundlage des im Institut für Traumabearbeitung und Weiterbildung entwickelten Programms. Das Bewusstsein für die Bedeutung der beziehungsbasierten Arbeit ermöglicht, dass sich eine feste Gruppenidentität entwickeln kann. Des Weiteren sind Transparenz, Strukturierung und gemeinsame Aktivitäten wichtig, um die Kohärenz der Gruppe zu stabilisieren und Informationen adäquat und hilfreich vermitteln zu können.

Setting der „Netzgruppen"

Das im Institut für Traumabearbeitung entwickelte Gruppenprogramm umfasst zehn Sitzungen à 90 Minuten, die in wöchentlichem Abstand mit bis zu 15 Teilnehmer_innen von zwei kontinuierlich anwesenden Leiter_innen durchgeführt werden. Die Gruppen können sich sowohl aus Personen verschiedener Herkunftsländer, als auch herkunftsspezifisch zusammensetzen; die Altersunterschiede sollten nicht zu groß sein. Im Allgemeinen sind geschlechtshomogene Gruppen zu präferieren. Gemäß dem beziehungsbasiertem Ansatz gilt, dass sich die Gruppenleitung unter Berücksichtigung der sich innerhalb der Gruppen – in Abhängigkeit von den Teilnehmer_innen und ihren Belastungen – verschieden entwickelnden Dynamiken auf die Chancen und Herausforderungen der jeweiligen Gruppenkonstellation einlassen will. Gruppen mit Kindern und Jugendlichen, die sich untereinander bereits kennen, haben andere Startbedingungen als Gruppen, bei denen dies nicht der Fall ist. Gruppen, deren Teilnehmer_innen noch wenig oder kein Deutsch beherrschen, sollten durch eine Dolmetscher_in begleitet werden, die sich auf das Gruppenkonzept einlassen kann. Gruppen mit Teilnehmer_innen verschiedener Herkunftsländer oder Gruppen mit weiblichen und männlichen Teilnehmer_innen bieten wieder andere Bedingungen in der Arbeit als homogene Gruppen.

Unabhängig von der konkreten Gruppenzusammensetzung vermittelt ein festes Setting den Teilnehmer_innen Sicherheit. Das Wissen, dass das

Gruppenangebot einmal wöchentlich, in zehn, möglichst aufeinanderfolgenden Wochen stattfindet, ermöglicht eine Auseinandersetzung mit einem Beziehungsangebot, das sich für die Teilnehmer_innen kontrollierbar anfühlt. Auch die passende Thematisierung des Endes der Gruppenarbeit und damit eines Abschieds ist dabei wesentlich. Der Rahmen mit einem festgelegten Ende der Zusammenarbeit sollte für die Teilnehmer_innen dementsprechend möglichst transparent gestaltet sein.

Die Gruppen sind als geschlossene Gruppen konzipiert, es wird erwünscht, dass alle Gruppenmitglieder bei jeder der zehn Sitzungen anwesend sind. Da es sich allerdings um ein ambulantes Setting handelt, kann es vorkommen, dass die Teilnehmer_innen anderweitig Termine haben. Bei Gruppen aus Erstaufnahmeeinrichtungen ist nicht auszuschließen, dass Teilnehmer_innen während des Gruppenprozesses in andere Einrichtungen und Städte verlegt werden. Die möglichen Verlegungen und die damit verbundenen Beziehungsabbrüche sollten in der Gruppe thematisch einen Raum finden. Auch wenn Teilnehmer_innen durch das Fehlen in Sitzungen bestimmte Themen vermeiden, ist es wichtig, auf vorübergehende Abwesenheit sensibel zu reagieren. Hierbei ist es elementar, eine offene, wertschätzende Haltung zu vermitteln, ein Interesse der Teilnahme zu bekunden und zu benennen, dass es Themen gibt, die zu Belastungen führen können und Erinnerungen auslösen können. Es ist nicht vorhersagbar, ob und an welcher Stelle Inhalte der Gruppenarbeit als *Trigger* wirken. So kann auch nicht ausgeschlossen werden, dass es im Verlauf der Gruppensitzungen zu psychischen Krisen von einzelnen oder mehreren Gruppenmitgliedern kommt. Eine professionelle, Sicherheit vermittelnde Grundhaltung der Gruppenleitung ist dann essentiell. Damit diese gewährleistet werden kann, sollte jede Gruppensitzung von zwei traumapädagogisch oder traumatherapeutisch ausgebildeten Gruppenleiter_innen durchgeführt werden. So kann eine Gruppenleiter_in bei Bedarf mit einem Gruppenmitglied stabilisierend arbeiten, während die andere die Gruppe betreut. Emotionale Ausbrüche sollten im weiteren Verlauf der gemeinsamen Arbeit nicht tabuisiert, sondern respektvoll und warmherzig aufgegriffen werden. Gegebenenfalls muss den Betroffenen eine passende therapeutische Aufarbeitung ermöglicht werden.

Vignette   Ein Teilnehmer wird bei der Gruppenarbeit zum Thema „flashback und Dissoziation" blass und unruhig. Er signalisiert wie vorher besprochen, dass er eine Pause benötigt und geht mit einer Gruppenleiterin nach draußen. Dort macht er verständlich, dass ihn Erinnerungen an den toten Vater „überfluten" und er weint. Die Anwesenheit der Gruppenleitung, die das Weinen als Entlastung erlebt und nachfolgende Atemübungen helfen im Umgang mit der Trauer. Nach einigen Minuten kehrt der Teilnehmer zur

Gruppenarbeit zurück. Die anderen Gruppenmitglieder haben währenddessen ihr Erschrecken über den Zustand des Teilnehmers thematisiert und im weiteren Verlauf der Sitzung kommt es zum Austausch über die Erfahrung, dass Gefühle oft „unkontrollierbar" sind.

Da die Durchführung der Gruppenarbeit sehr flexibel auf die jeweiligen Bedürfnisse der Teilnehmer_innen zugeschnitten werden muss, kann die im Folgenden beschriebene Abfolge nur als Anregung verstanden werden.

Die Sitzungen in den vier Phasen der „Netzgruppen"

In der ersten Phase geht es um das gegenseitige Kennenlernen, die Vermittlung des Rahmens und die Herstellung eines gemeinsamen, vertrauensvollen Arbeitsbündnisses. In der zweiten Phase soll ein grundsätzliches Verständnis über Trauma und Traumafolgen mit der Grundhaltung *Traumafolgen als normale Reaktionen auf anormale Ereignisse* vermittelt werden. In der dritten Phase werden die Symptome und Schwierigkeiten im Alltag thematisiert. Die besprochenen Themen richten sich nach den benannten Belastungen der Teilnehmer_innen. Es sollen Hilfen vermittelt werden, die den Teilnehmer_innen eine Kontrolle über ihre Symptomatik zurückgeben. Die vierte Phase fokussiert das Thema Abschied und damit verbundene Emotionen. Insbesondere die Angst vor Verlusten sollte in diesem Zusammenhang thematisiert werden.

Wichtig ist, dass alle Sitzungen – unabhängig von Phase und Thema – eine ähnliche Struktur besitzen: Es wird mit einer Begrüßungsrunde begonnen, dann ins gewünschte Thema eingeführt. Nach ca. 45 Minuten findet eine Pause statt, in der z.B. gemeinsam gegessen wird. Die Zeit nach der Pause wird dafür genutzt, mit den Teilnehmer_innen an Hilfen und Hilfsmitteln zu arbeiten, welche zum Teil selbst hergestellt werden. Insbesondere die gemeinsamen Aktivitäten sind für den Aufbau der Beziehung zwischen den Teilnehmer_innen und der Gruppenidentität elementar. Der Abschied jeder Sitzung sollte ebenfalls ritualisiert sein. Zum Beispiel kann eingeführt werden, dass jede Sitzung mit einer Runde endet, in der jede Teilnehmer_in kurz sagt, wie es ihr geht. Außerdem können mit den Teilnehmer_innen Wünsche zur Gestaltung der folgenden Sitzung besprochen werden.

Im Folgenden wird der Ablauf einiger Sitzungen aus den vier Phasen exemplarisch dargestellt. Da die Teilnehmer der dargestellten Gruppe ausschließlich junge Männer waren und die Gruppenleitung weiblich war, wird auf eine geschlechtsneutrale Formulierung verzichtet.

I. Phase

Wesentlich ist, dass es innerhalb der ersten Sitzungen gelingt zu vermitteln, dass alle Teilnehmer_innen in der Gruppe so angenommen werden, wie sie sind, und dass eine Atmosphäre herrscht, die Vertrauen vermittelt.

Sitzung zum gegenseitigen Kennenlernen

Keiner der Teilnehmer, der zur ersten Gruppensitzung kommt, weiß, was auf ihn zukommt. Diese Unsicherheit der Ausgangsituation stellt für potentiell traumatisierte Menschen eine enorme Belastung dar. Daher ist es von großer Bedeutung, durch eine freundliche Ausstrahlung, eine Strukturierung und durch Einflussmöglichkeiten der Teilnehmer angstmindernd zu wirken.

Folgende Aspekte sollten u.a. dabei Berücksichtigung finden:

Vorbereitung der Räumlichkeiten: Heller, nicht zu kleiner, angenehm eingerichteter Raum mit Sitzgelegenheiten im Kreis, freie Platzwahl.

Begrüßung: Optimalerweise z.B. mit Tee und Snacks, Namensschildern. Die Gruppenleitung sollte zum Ausdruck bringen, dass sie froh darüber ist, dass sich die Gruppe trifft.

Vermittlung der Rahmenbedingungen: Als Ziel der Gruppe kann die Gruppenleitung z.B. mitteilen, dass sie Menschen hilft, die schlimme Erlebnisse hatten. Es soll in der Gruppe um Hilfen zum Umgang mit solchen schlimmen Erfahrungen gehen und zwar durch Kommunikation und angenehme gemeinsame Aktivitäten. Hier und an anderer Stelle soll ggf. über Dolmetscher_innen nachgefragt werden, ob es dazu bereits Fragen gibt.

Als Information zum Rahmen soll vermittelt werden, dass es zehn wöchentliche Treffen immer zur gleichen Zeit und am gleichen Ort geben wird. Außerdem soll darauf hingewiesen werden, dass eine regelmäßige Teilnahme wünschenswert ist.

Einführung von Ritualen: Alle Gruppensitzungen können z.B. damit beginnen, dass jeder seinen Namen nennt (und beim ersten Mal auf sein Namensschild schreibt) und kurz mitteilt, wie es ihm geht. Das Befinden kann z.B. mit „Daumen hoch", „Daumen runter" oder „Daumen quer" als gut, schlecht und mittel mitgeteilt werden.

„Netzspiel": Beim „Netzspiel" werfen sich Gruppenteilnehmer ein Wollknäuel zu. Die Gruppenleitung stellt dabei eine einfache Frage (z.B. „Was isst du gerne?", „Hast du ein Hobby?", „Wann bist du heute aufgestanden?"), die derjenige beantwortet, der das Knäuel fängt, um es dann weiterzuwerfen. Aus dem Faden entsteht ein Netz, das als Zeichen der gegenseitigen Verbundenheit definiert werden kann, für alle Gruppenmitglieder fotografiert wird und bei jeder Sitzung im Raum ist. Da das Netzsymbol eine zentrale Bedeutung für die Gruppenarbeit hat, wurde es durch die Kurzbezeichnung „Netzgruppen" namensgebend.

Vignette   Die identitätsstiftende Wirkung des Netzes zeigt sich z.B., als es in der Abschluss-Sitzung einer Gruppe junger Afghanen auf einem Schrank vergessen liegen bleibt. Bei Überlegungen zu den Aktivitäten während der gesamten Gruppenarbeit verweisen die Gruppenteilnehmer auf die erste Sitzung. Sie suchen das Netz und „fordern", dass es auch beim letzten Treffen wie vorher ausgelegt wird.

Einführung des „Souvenirs": Jeder Teilnehmer erhält eine Kiste, die bereits eine Süßigkeit und eine Visitenkarte der Gruppenleitung enthält. Alle Teilnehmer legen ihr Namenschild in die Kiste und es wird besprochen, dass die Kiste sich immer mehr füllen wird und wieder mitgebracht werden soll. Man stellt z.B. auch das Foto vom Netz und der Gruppe dafür in Aussicht.

Vignette   Ein Dolmetscher berichtet, dass ein Jugendlicher bei einer Anhörung in einer Behörde davon sprach, eine „Kiste mit Hilfen" zu haben. Er habe vor dem Termin darin gesucht, mit was er seine Aufregung dämpfen kann.

Abschluss: Im Sitzungsverlauf wird mehrfach gefragt, ob etwas unklar ist. Beim Abschiedsritual wird nach dieser Frage z.B. von den Teilnehmern ein kurzes Feedback über die Sitzung gegeben und nach einem Thema für die folgende Sitzung gesucht. In der Regel erwarten die Teilnehmer zum frühen Zeitpunkt des Gruppenprozesses noch Vorschläge dazu von der Gruppenleitung, die dann z.B. „Einzelgespräche, Ressourcenarbeit" umschreibt.

Sitzung mit Ressourcenarbeit und Einzelgesprächen

Meist sind die Teilnehmer in der zweiten Sitzung damit einverstanden, dass jeder die Gelegenheit bekommt, so viel er möchte, im Einzelgespräch zu offenbaren und sich in der Gruppe über Stärken auszutauschen. Folgender Ablauf hat sich bewährt:

Vorbereitung, Begrüßung und Anfangsritual: wie oben beschrieben. Dabei auch Frage, was vom letzten Mal noch offen ist.

Information zum Ablauf der Sitzung: Hinweis, dass es darum gehen soll, die einzelnen Teilnehmer besser kennenzulernen. Dazu gibt es Gelegenheit, sich im Einzelgespräch zu unterhalten und sich in der Gruppe über eigene Stärken und Talente auszutauschen.

Eine Gruppenleiterin motiviert die Teilnehmer dazu, auf eine Ressourcen-Karte zu malen, was man selbst gut kann. Auf Schreiben sollte verzichtet werden, um Beschämung durch Analphabetismus zu verhindern. Als Zeichen dafür, dass die Kenntnis der Fähigkeiten und Talente sehr wichtig sind, erhält jeder Teilnehmer noch einen Glasstein (*„Edelstein"*), den er mit der Ressourcen-Karte in die Kiste legen kann.

Vignette   Ein junger Mann aus Afghanistan, der auf die Frage nach seinen Fähigkeiten „nur Fußballspielen" benannte, nimmt sich voller Stolz einen „Edelstein", weil die Gruppe signalisierte, dass man dazu „fit, ehrgeizig und teamfähig" sein muss.

Gegebenenfalls kann als Beispiel für die Kompetenz der Teilnehmer auch zu gemeinsamen (Karten-)Spielen, aufgefordert werden. Wenn sich die Teilnehmer bereits vor Gruppenbeginn kennen, ist es außerdem möglich, dass sie gegenseitig ihre Ressourcen und Stärken benennen. Dies fällt ihnen häufig leichter und fördert das Gruppengefühl.

Vignette   Ein Jugendlicher aus Eritrea sagt zu einem Teilnehmer aus Syrien aus der gleichen Einrichtung: „Du hast ein gutes Herz."

Währenddessen führt die andere Gruppenleiterin anhand eines Fragebogens, gegebenenfalls mit eine Dolmetscher_in, Einzelgespräche. Durch den Fragebogen wird vermittelt, dass die Symptome von Traumatisierten bereits bekannt sind und die individuelle Neigung zu Flashbacks und Dissoziationen kann erkannt werden. Gleichzeitig vermittelt das Gespräch auch Interesse am Einzelnen.

Vignette   Als mit Hilfe eines Dolmetschers davon gesprochen wird, dass Geflüchtete häufig unter Alpträumen leiden, schildert ein 16-Jähriger Afghane, dass er nachts sehr oft ein Erlebnis auf der Flucht nacherlebt, als eine Frau vom Pferd stürzte und laut schreiend mit schweren Verletzungen zurückgelassen wurde. Er berichtet, noch nie darüber gesprochen zu haben, weil er sich so schuldig fühle.

Einbringen der Schweigepflicht: In dieser Sitzung sollte vermittelt werden, dass man sich in der Sitzung öffnen kann, weil keine Inhalte nach außen getragen werden. Im Sinne einer Vereinbarung dazu, können sich z.B. alle

Teilnehmer an der Hand nehmen und sich auf Deutsch oder in der Heimatsprache versprechen, dass sie „draußen nichts Persönliches weitersagen werden."

Vignette   Nach dem Ritual im Kreis sagen die afghanischen Gruppenmitglieder in ihrer Heimatsprache „Sand drauf". In weiteren Gruppen mit Afghanen wird darauf verwiesen, dass dieser Ausspruch dem deutschen „Hand drauf" zu entsprechen scheint und Verbindlichkeit herstellt.

Vignette   Nach dem Ritual im Kreis kommt es in zwei verschiedenen Gruppen vor, dass ein Gruppenmitglied den Mut findet, vor den anderen zu singen.

Die Teilnehmer bekommen die Fotos der letzten Sitzung für ihre Kisten überreicht. Die Sitzung sollte wie oben beschrieben geschlossen werden.

II. Phase

Nach unserer Erfahrung möchten die Teilnehmer_innen im Verlauf der folgenden Sitzungen konkrete Informationen darüber erhalten, was bei Trauma-Erfahrungen mit Menschen passiert.

Sitzung zum Thema „An- und Entspannung"

Sollten Informationen über Traumaentstehung und -folgen als Thema passend sein, kann man dies nach unseren Erfahrungen mit *An- und Entspannung* in Verbindung bringen. So wird eine Verbindung zwischen erlebten Schwierigkeiten, dem Erleben von Stress und möglichen Symptomen vermittelt.

Hierzu kann mit den Teilnehmern das Modell einer Anspannungskurve besprochen werden. Es wird anhand einer graphischen Darstellung die Anspannungskurve „ohne Stress", bei „normalem" Stress und bei „extrem hohem Stress" erläutert. Zum Verständnis von Stress werden *Symbolkarten* gezeigt, auf denen Gründe für hohen Stress wie z.B. Unsicherheit, sich fremd fühlen, wenig sprechen zu können usw. dargestellt sind. Die Folgen von hohem Stress werden mit Symbolkarten zu Alptraum, Angst, sich aufdrängende Erinnerungen, Wut etc. erläutert. Es wird vermittelt, dass diese Symptome normale Reaktionen sind.

Vignette   Ein siebzehnjähriger Gruppenteilnehmer aus Eritrea unterbricht die Informationsvermittlung eifrig mit einem Beispiel aus seinem Schulalltag.
Ein gleichaltriges Gruppenmitglied aus Syrien zeigt in der Pause auf einem Globus seinen Weg über das Mittelmeer und drückt mit Hinweis auf die

Stresskurven aus, dass dies kein „normaler", sondern „extrem hoher Stress" war und er sich immer noch fühlt, wie auf den Symbolkarten gezeigt.

Danach wird ein Erfahrungsaustausch zu möglichen Hilfen angeregt. Es ist auffällig, dass die betroffenen Kinder und Jugendliche bereits viele Strategien (z.B. sportliche Betätigung, beten, aus der Situation gehen) haben, um mit ihren Schwierigkeiten besser umgehen zu können, sie diese Strategien jedoch nicht als solche wahrnehmen. Jeder erhält eine Karte für die Kiste, auf die in dieser und in folgenden Sitzungen „Hilfen" gemalt oder geschrieben werden.

III. Phase

Es ist zu erwarten, dass die Teilnehmer unter Symptomen von Traumafolgestörungen leiden, so dass in dieser Phase die Symptome thematisiert werden, die von den Gruppenmitgliedern als besonders belastet erlebt werden. In den Gruppenprozessen kristallisierte sich heraus, dass die Jugendlichen im Verlauf zunehmend ihre eigenen Schwierigkeiten im Alltag thematisieren und explizit äußern, über welche Schwierigkeiten sie sprechen möchten. Wenn möglich wird das Sitzungsthema von den Teilnehmern bestimmt. Sollten sie keinen Vorschlag machen, können Themen auch von der Leitung vorgeschlagen werden.

Bei der Planung der Sitzungen erscheint es wichtig, genug Zeit für mögliche Krisen einzuplanen. Die Erfahrung zeigt, dass z.B. drohende Verlegungen dazu führen können, dass das Thema Abschied und damit verbundene Gefühle mehrere Sitzungen lang besprochen wird.

Vignette   Ein sechzehnjähriger Teilnehmer aus Afghanistan kommt nach der Verlegung in eine Folgeeinrichtung wieder zur Gruppe und berichtet in der Begrüßungsrunde davon, dass sie im Wald wäre, was ihn extrem ängstige. Außerdem habe er dort keine Freunde und die Unterbringungsbedingungen seien unzumutbar. Der junge Mann droht damit, sich etwas anzutun, sollte die Gruppenleitung ihm nicht helfen, wieder in der Erstaufnahmeeinrichtung zurück zu können.

Vignette   In einer Gruppensitzung gehen die Teilnehmer auf eine Anschlagserie in Kabul ein und äußern „Wir haben nie Ruhe". Dann zeigt ein Gruppenmitglied das Handyfoto eines ihm bekannten entführten Zwölfjährigen, dessen Eltern seine abgetrennten Finger zugeschickt bekommen hätten und der trotz Lösegeldzahlung tot aufgefunden worden sei. Das Entsetzen nach diesem Bericht wird in der Gruppe gemeinsam ertragen.

Sitzung zum Umgang mit Wut und Aggression

In der Regel bietet sich an, in einer der Sitzungen das Thema „Wut und Aggression" zu thematisieren. Es hat sich bewährt, das Thema „An- und Entspannung" in diesem Zusammenhang wieder mit aufzugreifen. Dies kann beispielsweise durch gemeinsame Übungen wie „Hand ballen und beim Ausatmen entspannen" geschehen, um den Teilnehmern zu verdeutlichen, wie sich unser Körper verändert, wenn wir unter Anspannung stehen. Es soll vermittelt werden, dass Wut und Aggression nicht gleichzusetzen sind, Wut nicht nur destruktiv ist, sondern auch zu Aktivität beitragen kann. Es können Beispiele der Teilnehmer zum Thema Aggression aufgegriffen werden. Oft wird das Verdrängen der aggressiven Impulse als einzige Hilfe benannt. Dann kann z. B. durch Aufblasen eines Luftballons gezeigt werden, was passiert, wenn der Druck steigt.

Vignette Beim Arbeiten mit Luftballons wurden einige spielerisch platzen gelassen. Es wurde spürbar, wie ängstigend das Geräusch auf einige Gruppenmitglieder aus Syrien und Eritrea wirkte, weil es an Waffen erinnerte.

Vignette Ein junger Mann aus Afghanistan mit Vernarbungen an beiden Armen sagt zunächst von sich, dass er nie Wut empfindet und „immer gut drauf" sei. Zu späterem Zeitpunkt in derselben Sitzung berichtet er, dass er sich selbst „tätowiert" habe, um sich „vor bösen Geistern zu schützen", weil er oft Angst habe, etwas „kaputt machen zu müssen".

Darauf können Überlegungen folgen, welche Bedeutung Kommunikation oder Sport für den Druckabbau haben können. Als gemeinsame Aktivität können in dieser Sitzung „Stressbälle" gebastelt werden. „Stressbälle" sind mit Reis oder Katzenstreu gefüllte Luftballons, die man beim Gefühl der Anspannung drücken kann, um inneren Druck abzubauen und sich im Hier und Jetzt zu fokussieren. Das gemeinsame Tun wirkt entspannend und führt oft zu intensivem gegenseitigem Austausch.

Sitzung zum Umgang mit Flashbacks und Dissoziationen

Nach unserer Erfahrung bleibt die Gruppe weiter im Austausch über ihre Belastungen. Sollten andrängende Erinnerungen und Schutz davor z.B. durch Dissoziationen benannt werden, kann folgendes Vorgehen empfohlen werden:

Zur Erklärung des Mechanismus von Flashbacks und Dissoziation kann die *Kleiderschrank-Metapher* benutzt werden. Es wird vermittelt, dass sich viele Betroffene wie *überflutet* fühlen, wie wenn alles aus einem übervollen Kleiderschrank herausfällt und ungeordnet liegen bleibt. Manchmal kann man sich dann nur dadurch helfen, dass man die Situation emotional oder mental verlässt. Durch die Metapher werden die Erlebnisse auch mit wenig Spracheinsatz nachvollziehbar und die *Normalität* des Geschehens wird betont. Durch Aufgreifen der Übung mit dem Luftballon (siehe Aggression) kann verdeutlicht werden, welche Folgen die Vermeidung der Auseinandersetzung mit Erinnerungen hat. Die Erfahrung zeigt, dass die Gruppenmitglieder Widerstand zeigen, sich ihren traumatischen Erlebnissen zu stellen. In der Regel können sie aber doch so viel Vertrauen aufbauen, dass sie partiell darüber berichten können. Hier braucht die Gruppenleitung viel Professionalität, um dabei das passende Maß zu finden.

Vignette   Bei Schilderung von Dissoziationsphänomenen fragt ein 17-Jähriger aus Afghanistan voller Verwunderung „Woher kennt Ihr das? Gibt es das auch in Deutschland?". Es stellt sich heraus, dass er davon überzeugt war, ganz allein „wegzudriften". Als mehrere Gruppenmitglieder und auch die Gruppenleitung ähnliche Erlebnisse schildern, wirkt das Symptom deutlich weniger bedrohlich für alle.

Als Selbsthilfemaßnahme kann vermittelt werden, dass starke Reize helfen können, sich wieder in der Realität zu verorten. Als starker Reiz kann angeboten werden, sich mit Riechsalzen, Chili, Brausetabletten, Bitterschokolade etc. zu fokussieren. Dies kann in dieser Sitzung mit den Teilnehmern geübt werden. Die Gruppenmitglieder sollten etwas für ihre Kisten aussuchen können, was als starker Reiz für sie wirken kann. Da diese Interventionen oft viele Emotionen auslösen, sollte vor Gruppenende etwas Entspannendes eingebaut werden. Es bietet sich an, wieder gemeinsam zu essen (z. B. Waffeln) oder zum Ende der Sitzungen über Stärken und Ressourcen zu sprechen. Da die Gruppenmitglieder sich zu diesem Zeitpunkt schon intensiv kennengelernt haben, kann z. B. jeder einem anderen ein „Kompliment" machen.

Sitzung zu Unsicherheit und anderen Gefühlen

Es bietet sich an, die Unsicherheit der Gesamtsituation der Gruppenmitglieder zu thematisieren. Hierbei erscheint es hilfreich, dass die Gruppenleitung betont, dass ihnen die Belastungen durch die Unsicherheiten des Lebens im Exil wie z.B. ein unsicherer Aufenthaltsstatus, Ängste über Angehörige im Heimatland, Unsicherheiten über Perspektiven in Deutschland und die Unterbringungssituation bekannt sind.

Zur Identifikation von Gefühlen im Allgemeinen hat sich bewährt, durch stimmungshafte Bilder oder auch Fotos verschiedener Gesichtsausdrücke auf unterschiedliche Emotionen hinzuweisen. Wenn nach der eigenen Stimmungslage gefragt wird, nennen unbegleitete minderjährige Geflüchtete manchmal Traurigkeit und Angst, meist aber Unsicherheit als Hauptemotion. Vor allem die Erfahrung, dass es zu Verlegungen in andere Einrichtungen kommt, ruft eine tiefe Verunsicherung hervor. Es wird als sehr hilfreich empfunden, dieses Gefühl benennen zu können. Dann ist es auch möglich, Zuversicht zu thematisieren und an einer realistischen Zukunftsperspektive zu arbeiten.

Um den Gefühlen einen Ausdruck zu verleihen, hat sich das „Malen von Gefühlen" als gute Methode herausgestellt. Die Gruppenmitglieder sind in der Regel sehr motiviert, Gefühlen durch Formen und Farben Gestalt zu geben. Um Gruppenprozesse zu intensivieren, kann man alle Teilnehmer auf einem großen Blatt malen lassen, was sie zu ihren Gefühlen zum Ausdruck bringen wollen. Danach kann sich jeder ein Teil des Bildes ausschneiden und wenn möglich laminieren, bevor er es in seiner Kiste *archiviert.*

Vignette   Um seine größte Sehnsucht zum Ausdruck zu bringen, malt ein Fünfzehn-
jähriger aus Syrien einen deutschen Pass. Häufig sind die Bilder durch die
aktuelle Situation geprägt und wirken „chaotisch" und dunkel.

Sitzung zum Thema „Schlaf"

Fast alle traumatisierten Kinder und Jugendlichen erleben Alpträume oder haben andere gravierende Schlafstörungen. Die Schlafprobleme werden von den Betroffenen häufig als große Belastung beschrieben. Sie sehnen sich nach einem *normalen Schlaf.*

Zunächst können die Teilnehmer zu einem Austausch über das Thema „Schlaf" angeregt werden. Unserer Erfahrung nach haben die meisten Teilnehmer etwas dazu beizutragen. Die Hilfen, die jedes Gruppenmitglied für sich gefunden hat, können auf der Hilfe-Karte mit einer Zeichnung vermerkt werden. Als Symbol für guten Schlaf können in der Gruppensitzung zusammen mit den Teilnehmern *„Traumfänger"* gebastelt werden. Das kreative Tun macht Freude und es bleibt eine gute Erinnerung. Der Traumfänger kann in die Kiste gelegt werden.

Vignette   Bei einem Anruf in einer Einrichtung für unbegleitete minderjährige Geflüchtete berichtet eine Mitarbeiterin, dass ein Jugendlicher den anderen
empfehlen würde, eine Art „Traumfänger" über das Bett zu hängen, damit
könne man sich nachts schneller orientieren und in Sicherheit fühlen.

Sitzung zum Thema „Konzentration"

Konzentrationsschwierigkeiten werden von den meisten Geflüchteten benannt. Die Kinder und Jugendlichen schildern dies bezüglich ein großes Leid, da sie befürchten in Deutschland nichts erreichen zu können, solange sie sich nicht konzentrieren können. Sie erkennen für sich selbst meistens keinen Zusammenhang zu anderen Symptomen der Traumafolgen. Es ist damit zu rechnen, dass die Teilnehmer hier oder an anderer Stelle ihre Angst benennen, „verrückt" geworden zu sein, so dass es wichtig ist, die Normalität der Reaktionen zu betonen.

Häufig wird deutlich, dass sich die Kinder und Jugendlichen unter enormen Druck setzen, schnell und viel zu lernen. Dann sollte eine Relativierung erfolgen, indem realistische Ziele beschreiben werden. Es hat sich als sehr hilfreich erwiesen den Betroffenen aufzuzeigen, dass sie zu guten kognitiven Leistungen in der Lage sind. Dazu bewährte sich der Einsatz von Geschicklichkeits- und Aufmerksamkeitsspielen. Das gemeinsame Spiel macht Freude und vermittelt Erfolgserlebnisse. Außerdem können mit den Teilnehmern Situationen erarbeitet werden, in denen sie sich gut konzentrieren können.

Vignette   Nach dem gemeinsamen Spiel mit Mikadostäben fordern die Gruppenmitglieder die Leitung auf, eine Art „Alle Vögel fliegen hoch-Spiel" zu spielen. Es wird viel gelacht, vor allem, weil die Gruppenleitung dabei schlechter abschneidet als die Jugendlichen.

Sitzung mit Bergfest

Es bietet sich an, nach der Hälfte der Sitzungen mit den Teilnehmern ein Bergfest zu gestalten. Dieses sollte zur Aufrechterhaltung der Transparenz in der vorhergehenden Sitzung angekündigt werden. Ein gemeinsames Fest festigt den Gruppenzusammenhalt und insbesondere Jugendliche, die zum Zeitpunkt der Gruppe in Erstaufnahmeeinrichtungen leben, scheinen vom gemeinsamen Kochen und Spielen zu profitieren. Bei dieser Sitzung sollte nicht problematisiert werden, wobei strukturierende Gruppenrituale wie die Begrüßungsrunde und der Abschied jedoch beibehalten werden. Das gemeinsame Kochen kann beispielsweise mit humorvollen Überlegungen zu „typisch deutsch" kombiniert werden. Eventuell finden sich auch Filme oder Cartoons, die zur Unterhaltung beitragen können.

Vignette   Eine Gruppe, die das gemeinsame Kochen aus ihrer Wohngemeinschaft gewohnt ist, findet daran beim Bergfest eher wenig Gefallen und bringt zum Ausdruck, dass es besser sei, weiter an „Themen" zu arbeiten. Hier zeigt sich der große Bedarf, sich mit der eigenen Befindlichkeit zu beschäftigen und die hohe Motivation, die Chance dazu nutzen zu wollen.

IV. Phase

Dem Ende der Gruppenarbeit muss große Aufmerksamkeit geschenkt werden, da die Gruppenmitglieder viele Verlusterfahrungen machen mussten und die Gefahr der Retraumatisierung gegeben ist, wenn das Thema nicht sensibel vorbereitet wurde. Es sollten dementsprechend ein bis zwei Sitzungen zum Thema Abschied eingeplant werden. Es bietet sich an, das Thema Abschied mit der Thematisierung von Gefühlen zu verknüpfen, da Abschied insbesondere mit den Gefühlen von Angst und Trauer verbunden ist.

Sitzung zum Thema „Abschied"

Auch für die Gruppenleitung bringt das Ende einer mehrmonatigen Gruppenarbeit bestimmte Themen mit sich. Sie sollte Gelegenheit haben, ein Resümee zu ziehen, und sich auf den Abschied von den Teilnehmern gezielt vorbereiten. Ein Vorschlag für den Ablauf der letzten gemeinsamen Sitzung ist:

Die Bedeutung des Themas sollte vor dem Hintergrund der Erfahrungen der Gruppenmitglieder Beachtung finden. Daher sollte das Gefühl des Verlusts und der Trauer in der Sitzung einen Raum erhalten. Die Gruppenleitung sollten spüren lassen, dass ihr die Arbeit viel bedeutete und sie die gemeinsamen Erfahrungen schätzt. Um die Beständigkeit der erarbeiteten Inhalte zu betonen, können die Materialien in der Kiste als bleibende Erinnerungen thematisiert werden.

Vignette   Beim Abschied beschreiben die unbegleiteten minderjährigen Geflüchteten aus insgesamt sechs verschiedenen Nationen, dass sie sich wie „in einer Familie" gefühlt hätten und sie jetzt besser mit ihren Problemen zurecht kommen würden. Die Teilnehmer bringen zum Ausdruck, dass „niemand ihnen mehr diese gute Erfahrung nehmen" könne.

In dieser Sitzung kann gegebenenfalls nochmals der Fragebogen bearbeitet werden, um prä-post-Vergleiche anstellen zu können.

Um die gemeinsamen Erfahrungen Revue passieren zu lassen, stellt die Gruppenleitung einfache Fragen zu den verschiedenen Gruppenthemen (z.B. „Wie haben wir unsere Pizza belegt?", „Was war am Lustigsten?", „Welches Spiel hat Euch am besten gefallen?", „Welches Thema hat Euch nicht gefallen?", „Warum haben wir Chillis mitgebracht?").

Als abschließendes Souvenir für die Kiste schreibt oder malt jeder für einen anderen einen Wunsch für die Zukunft auf eine Karte, die dann übergeben wird. Auch die Gruppenleitung sollte sich in diese Übung integrieren.

Konsequenzen

Durch die Teilnahme an dem beziehungsbasierten Psychoedukationsprogramm wird über das Vorhandensein psychischer Traumafolgen aufgeklärt. Die Gruppenmitglieder gewinnen z.B. Kenntnisse über Fragen wie „Was ist ein Trauma?", „Welche Symptome haben Traumafolgestörungen?", „Wie können mich diese beeinflussen und was kann ich aktiv dagegen tun?", „Warum fühlte ich mich manchmal niedergeschlagen, beschämt, ängstlich oder schuldig?", „Warum treten Gefühle von Unsicherheit auf?" So nimmt das Verständnis über Traumafolgen als normaler menschlicher Mechanismus unter der Prämisse, dass verschiedene Personen traumatische Ereignisse unterschiedlich verarbeiten, unterschiedliche Symptome haben und unterschiedlich stark eingeschränkt sind, durch die Gruppenarbeit deutlich zu. Dadurch, dass sie über die Abläufe ihrer psychischen Empfindsamkeit aufgeklärt werden, erfahren Betroffene, dass sie ihren momentanen Schwierigkeiten nicht hilflos ausgeliefert sind.

Die Kinder und Jugendlichen, die an den Gruppen teilnehmen, werden in ihren eigenen Ressourcen und in ihrer Beziehungsfähigkeit gestärkt. Sie können ihre Emotionen besser einordnen und sind in der Lage, ihre eigenen Kräfte zu mobilisieren, auch um zwischenmenschliche Probleme besser zu bewältigen. Der in den Gruppen erlebte Halt erleichtert nachhaltig, wieder in Kontakt zu sich und andere zu kommen. Durch das niederschwellige Angebot kann die Integrationsmöglichkeiten der Teilnehmer_innen verbessert werden.

Die Gruppenmitglieder sind dafür sensibilisiert, dass erlebte Traumata in erneuten Stresssituationen reaktiviert werden können, und motiviert, sich dann gegebenenfalls professionelle Unterstützung zu suchen, auch um die transgenerationale Weitergabe an Folgegenerationen zu verringern.

An dieser Stelle gilt es, nicht zu verkennen, dass Psychoedukation kein Ersatz von psychotherapeutischen Maßnahmen ist und ganz klar Grenzen aufweist (Liedl/Schäfer/Knaevelstrud 2013). Angesichts der aktuellen Versorgungssituation stellt sie jedoch eine gute Möglichkeit dar, eine flächendeckende Erstversorgung im psychotherapeutischen Maßnahmenbereich herzustellen, welche eine Entlastung der Betroffenen und des Helfersystems bewirkt. Es muss jedoch sichergestellt werden, dass besonders stark beeinträchtigte Kinder und Jugendliche zur Krisenintervention das Angebot zu psychotherapeutischen Sitzungen erhalten.

Literatur

Bundesamt für Migration und Flüchtlinge (2014): Aktuelle Zahlen zu Asyl. Bundesamt für Migration und Flüchtlinge.

Bundesfachverband für unbegleitete minderjährige Flüchtlinge e.v. (2014): Fachpolitische Stellungnahme des Bundesfachverbands Unbegleitete Minderjährige Flüchtlinge e.v. zur geplanten Umverteilung von unbegleiteten minderjährigen Flüchtlingen. Berlin.

Brandmaier, M. (2013): Traumatisierte Flüchtlinge im Exil. In: Feldmann, R. E./Seidler, G. H. (Hrsg.): Traum(a) Migration - Aktuelle Konzepte zur Therapie traumatisierter Flüchtlinge und Folteropfer. Gießen: Psychosozial-Verlag. S. 15-34.

Fischer, G./Riedesser, P. (2009): Lehrbuch der Psychotraumatologie. München: Ernst Reinhardt Verlag.

Gurris, N. F./Wenk-Ansohn, M. (2009): Folteropfer und Opfer politischer Gewalt. In: Maercker, A. (Hrsg.): Posttraumatische Belastungsstörungen. 3. Auflage. Berlin und Heidelberg: Springer. S. 477-499.

Hessischer Landtag (2014): Kleine Anfrage der Abg. Merz, Di Benedetto und Roth (SPD) vom 13.03.2014 und die Antwort des Ministers für Soziales und Integration. Wiesbaden: Hessischer Landtag.

Kemper, T./Espenhorst, N. (2013): Gekommen, um zu bleiben? Berlin: Bundesfachverband Unbegleitete Minderjährige Flüchtlinge e.V.

Liedl, A./Schäfer, U./Knaevelsrud, C. (2013). Psychoedukation bei posttraumatischen Störungen. Stuttgart: Schattauer.

Mühlig, S./Jacobi, F. (2011): Psychoedukation. In: Wittchen, H.-U./Hoyer, J. (Hrsg.): Klinische Psychologie und Psychotherapie. Berlin: Springer-Lehrbuch. S. 477-490.

Rauwald, M. (2014): Vererbte Wunden. Transgenerationale Weitergabe traumatischer Erfahrungen. Weinheim: Beltz.

Sachsse, U. (2009): Traumazentrierte Psychotherapie. Theorie, Klinik und Praxis. Stuttgart: Schattauer.

Seidler, G. H./Feldmann, R. E. (2013): Traum(a) Migration - Aktuelle Konzepte zur Therapie traumatisierter Flüchtlinge und Folteropfer. Gießen: Psychosozial-Verlag.

Simmich, T./Reimer, C./Alberti, L./Bronisch, T./Erbe, C./Milch, W. (1999): Empfehlungen zur Behandlungspraxis bei psychotherapeutischen Krisenintervention. In: Psychotherapeut 11, S. 394-398.

Sollmann, U. (2007): Struktureller Missbrauch von Psychotherapie durch Unterversorgung. In: Psychotherapie Forum, S. 39-42.

Teil 2
Praxismodelle

Beziehungsbasierte Psychoedukation in „Netzgruppen"

Eine selbstwirksame Erfahrung für unbegleitete minderjährige Geflüchtete

Cora Strietzel

Forschende Begleitung eines gruppentherapeutischen Angebots in der „Netzgruppe" im Institut für Traumabearbeitung und Weiterbildung, Frankfurt

Über einen Zeitraum von insgesamt zehn Wochen wurde im Herbst 2015 ein gruppentherapeutisches Angebot des Instituts für Traumabearbeitung und Weiterbildung Frankfurt, an dem acht männliche unbegleitete minderjährige Geflüchtete (umF) aus verschiedenen Herkunftsländern teilnahmen, von mir begleitet und evaluiert. Dies geschah im Rahmen der Erstellung meiner Master-Thesis, die den Titel „Unterstützung bei der Bewältigung von Traumatisierung – Ein gruppentherapeutisches Angebot für unbegleitete minderjährige Flüchtlinge" (vgl. Strietzel 2016) trägt. Teile dieses Artikels wurden der Master-Thesis entnommen.

Das in diesem Artikel beschriebene gruppentherapeutische Angebot umfasste zehn Sitzungen und wurde im Institut für Traumabearbeitung sowie in der Einrichtung in der die Teilnehmer leben durchgeführt. Es wurde von zwei erfahrenen Mitarbeiterinnen des Instituts für Traumabearbeitung, Frau Dr. Rettenbach und Frau Dannert, geleitet. Als weitere Leitungsmitglieder nahmen der pädagogische Leiter der Einrichtung, in der die Teilnehmer leben, der auch das Angebot erbat sowie ein Sprachmittler teil, der über eine therapeutische Ausbildung verfügt.

Um die Anonymität der Teilnehmer zu wahren, werden innerhalb dieses Artikels die Namen der Teilnehmer anonymisiert.

Im Rahmen meiner praktischen Arbeit als Sozialarbeiterin in der Arbeit mit umF konnte ich vielfach beobachten, dass sie von Traumatisierungen direkt betroffen sind und sich Traumafolgen im Wohngruppen-Alltag bemerkbar machen. Dies wird deutlich anhand der Schilderungen der umF über ihre vergangenen Erlebnisse. Die Trennung von der Herkunftsfamilie betrifft dabei alle der umF. Manche der umF erlebten in ihrem Heimatland und auf der Flucht Krieg und Vertreibung, Verfolgung, Gewalt gegen sich selber oder ihnen nahe stehende Personen und Inhaftierungen. Diese Aufzählung von traumatischen Situationen ist nicht vollständig, sie soll aber einen Überblick von möglichen Erfahrungen darstellen, die umF machen und die als traumatisch zu bezeichnen sind.

Traumafolgen im Wohngruppen-Alltag zeigen sich beispielsweise durch erhöhte Erregbarkeit, aggressive Ausbrüche, depressive Rückzugstendenzen, selbstverletzendes Verhalten, Ein- und Durchschlafstörungen, Suizidgedanken und -versuche und Somatisierungstendenzen (oftmals Bauch- und Kopfschmerzen, für die keine organischen Ursachen gefunden werden können).

Prävention und Psychoedukation als Zielsetzung des Gruppenangebots

Das in diesem Artikel vorgestellte Angebot hat einen präventiven Charakter: Auch wenn einige der Teilnehmer zum Zeitpunkt der Teilnahme keine akuten merklichen Belastungen aufgrund von erlebten traumatischen Sequenzen spüren oder beschreiben, so können Belastungen aufgrund von erfahrenen traumatischen Erlebnissen im weiteren Verlauf ihres Lebens auftauchen und dringlicher werden. Dies kann insbesondere in Lebenssituationen der Fall sein, die als (psychisch) herausfordernd beschrieben werden können. Beispielhaft können hier das Asylverfahren mit seinem unsicheren Ausgang, Erkrankungen, Diskriminierungserfahrungen, Beziehungsabbrüche u. ä. genannt werden.

Aus meinem Arbeitsalltag kann ich berichten, dass umF nur sehr wenig über ihre traumatischen Erfahrungen und den daraus resultierenden Syndromen bewusst ist und sie vermutlich auch deshalb kaum darüber sprechen. Ferner fehlen in der postexpositorischen Phase (also der Zeit nach der direkt erlebten traumatischen Sequenz) oftmals die Worte, um das Erlebte ausdrücken zu können. Psychisch wirken einer Thematisierung der traumatischen Erfahrungen u. a. Verdrängungs- und Abwehrmechanismen und die Angst vor Dekompensation entgegen.

Psychoedukative, aufklärende Elemente über Traumatisierungen und daran anschließend das Verstehen oder sogar Mitteilen von Gefühlslagen sowie die Feststellung, dass man mit diesen Empfindungen nicht alleine oder gar „verrückt" ist, bieten Entlastung. Wenn die befremdlichen eigenen Empfindungen und Verhaltensweisen als eine „normale" Reaktion auf eine spezielle, sehr belastende und damit ungewöhnliche Situation verstanden werden können, so scheinen diese Empfindungen und Verhaltensweisen nicht mehr als so bedrohlich und unverständlich.

Die Interventionen, die im Angebot von den Therapeutinnen eingesetzt werden, dienen vor allem der Stabilisierung der Teilnehmer. Die Teilnehmer sollen sich selbst in einem sicheren und geschützten Rahmen erfahren, in welchem sie anerkannt und geschätzt werden. Sie werden so angenommen, wie sie sind. Die Beziehung zu den Teilnehmern wird seitens des Leitungsteams positiv zugewandt und aufmerksam gestaltet; die Teilnehmer sollen sich in ihrer Individualität und auch als Gruppe angenommen und wertgeschätzt fühlen.

Die therapeutischen Gruppensitzungen zielen darauf, den Teilnehmern den Zugang zu ihrer Gefühlswelt zu ermöglichen, den Austausch untereinander und mit den Therapeutinnen anzuregen und Raum zu bieten, um positive Beziehungserfahrungen zu machen. Das Angebot wirkt präventiv und trägt zu einer Stabilisierung der Teilnehmer bei. Es soll vermieden werden, dass die traumatischen Erfahrungen zum Auslöser einer psychischen Dysfunktionalität werden (vgl. Hensel 2014, S. 111; Fischer/Riedesser 2009). Denn ein wohlwollendes und unterstützendes Umfeld hat eine präventive Funktion inne, im besten Fall kann es sogar zu einer Integration des Erlebten beitragen (vgl. Fischer/Riedesser 2009, S. 144).

An dieser Stelle wird die Analogie zwischen der therapeutischen Arbeit in den Gruppensitzungen und der pädagogischen Arbeit in den täglichen Betreuungssettings sichtbar: Das Herstellen interpersonaler Sicherheit wird in beiden Kontexten zum zentralen Fokus.

Die Teilnehmer der Gruppensitzungen und die Fragestellungen

Die Teilnehmer des Angebots sind ausschließlich männlichen Geschlechts. Sie sind zu Beginn des Angebots im Durchschnitt 18,9 Jahre alt. Von ursprünglich zehn Teilnehmern nahmen im weiteren Verlauf acht weitgehend regelmäßig an den Sitzungen teil (n = 8).

Die Teilnehmer stammen aus Afghanistan, Eritrea, Senegal, Ghana, Somalia und Syrien. Zu Beginn der Sitzungen leben sie mit einer Streuung von wenigen Monaten bis hin zu zwei Jahren in Deutschland. Alle Teilnehmer besuchen zu Beginn des Angebots und im weiteren Verlauf die Schule oder eine vergleichbare Bildungsmaßnahme.

Die Teilnehmer wirken heterogen durchmischt, sowohl in ihrer äußeren Erscheinung als auch in ihren charakterlichen Eigenschaften. Sie sind modern und jugendlich gekleidet. Manche von ihnen wirken forsch, offen und aufmerksam, andere eher zurückhaltend bis schüchtern. Ihre Sprachkenntnisse sind unterschiedlich, dies wird anhand der Redebeiträge deutlich.

Eine Recherche in den Fachdatenbanken PubMed und Psyndex ergab, dass gruppen- (therapeutische) Angebote *speziell* für umF bisher kaum erforscht wurden. Hier besteht also eine Forschungslücke und die Erstellung meiner Master-Thesis sollte zu einer ersten Annäherung an das Themengebiet beitragen.

Durch die forschende Begleitung des Angebots sollten unter anderem die folgenden Fragen beantwortet werden, die auch in diesem Artikel besonders beleuchtet werden:

- Kann das Verständnis der Teilnehmer für ihre Traumatisierungen und den daraus resultierenden Gefühlslagen und Stimmungen durch ihre Teilnahme erhöht werden? Und woran wird das deutlich?
- Woran zeigen sich psychische Belastungen in den Gruppensitzungen?

Um sich diesen beiden Fragestellungen anzunähern, wird im Folgenden zum einen das Augenmerk auf Sequenzen gelegt, aus denen hervorgeht, dass die Teilnehmer etwas über Traumatisierungen verstanden haben und dieses (neu gewonnene) Wissen (kommunikativ) zum Ausdruck bringen. Es wird herausgearbeitet, wie Psychoedukation bei den Teilnehmern wirkt und Entlastung schafft.

Zum anderen werden die Beziehungen der Teilnehmer untereinander und die Beziehungen der Teilnehmer zum Leitungsteam beleuchtet. In den zwischenmenschlichen Beziehungen werden ebenfalls Veränderungen deutlich, die durch die Teilnahme an den Gruppensitzungen zustande kamen.

Ebenso werden Verhaltensweisen oder Äußerungen der Teilnehmer aufgeführt, aus denen sich Belastungen erkennen lassen.

Die Gruppensitzungen

In der *ersten Sitzung*, die vor allem dem Kennenlernen dient, zeigen sich die Teilnehmer größtenteils zurückhaltend. Sie wirken abwartend, aber entspannt. Die Teilnehmer suchen sich Sitzplätze nebeneinander. Es melden sich insbesondere die Teilnehmer zu Wort, die dies nach Auskunft des pädagogischen Leiters auch innerhalb der Einrichtung gehäuft tun. Es zeigen sich auch Zeichen von Abwehr: Ein Teilnehmer hat ein Kissen vor der Brust umarmt und scheint so eine Barriere zwischen sich und der Gruppe zu bilden. Ein weiterer Teilnehmer wirkt sehr in sich versunken und scheint kaum am Geschehen teilzuhaben.

Untereinander scheinen die Teilnehmer einen freundlichen und vertrauten Umgang zu pflegen. Dies wird bei einem Spiel deutlich, in welchem die Teilnehmer Fragen an die Leitungsmitglieder oder aneinander stellen. Im Verlauf der Sitzungen werden die Teilnehmer entspannter, die Fragen und Antworten werden offener, es wird zwischendurch gelacht und die Teilnehmer foppen sich bisweilen freundschaftlich.

Am Ende der ersten Sitzung thematisieren einige Teilnehmer ihre Sorge bezüglich der Beendigung der Sitzungen. Es findet nach dem offiziellen Ende ein Gespräch mit Dr. Rettenbach statt. Die Teilnehmer fragen, wann und warum die Sitzungen nach zehn Wochen beendet werden. Dr. Rettenbach sichert ihnen zu, dass das Leitungsteam das Ende positiv gestalten und die Teilnehmer gut auf dieses vorbereiten wird. Hier scheinen Ängste und Sorgen vor dem bevorstehenden Abschied deutlich zu werden, obwohl die Sitzungen gerade erst begonnen haben.

Schon ab der *zweiten Sitzung* können Anzeichen der Vertrauensbildung von den Teilnehmern zum Leitungsteam bemerkt werden. Die Platzwahl erfolgt durchmischter. Anzeichen von Vertrauensbildung werden besonders in gemeinsamen (spielerischen) Aktivitäten deutlich. Fikre sucht in der zweiten Sitzung beispielsweise den Kontakt zu mir: Er möchte, dass ich bei dem gemeinsamen Spiel „Stadt-Land-Fluss" seine Teampartnerin bin.

Auch sprechen die Teilnehmer zum Teil schon bei der ersten Befragung durch Dr. Rettenbach mit den Institutsbögen sehr persönliche Themen an. Sie berichten über Ängste und Stress, den sie verspüren. Hier wird der Wunsch, sich zu entlasten, deutlich.

Fikre reagiert auf Dr. Rettenbachs Aussage: „Wir würden uns wünschen, dass ihr auch hier so seid, wie ihr immer seid!" zum Ende der Sitzung mit: „Das geht doch nicht, wir sind ganz frech!". Hier zeigt sich Fikres Sorge, dass er nicht so angenommen wird, wie er ist, wenn er auch Seiten von sich zeigt, die er selbst nicht positiv besetzt hat. Die Frage danach, ob die eigene Persönlichkeit annehmbar und liebenswürdig ist, spiegelt einerseits ein adoleszentes, also typisch jugendliches Thema wieder. Andererseits spricht Fikre eine Sorge aus: Wenn ich zeige, wie ich bin, werde ich womöglich abgelehnt.

In dieser Sitzung werden die Schweigepflicht sowie Wünsche und Regeln in Bezug auf die kommenden Sitzungen besprochen. Abdul äußert, dass es ihm wichtig wäre „dass man nicht reden muss, wenn man nicht will". Er bekundet damit seinen Wunsch, sich auch zurückziehen zu dürfen, wenn er sich nicht einbringen möchte.

Beim „Stärken-Spiel", bei welchem jeder der Teilnehmer Stärken (als Ressourcen) eines anderen Teilnehmers benennen und aufschreiben soll, fragt die therapeutische Leitung, welche Funktion dies haben könnte. Die Teilnehmer antworten: „Vielleicht, weil man sich daran erinnern kann, wenn es einem mal nicht so gut geht?", „weil es wichtig ist, zu wissen, was man kann", „weil wenn man nicht gut drauf ist, einem eher einfällt, worin man schlecht ist". Aufrichtig freuen sich die Teilnehmer über die ihnen zugewiesenen Stärken: „Du kannst gut entspannen", „Du kannst gut kochen", „Du bist ein guter Beobachter", „Du bist sehr freundlich" und „Du bist ein guter Mensch".

Die hohen Sprechanteile der therapeutischen Leitung im Vergleich zu den Teilnehmern, die besonders die Sitzungen eins und zwei prägen, vermindern sich ab der *dritten Sitzung* sukzessive. Die Dynamik (Therapeutinnen sprechen viel, Teilnehmer wenig) nimmt grundsätzlich ab. In angespannten Situationen taucht sie wieder auf: Das Schweigen der Teilnehmer, welches insbesondere bei belastenden Themen eintritt, scheint auch ihre Identifikation mit diesen Themen zu bestätigen. Eine bedrückte Stimmung wird für alle spürbar. Dies thematisieren wir als Leitungsteam in unseren jeweiligen Protokollen. Bei belastenden Themen (wie Stress, Aggressionen, Erinnerungen etc.) wirken die Teilnehmer oft ermüdet und angestrengt.

Das Hierarchiegefälle in der Beziehung zwischen den Teilnehmern und der therapeutischen Leitung balanciert sich im Laufe der Sitzungen aus. Die Teilnehmer tragen von Sitzung zu Sitzung mehr zu den thematischen Inhalten bei, ab der *sechsten Sitzung* bringen sie auch eigene Ideen und Vorschläge bezüglich des Weiteren thematischen Vorgehens und der Gestaltung der Sitzungen mit ein. Das zu Anfang beobachtete, sehr vorsichtige Agieren nimmt ab. Die Teilnehmer müssen zunächst Vertrauen zur therapeutischen Leitung herstellen, bevor sie wagen, sich vermehrt zu äußern. Vertrauen zu anderen Menschen fassen zu können, wird durch Traumatisierungen empfindlich gestört. Insbesondere durch das Erleben von *man-made-disasters* (vgl. hierzu beispielsweise Ahmad/Rudolph 1999, S. 582) wird das grundsätzliche Vertrauen in andere Menschen in Frage gestellt.

Bis zur *vierten Sitzung* beantworten die Teilnehmer die Frage danach, wie es ihnen geht ausschließlich mit „gut" oder „ok". Ab der vierten Sitzung fangen sie damit an zu erwähnen, dass es ihnen auch schlecht geht. Es wird auch ihre erhöhte Bereitschaft bemerkbar, darüber zu berichten: „Es geht mir nicht so gut, weil ich habe eine schlechte Situation erlebt. Jemand hat gesagt, ich könnte nicht so gut Deutsch sprechen und das hat mich sehr traurig gemacht". Erst ab der vierten Sitzung fühlen sich die Teilnehmer sicher, sodass sie auch negative Gefühlszustände mitteilen können. Das Empfinden von Stress und Belastungen wird ihrerseits erkannt und kommuniziert. Die Teilnehmer haben Vertrauen gefasst, dass ein Zeigen von Vulnerabilität in den Gruppensitzungen kein Risiko für sie bedeutet, weitere Verletzungen zu erfahren.

Das in den vorausgegangenen Sitzungen als fast schon unterwürfig empfundene Verhalten der Teilnehmer vermindert sich ab der vierten Sitzung. Es wird deutlich, dass sich die Sorge, angegriffen und verletzt zu werden, die sich in dem unterwürfigen Verhalten zu äußern schien, verkleinert. Die sich verringernde Distanz zum Leitungsteam und mehr Mut seitens der Teilnehmer werden z.B. in einer Szene aus dieser Sitzung deutlich, in der ein

Teilnehmer mit den Krücken von Fr. Dannert spielt (Fr. Dannert hatte zum Zeitpunkt der Sitzungen eine Verletzung).

In der *sechsten Sitzung* traut sich Abiel das erste Mal während des Besprechens eines Themas zu sagen, dass ihm dies „zu viel" ist: „Nein, wirklich, das worüber wir hier reden [Erinnerungen, C. S.] ist nicht gut! Das ist sehr anstrengend für mich!". Er grenzt sich damit auf angemessene Art und Weise ab. Seine Verhalten kurz zuvor zeigt deutlich, wie nahe ihm das Thema „Erinnerungen" geht: Schon zu Anfang der psychoedukativen Einheit sieht er sehr blass aus. Er holt sein Portemonnaie hervor und nimmt eine Tablette ein.

Ab *Sitzung 7* nehmen die Einwürfe und offenen Äußerungen der Teilnehmer weiter zu. Es kommt auch zwischen den Teilnehmern ein Austausch über Belastungen zustande, beispielsweise: „Wenn es mir nicht gut geht, habe ich einiges ausprobiert. Diesmal half mir Lesen", „Hast du auch mal den Stressball probiert?", „Wir sind schon weiter als am Anfang!", „Das ist jetzt ganz anders als zu Anfang! Wir sagen viel mehr!", „Nach Alpträumen hilft mir Wassertrinken" und „Ich konnte mich mal über mehrere Tage überhaupt nicht konzentrieren, dann ging es wieder". Die einzelnen Teilnehmer erkennen erstaunt, dass Belastungen und Symptome auch die anderen betreffen. Es wird ein Wunsch danach deutlich, im Rahmen der Sitzungen ihre Erfahrungen und Belastungen nun auch untereinander auszutauschen und somit das Gefühl der Isolierung zu durchbrechen.

Weitere direkte Zitate von den Teilnehmern verdeutlichen dies: „Ich habe im Traum geweint", „Am liebsten würde ich im Traum schreien!", „Manchmal verstehe ich einfach nicht, auch wenn ich sehr konzentriert bin", „Meine Mutter hatte Probleme und wurde krank, weil sie Kaffeebohnen aß" und „Ich war in den letzten Tagen über eine schlechte Note traurig".

Manche Teilnehmer kommen nach solchen Sitzungen, in denen der Austausch reger oder die Themen belastender waren, nicht zur nächsten Sitzung. Der pädagogische Leiter berichtet dann von Kopf- oder Bauchschmerzen, die als psychosomatische Beschwerden auftreten oder von wichtigen Arbeiten, für die die Teilnehmer lernen müssen. Psychosomatische Beschwerden werden auch mit Traumatisierungen verbunden (vgl. Teckentrup 2010).

In der *achten Sitzung*, an der als Leitungsmitglieder nur Dr. Rettenbach und Fr. Dannert teilnehmen, ist auffallend, wie kommunikativ die Teilnehmer sind. Henok spricht in dieser Sitzung lange über seine Erkrankung in den vergangenen Tagen, über seinen Ärger mit dem Jugendamt und über Beziehungsprobleme zu einem Mädchen. Er kann in dieser Sitzung Zusammenhänge zwischen seiner Krankheit und dem Ärger mit dem Jugendamt herstellen. Er gibt an, er habe für zwei Tage mit niemandem über seinen Ärger reden können, sodass er dann Kopf- und Bauchschmerzen bekommen habe. Ein weiterer Teilnehmer berichtet ausführlich von einem Ausflug, bei dem sein Rad kurz vorm Elternhaus kaputt ging. Saibou erzählt von schlimmen Briefen aus der Heimat und von seiner Einzeltherapie. Amin und Henok erzählen von ihrer Enttäuschung im Zusammenhang mit konkreten Erlebnissen mit den Betreuern.

Auch das Phänomen von sich übertragenden Gefühlslagen (Affektansteckung) kann in *Sitzung 9* sehr deutlich beobachtet werden. Henok, der Konflikte sowohl mit dem Jugendamt als auch mit der Einrichtung hat, scheint sehr bedrückt zu sein. Er möchte dies aber nicht thematisieren: „Nein, es ist alles in Ordnung". Auch nachdem Dr. Rettenbach seine Äußerung noch einmal aufgreift und ihm sagt, dass er nicht so wirke, als ob alles in Ordnung sei und dass hier ein Raum sein kann, in dem er darüber reden kann, lehnt er dies ab: „Ich möchte nicht darüber reden". Es macht sich im Anschluss eine allgemeine Schwere bemerkbar, die sich auch in zurückhaltenden Wortbeiträgen der Teilnehmer äußert. Ich bin als teilnehmende Beobachterin sehr erschöpft und muss mehrfach gähnen. Henok verlässt die Sitzung nach der Pause (dies hatte er schon zu Anfang angekündigt). Der sich daran anschließende Teil der Sitzung ist dadurch geprägt, dass die Teilnehmer konzentriert ein „Gefühlsbild" malen und die Unterhaltungen wieder zunehmen. Auch meine Müdigkeit ist verflogen.

In der letzten Sitzung kommt Fr. Dannert als erste in den Räumlichkeiten der Wohngruppe an. Die Teilnehmer erkundigen sich sofort bei ihr, ob Dr. Rettenbach und ich auch noch kommen würden und wirken beruhigt, als Fr. Dannert dies bejaht. So wie sie alle bei diesem letzten Termin anwesend sind, so ist die Anwesenheit des gesamten Leitungsteams für sie von Bedeutung.

Auch in der letzten Sitzung wird wieder ein sehr wertschätzender und liebevoller Umgang der Teilnehmer miteinander deutlich. Die Teilnehmer inszenieren unseren Abschied sehr positiv (gegenteilig zu einer erzwungenen Flucht aus dem Heimatland, wo ein ritualisiertes Abschiednehmen vermutlich nur begrenzt oder überhaupt nicht möglich war). Alle sollen diesmal anwesend sein, und es werden gute Wünsche für die Zukunft für einen anderen Teilnehmer aufgeschrieben und laut vorgelesen. Zum Schluss äußern sie: „Die Gruppe war für mich wie eine Familie", „Ich habe viel gelernt", „Ich habe verstanden, was mit mir los ist" und „Ich finde es traurig, dass wir uns nicht mehr sehen".

Gegenübertragungsgefühle

Während der Sitzungen bemerke ich an mir und anderen Leitungsmitgliedern häufig mütterliche bzw. väterliche Gegenübertragungsgefühle. Oft tendiert das Leitungsteam dazu, zu trösten, zu beschwichtigen, wohl in der Angst, dass die Teilnehmer etwas nicht aushalten können. Dies zeigt sich z.B. in der siebten Sitzung, als zum Abschluss Riesenmikado gespielt wird, und Abdallah bemerkt, dass ich noch keinen Mikado-Stab bekommen hat. Er sagt: „Cora, du hast keinen? Oh …". Sofort antworte ich: „Ja, aber ist nicht schlimm!". Ich möchte dem Teilnehmer nicht zumuten, sich um mich zu sorgen, weil ich bisher keinen Mikado-Stab erhalten habe. Eine ähnliche Szene ereignet sich zwischen Abdallah und mir in der sechsten Sitzung. Als Abdallah mich mit „Caro" (anstelle von Cora) anspricht, reagiere ich sofort: „Das ist nicht schlimm, das verwechseln ganz viele! Kein Problem!".

Durch die Gegenübertragungsgefühle, die sich in den Sitzungen immer wieder einstellen, wird auch der Wunsch der Teilnehmer deutlich, dass sich um sie wie um Kinder gekümmert wird: Kindliche Anteile, die von einer guten Mutter oder einem guten Vater umsorgt werden wollen, zeigen sich.

Als Amin von seiner Frustration aufgrund des für ihn undurchsichtigen deutschen Schulsystems berichtet, bemerkt der Sprachmittler in seinem Protokoll: „Auch Amin war so offen und redete von seiner Uninformiertheit bezüglich des Studiums. Ich nahm mir vor, mich für ihn zu informieren". Hier zeigt sich die Tendenz, sich um die Belange des Teilnehmers kümmern zu wollen, ihn wie ein guter Vater zu unterstützen, da das Kind Hilfe benötigt.

Auch Dr. Rettenbach erwähnt in ihrem Protokoll einige Beschwichtigungstendenzen des Leitungsteams innerhalb verschiedener Sitzungen: „Aber Du kannst doch schon prima Deutsch", „aber die Betreuer haben doch auch ihre Regeln", „aber das deutsche Schulsystem ist kaum zu verstehen".

Auch wird das Thema der Verständigung immer wieder in der Gegenübertragung angesprochen: „Versteht ihr, was ich sage?", „War das zu schnell?" etc. Diese Fragen sind u.a. darauf zurückzuführen, dass die Teilnehmer wenig Deutsch beherrschen. Es kann sich in diesen Fragen aber auch das Fremdheitsgefühl der Teilnehmer widerspiegeln, welches ihr Leben im Exil prägt und sich auf die therapeutische Leitung überträgt. Auch die Sorge davor, dass Belastungen und die spezielle, persönliche Situation nicht erkannt und verstanden wird, spiegelt sich hier wieder.

Auch zeigen sich die Belastungen der Teilnehmer, wenn sie sich auf das Leitungsteam übertragen, in unseren Protokollen: „Insgesamt fand ich die Runde trotz Waffelnbacken heute als nicht so entspannt wie die beiden Male davor. Ich fühlte mich nach der Sitzung ein wenig müde und abgekämpft, obwohl die Zeit gefühlt schnell verging" oder auch: „Mir fiel es schwer, länger über An- und Entspannung zu sprechen, weil ich die Belastung der Teilnehmer sehr deutlich spürte".

Dass die therapeutische Leitung das Fehlen der Teilnehmer erstmals in Sitzung 6 anspricht, kann auch aus einem Gegenübertragungsgefühl entstanden sein. Dieses wurde erst nach dem Ansprechen der Teilnehmer deutlich, und bis zur Beendigung der zehn Sitzungen blieb es vorhanden: Nachdem Dr. Rettenbach die Teilnehmer gefragt hatte, ob diese wüssten, wo die anderen Teilnehmer sind, hatte sie den Eindruck, als hätte sie die Teilnehmer zum Petzen (wie kleine Kinder) angestiftet. Deutlich werden hier wieder die kindlichen Anteile der Teilnehmer, die sich in diesem Gegenübertragungsgefühl äußern.

Die Verunsicherungen der Teilnehmer zeigen sich auch in einer Gegenübertragung bei dem Sprachmittler: „Mir wurde klarer, wie wichtig es ist, den Jungs Strategien zum Aufbau von innerer Sicherheit zu vermitteln, ein inneres Gerüst gegen alle Widrigkeiten, ausgehend von der realen Lebenssituation, dass sie trotz aller Gefahren und Hürden es geschafft haben, hier zu sitzen. Aber kann es gelingen? Eine Prise Zweifel ist da".

Fazit

Es wurde aufgezeigt, inwiefern ein beziehungsbasiertes, psychoedukatives Gruppenprogramm die Teilnehmer dazu ermutigt, sich behutsam mit ihren Traumatisierungsfolgen auseinanderzusetzen. Als tragende Säule der hier vorgestellten Gruppenarbeit wirkt die positiv wertschätzende Haltung der Leitungsmitglieder zu den Teilnehmern. Diese Haltung fördert den bedachten Umgang der Teilnehmer auch untereinander. Es werden innerhalb des Settings positive Beziehungserfahrungen gemacht. Gerade die Beziehungen zu anderen Menschen, die Fähigkeit, Vertrauen fassen zu können und die Erfahrung, dass die Welt ein positiver und sicherer Ort sein kann, werden durch traumatische Erfahrungen empfindlich gestört.

Innerhalb eines hier geschaffenen sicheren Ortes können die Teilnehmer sukzessive von ihren Belastungen berichten und über Symptome aufgeklärt werden. Auch zurückhaltende Teilnehmer können von dem Angebot profitieren, da sie von den anderen Teilnehmern erfahren, dass diese Belastungen verspüren. Durch das hier dargestellte Setting der „Netzgruppen" wird den Teilnehmern die Sorge und Angst genommen, dass mit ihnen „etwas nicht stimmt" oder dass sie aufgrund ihrer Traumafolgen gar „verrückt" sind.

Das Angebot füllt somit eine gravierende Lücke, nämlich die zwischen der täglichen pädagogischen Arbeit, wie sie in den Betreuungssettings stattfindet und der Einzeltherapie oder einer reinen psychoedukativen Gruppentherapie. Gruppen dieser Art können von traumaversierten Fachkräften geleitet werden, um innerhalb eines präventiven Rahmens positive Beziehungen zu fördern und Belastungen verstehen zu helfen.

Literatur

Ahmad, S./Rudolph, E. (1999): Traumatisierung. In: WOGE e. V./Institut für soziale Arbeit e. V. (Hrsg.): Handbuch der Sozialen Arbeit mit Kinderflüchtlingen, Münster: Votum. S. 581–588.

Fischer, G./Riedesser, P. (2009): Lehrbuch der Psychotraumatologie, München u. a.: Ernst Reinhardt.

Hensel, T. (2014): Traumapsychotherapie mit Kindern und Jugendlichen. In: Krist, M. et al. (Hrsg.): Herausforderung Trauma. Diagnosen, Interventionen und Kooperationen der Erziehungsberatung, Weinheim: Beltz Juventa. S. 106–132.

Strietzel, C. (2016): Unterstützung bei der Bewältigung von Traumatisierung – Ein gruppentherapeutisches Angebot für unbegleitete minderjährige Flüchtlinge, Frankfurt University of Applied Sciences: Master-Thesis.

Teckentrup, G. (2010): Wenn der Körper die Seele entlastet – Somatische Symptome als Reaktion auf extreme Traumatisierung. In: Dieckhoff, P. (Hrsg.): Kinderflüchtlinge. Theoretische Grundlagen und berufliches Handeln, Wiesbaden: VS. S. 97–111.

Ein „sicherer Ort"

Traumapädagogische Ansätze in der Arbeit mit unbegleiteten minderjährigen Geflüchteten (UMG)

Bettina Keller, Regina Rettenbach

Einleitung

Die Umschreibung „unbegleitet" kann nicht zum Ausdruck bringen, was Kinder und Jugendliche erleiden, wenn sie ihrem sozialen Kontext durch Flucht ohne familiären Schutz entrissen werden: Unbegleitete minderjährige Geflüchtete müssen gravierende Trennungen ertragen, wichtige Bindungen werden zerstört und das für die gesunde Entwicklung entscheidende Erleben eines „sicheren Hafens" bei den nahen Bezugspersonen wird nachhaltig erschüttert. Im Heimatland und auf der Flucht werden z.B. durch Folter, Verfolgungen oder Hunger oft existentielle Bedrohungen erlebt, die auch dauerhaft zu Ängsten führen können. Oft fehlen Informationen darüber, wie es Familienmitgliedern ergeht, die im Krisengebiet verblieben sind oder zu denen der Kontakt während der Flucht, die oft monatelang und nicht selten jahrelang andauert, abbrach. Nach risikovollen Wegen, z.B. in überfüllten Flüchtlingsbooten, kommen die Kinder und Jugendliche dann in ein Land, dessen Sprache sie nicht verstehen, mit fremder Kultur und damit verbunden auch anderen Wertvorstellungen. Nicht erfüllbare bewusste oder unbewusste Delegationen und Schuldgefühle belasten oft zusätzlich. Die Lebenswirklichkeit bleibt somit auch im Exil schwierig und ist weiterhin durch Empfindungen der Unsicherheit und Ohnmacht bestimmt - dies vor allem dann, wenn die erlebten Belastungen und die eigenen Bewältigungsmöglichkeiten so divergieren, dass von Traumatisierungen bei den Kindern und Jugendlichen ausgegangen werden muss.

Spiegelbildlich erleben sich viele professionelle Helfer_innen beim Kontakt mit traumatisierten UMG häufig unsicher und hilflos. Die für Traumatisierte typischen Übertragungsmuster aufgrund der Mangelerfahrungen, parallel zum reduzierten Vertrauen in die Welt, wirken im Arbeitsalltag der pädagogischen Fachkräfte oft sehr belastend und manchmal lähmend.

Um dieser Problematik im Kontext sozialer Arbeit zu begegnen, bietet sich die Umsetzung traumapädagogischer Erkenntnisse an. Einerseits werden dadurch den Fachkräften die Erlebens- und Verhaltensweisen traumatisierter Kinder und Jugendliche verständlicher, was die Handlungsspielräume der professionellen Helfer_innen erweitert. Außerdem kann durch Berücksichtigung von traumapädagogischen Inhalten ihrer möglichen Überforderung präventiv entgegengewirkt werden. Andererseits werden die traumatisierten UMG zur Selbstbemächtigung befähigt. Die Fachdisziplin kann also sowohl bei den professionellen Helfer_innen wie bei den betroffenen Kindern und Jugendlichen zur Entlastung beitragen.

Grundlagen der Traumapädagogik

Die Traumapädagogik, auch „Pädagogik des sicheren Ortes" genannt (Kühn 2006), benötigte etwa 30 Jahre, um ihren heutigen Stellenwert zu entwickeln. Unter dem Postulat, dass das Wissen über Traumata in der Pädagogik essentiell ist, wurden Erkenntnisse der Erziehungswissenschaft, der Bindungsforschung, der Resilienzforschung, der Neurowissenschaften und der Psychotherapie, speziell der Psychotraumatologie, zu einem Gesamtkonzept kombiniert. Grundsätzlich dient Traumapädagogik dazu, traumatisierten Kindern und Jugendlichen in stationären Einrichtungen ein adäquates, schützendes Umfeld zu bieten und sie nicht erneut Traumatisierungen auszusetzen oder alte traumatische Erfahrungen zu reaktivieren. Stattdessen soll Traumapädagogik dazu beitragen, stationäre Einrichtungen zu einem Ort zu machen, an dem durch positive Erfahrungen (auch mit den Bezugsbetreuer_innen) psychische Wunden heilen können. Das Ziel liegt darin, traumatisierte Kinder und Jugendliche dazu zu befähigen, alte Verhaltensmuster aufzugeben und durch das Erleben von Sicherheit, Transparenz, Partizipation sowie Handlungskompetenz Selbstsicherheit zu vermitteln und den Aufbau eines neuen Selbst- und Weltbildes zu ermöglichen. Trotz der zusätzlichen Herausforderungen für Pädagog_innen durch Sprachprobleme und kulturelle Unterschiede lässt sich diese Zielsetzung auch bei traumatisierten UMG verfolgen.

Die betroffenen Kinder und Jugendlichen zeigen oft Handlungsweisen, die schwer verständlich scheinen, ihren Ursprung jedoch in der traumatischen Situation haben und als Folge dieser zu sehen sind. So kommt es häufig zu Impulsproblematiken, verminderter oder fehlender Emotionsregulation, Dissoziationen in verschiedener Form, ausgeprägtem Vermeidungsverhalten, Hochrisikoverhalten, Konzentrationsstörungen, Schlafstörungen, Hyperaktivität, heftigen Beziehungsproblematiken und zahlreichen anderen Auffälligkeiten. Zusammenfassend gilt, dass der Kontakt zur eigenen Person wie auch zu anderen Menschen meist stark gestört ist. Traumapädagogische Ansätze können zur Herstellung einer inneren Sicherheit dienen, die den traumatisierten UMG verloren ging. Eine notwendige Voraussetzung dafür ist die Etablierung einer äußeren Sicherheit.

Die drei Säulen der Traumapädagogik

In Anlehnung an die sogenannten „pädagogische Triade" (Kühn 2006) lassen sich in der Traumapädagogik drei Säulen unterscheiden:

Die erste Säule entspricht dem „sicheren Ort". Hier sind die Einrichtung und das Kind/die Jugendliche angesprochen. Die zweite Säule stellt den „emotional orientierten Dialog" dar, er bezieht sich auf das Kind/die Jugendliche und die Pädagogin. Die dritte Säule, der „geschützte Handlungsraum", fokussiert auf die Pädagogin und die Einrichtung.

Alle drei Säulen können in der pädagogischen Arbeit mit traumatisierten UMG hilfreich umgesetzt werden.

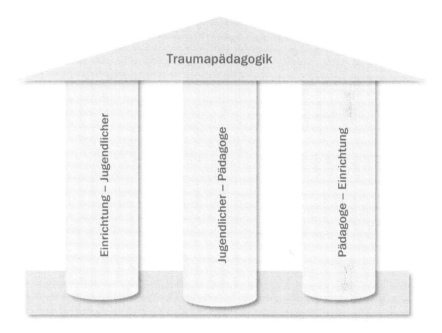

1. Säule: „Der sichere Ort" (Einrichtung – Kind/Jugendliche)

Diese Säule umfasst die Bereiche ‚äußere Bedingungen', ‚Gewaltfreiheit', ‚Gestaltung der Einrichtung' und ‚Einrichtungsrahmenbedingungen' (vgl. Sänger 2009; Udolf 2011).

- Über die **äußeren Bedingungen** sollen die basalen Bedürfnisse des traumatisierten Kindes/Jugendlichen nach einem sicheren Aufenthaltsort, ausreichender Nahrung, einem Ausschluss des Täterkontakts in der Einrichtung und der Umgebung, sowie einem möglichst gesicherten

Aufenthaltsstatus gewährleistet werden. Diese Themen betreffen traumatisierte UMG nach ihren Fluchterfahrungen des Mangels und der Unsicherheiten maßgebend. Mitarbeiter_innen von Einrichtungen für UMG können wesentlich dazu beitragen, die Kinder und Jugendliche durch angemessene Gestaltung der „äußere Bedingungen" zu stabilisieren. Grenzen sind dem oft bei der Frage des gesicherten Aufenthaltsstatus bei Jugendlichen nahe der Volljährigkeit gesetzt. Die Unterstützung und empathische Begleitung durch Pädagoginnen im Asylverfahren ist dennoch wünschenswert, um ihnen zumindest ein Mindestmaß an subjektiver Sicherheit zu verschaffen.

- Die **Gewaltfreiheit** umfasst nicht nur, dass es in der Einrichtung nicht zu körperlicher Gewalt kommt, sondern dass auch verbale, visuelle sowie sexuelle Gewalt explizit untersagt wird. Damit wird ein Umfeld geschaffen, dass für traumatisierte UMG, deren Leben meist durch Bedrohungen geprägt wurde, enorme Bedeutung hat.

- Die **Gestaltung der Einrichtung** umfasst u. a. optimalerweise helle, große und übersichtlich gestaltete Räume und Flure, Gemeinschaftsräume, funktionales, stabiles und intaktes Mobiliar, individualisierbare Grundausstattung, Büro- und Diensträume, verschließbare Zimmertüren, klare Strukturen sowie übersichtliche und zugängliche Dienstpläne.
  Damit vermitteln sich Struktur und Übersichtlichkeit, was grundsätzlich ent-ängstigend wirkt. Wieder „Raum" und „Besitz" zu haben, stellt gerade für UMG hohe Werte dar.

- Die **Einrichtungsrahmenbedingungen** beinhalten klare, verlässliche Zuständigkeiten, eine geringe Fluktuation der Mitarbeiter, angemessene Personalschlüssel, adäquate Gruppengrößen, verlässliche Tagesstrukturen, regelmäßige Freizeitangebote, Rituale sowie verschriftlichte und allgemein bekannte Regeln. Auch davon profitieren traumatisierte UMG in besonderem Maße, da mit diesen Maßnahmen z. B. der Aufbau von Beziehungen erleichtert wird. Um dabei dem Problem der Sprachbarriere zu begegnen, eignen sich Schaubilder und frei zugängliche Kalender mit Piktogrammen oder Bildern für die entsprechenden Dienste und Aktivitäten.

2. Säule: „Der emotional orientierte Dialog"
(Kind/Jugendliche –Pädagogin)

Die Basis dieser Säule ist die Beziehungsarbeit mit ihren Übertragungs- und Gegenübertragungselementen. Traumatisierte Kinder und Jugendliche haben zumeist das Vertrauen zu ihren Mitmenschen verloren oder nie aufgebaut. Ihre Traumatisierungen sind häufig nicht bewusst erinnerbar, aber körperlich gespeichert, so auch nicht zu verbalisieren. Immer wieder sind die Betroffenen überwältigenden Erinnerungen oder Gefühlen ausgesetzt, die nur durch wertschätzende, geduldige und verstehende pädagogische Begleitung korrigiert werden können. Dabei gilt: „Vor neues Denken kommt neues Fühlen" (Kühn 2006). In der Arbeit mit UMG sind in diesem Zusammenhang die kulturellen Besonderheiten zu beachten. Ansonsten können sie bei den Kindern/Jugendlichen und auch den Pädagoginnen zu Missverständnissen führen, die die Integration des Traumas in das autobiografische Erleben erschweren.

Wichtige Bestandteile des „emotional orientierten Dialogs" sind die ‚Dokumentation', die ‚Selbstbemächtigung' der Kinder und Jugendlichen mit dem ‚Konzept des guten Grundes', das Thema ‚Trennung', ‚Partizipation und Transparenz', die ‚Biografiearbeit', die ‚Triggeridentifizierung', der ‚Umgang mit ungewöhnlichen Verhaltensweisen' und die ‚Psychohygiene' der jungen traumatisierten Menschen.

- Die **Dokumentation** gibt Aufschluss über Interventionsverläufe und erleichtert das Verständnis für die Verhaltensweisen der Kinder und Jugendlichen. In ihr findet sich optimalerweise eine ausführliche Anamnese, eine Liste der besonderen Vorkommnisse incl. deren Aufarbeitung, was zugleich auch die Identifikation von Triggern erleichtert. Auch mündlich übermittelte Informationen sollten dokumentiert werden, da sie ansonsten schnell verloren gehen.
  Häufig gestaltet sich die Anamnese der UMG schwierig: Sprachbarrieren, aber auch Ängste der Kinder und Jugendlichen, sich zu äußern, und andere Gründe verhindern Kenntnisse über das Vorleben der Bewohner_innen von Einrichtungen für UMG. Meist geben Traumatisierte durch den Aufbau eines vertrauensvollen, möglichst stabilen Kontakts nach und nach ihre Erlebnisse oder Wissen über die Familie bekannt. Eine Dokumentation ist in diesem Fall wichtig, um sozusagen Stück für Stück ein Bild des Kindes/Jugendlichen zu erhalten und damit auch entsprechend auf die teilweise irrational wirkenden Verhaltensweisen eingehen und ein Verständnis für die Betroffenen gewinnen zu können.

- Unter der Unterstützung zur **Selbstbemächtigung** ist nach W. Weiß (2011) zu verstehen, dass das Selbstverstehen, die Selbstregulation und die Körperwahrnehmung gefördert wird. Darüber hinaus wird die Selbstakzeptanz unterstützt und eine Sensibilisierung für Körperempfindungen und Gefühle findet statt.
  In der traumatischen Situation nehmen sich Betroffene als handlungsunfähig wahr. Sie erleben sich als ausgeliefert, hilflos, ohne Sicherheit und Kontrolle. Um derartige Empfindungen nicht noch einmal erleiden

zu müssen, entwickeln traumatisierte Menschen unbewusst „Schutzmechanismen" wie die Dissoziation – die Abspaltung beispielsweise der Gefühle, des Schmerzes oder auch des eigenen Körpers. Auch die kognitiven Informationsverarbeitungsprozesse sind durch die Traumatisierung beeinträchtigt. Als weitere Traumafolge kommt es u. a. häufig zu einem dauerhaft erhöhten Erregungsniveau mit Selbstregulationsproblemen. Solche Vorgänge wirken auch bei traumatisierten UMG oft unerklärlich und tief verunsichernd. Das Selbstverstehen wird gefördert, wenn diese Prozesse von den Betroffenen als zeitweise „normale Reaktionen auf eine unnormale Situation" (vgl. Fischer 2003) begriffen werden können, die beeinflussbar sind. Als hilfreich wird dabei z. B. erlebt, wenn Auslösereize für Dissoziationen oder Erregungszustände identifiziert werden können und für individuelle Erregungsabfuhr gesorgt werden kann. Die Kinder und Jugendlichen sollen auch darin unterstützt werden, sich positiven Stimuli hingeben zu können. Zur Verbesserung der Körperwahrnehmung bieten sich zahlreiche Sportarten aber auch Entspannungsübungen und vielfältige andere Interventionen an.

- Es gibt einen **guten Grund,** warum traumatisierte Kinder und Jugendlichen auf ihre Art handeln, auch wenn das Verhalten irrational und für sie selbst unverständlich sein mag. Diesen Hintergrund herauszufinden, hilft die Selbstakzeptanz zu stärken und das Verhalten, als aus der traumatischen Situation heraus erforderlich, zu erkennen. Dabei ist von Nutzen, wenn die Betroffenen wieder Zugang zu ihren Gefühlen und Körperempfindungen finden. Auch bei UMG können Pädagoginnen durch gezielte Übungen, die leicht in den Alltag eingebaut werden können, dabei unterstützen. Dabei ist offensichtlich, wie wichtig in diesen Prozessen ein vertrauensvolles Verhältnis zu den Pädagoginnen ist. Da weite Bereiche der Selbstbemächtigung mit Erklärungen – im Sinne von Psychoedukation – verbunden sind, wird auch an dieser Stelle das Handicap der fehlenden deutschen Sprache für die UMG deutlich. Dennoch sind viele Prozesse durch Illustrationen erklär- und durch Gesten darstellbar.

- Mit der Bearbeitung von **Trennung** wird in der Traumapädagogik ein Bindeglied zur selbstbestimmten Zukunft hergestellt. Dabei erschließen neue gute Beziehungen und korrigierende Erfahrungen den Sinn der Trennung. Unter Umständen ergibt sich dabei die Möglichkeit, Gewalterfahrungen anzusprechen, wobei jedoch Grenzen zu beachten sind. Grundsätzlich ist für traumatisierte Kinder und Jugendliche die Trennung vom familiären Umfeld ein häufig tabuisiertes Thema. Dies gilt auch für UMG, bei denen die Trennungsgründe ja häufig hochkomplex und emotional verwirrend sind. Oft erlebten sie intakte Familienverhältnisse, aber selbst bei schwierigen Konstellationen und gravierenden familiären Konflikten vermissen betroffene Kinder und Jugendliche immer die guten Anteile der Eltern. Traumatisierte UMG brauchen daher einen geeigneten Ort und Zeit, um ihre Verluste zu betrauern – die Verluste ihres gewohnten Umfeldes, ihrer Freundschaften etc. Es ist wichtig, ihnen diese Trauer zu lassen und sie in diesem Prozess zu unterstützen. Hilfreich ist dabei, wenn auch Enttäuschungen, Ambivalenzen, Schuld- und Schamgefühlen Ausdruck verliehen werden kann.

• Die **Partizipation** ermöglicht es, den Kindern und Jugendlichen ihre in der traumatischen Situation gemachten Erfahrungen von Ohnmacht zu korrigieren. Zudem fördert Partizipation die Selbstwirksamkeit. Sie wirkt als Schutz vor Retraumatisierungen, da bereits die Gefühle der Ohnmacht oder Hilflosigkeit als Trigger wirken können. Mit Partizipation kommt das Gefühl des Respektiert-Werdens und Ernst-Genommen-Werdens auf. Wichtig ist, die Kinder und Jugendlichen mit der Partizipation nicht zu überfordern; ihnen nicht alle Entscheidungen in Gänze zu überlassen, sondern sie dem individuellen Entwicklungsstand nach zu beteiligen. Die damit verbundenen Entscheidungen fallen bei UMG oft schwer, da ihre persönliche Reife oft inkonstant erscheint: In bestimmten Situationen wirken sie erwachsen und verantwortungsbewusst, dann wieder kindlich und verspielt. Stabilität in den Beziehungen zwischen Kind/Jugendlichen und Pädagogin erleichtert, den Entwicklungsstand angemessen einschätzen zu können.

• Auch **Transparenz** vermittelt ein Gefühl der Kontrolle und der Sicherheit, wirkt somit den Erfahrungen in der traumatischen Situation entgegen. Gerade für traumatisierte Menschen ist es wichtig, möglichst über jeden Schritt informiert zu werden, keine Überraschungen zu erleben und zu wissen, warum was gemacht wird, wer wann Dienst hat usw. Darüber Klarheit zu haben, erleichtert und stabilisiert selbstverständlich auch traumatisierte UMG.

• Die **Biografiearbeit** ist ein weiterer wertvoller Baustein in der Traumapädagogik. Damit versteht das Kind/die Jugendliche ihre eigene Geschichte und Lücken in der Biografie können gefüllt werden. Es wird dem Betroffenen ermöglicht, seine Wurzeln zu akzeptieren und seine Lebenssituation zu verbalisieren. In den Herkunftsfamilien – bei UMG oft durch Parentifizierungen und Delegationen – werden Generationsgrenzen in den Herkunftsfamilien häufig verschoben, was durch Biografiearbeit deutlich und entlastet wird. Gefühle von Schuld und Scham können aufgelöst oder zumindest reduziert werden. Eine Neuorientierung und kognitive Umstrukturierung wird unterstützt. Das Verständnis für Trennung wird erleichtert und die Kenntnis über die Herkunftsfamilie wird ausgeweitet, was dem Kind/der Jugendlichen in der eigenen Identitätsfindung hilft. Fantasie, Wünsche und Realität werden abgeglichen und der Selbstwert der Traumatisierten gesteigert. Die Variationen der Gestaltung der Biografiearbeit sind sehr vielfältig und ein kontinuierliches Arbeiten ist möglich.

Sicher ist die Biografiearbeit nicht gleich zu Beginn des Kontakts für alle UMG umzusetzen, da Sprachprobleme eine Barriere bilden. Aber auch hier ist vieles, nicht zuletzt im Sinne des Beziehungsaufbaus, über Bilder und Landkarten, das Herausarbeiten kultureller Unterschiede usw. denkbar.

- **Trigger** sind Sinneswahrnehmungen, Körperempfindungen oder Gefühle, die in irgendeiner Weise an die traumatische Situation erinnern, den Betroffenen unvermittelt dorthin zurückversetzen und zu teils heftigen Reaktionen führen können. Um dem entgegen zu wirken, ist es notwendig, derartige auslösende Reize zu identifizieren. Trigger, also Hinweisreize, sind allerdings nicht leicht zu erkennen, insbesondere dann nicht, wenn die Traumatisierung bereits zu einer Generalisierung geführt hat. Dies bedeutet, nicht nur Sinnesreize aus der traumatischen Situation lassen das Kind/die Jugendliche in die damalige Situation zurückverfallen, sondern auch in irgendeiner Weise ähnliche Reize.
  Meist sind den traumatisierten Kindern und Jugendlichen solche Auslöser nicht bewusst und sie verstehen die darauffolgenden Reaktionen nicht. Daher wissen sie, im Anschluss über die Gründe ihres Verhaltens befragt, häufig keine Antwort. Hilfreich ist daher die Dokumentation: Durch diese zeigen sich möglicherweise auch bei UMG immer wiederkehrende Situationen, Begebenheiten oder Gesten, die Konfrontation mit bestimmten Personen, eine bestimmte Redewendung oder anderes, was für die Betroffenen als Trigger fungiert. Sind die Auslöser erst identifiziert, sind die Kinder und Jugendlichen ihnen schon nicht mehr hilflos ausgeliefert und Strategien zum Umgang mit diesen Triggern können erarbeitet werden.

- Mit **Umgang mit ungewöhnlichen Verhaltensweisen** ist beispielsweise gemeint, Hilfen gegen Dissoziationen und Aggressionen zu finden, die auf dem Hintergrund der lebensgeschichtlichen Erfahrungen zu sehen sind. Wertschätzung und Verständnis sind bei der Bearbeitung dieser Verhaltensweisen unerlässlich. Auf dieser Basis erfolgt eine Überprüfung, ob die Verhaltensweisen noch nötig sind und die anschließende

Erarbeitung sinnvoller alternativer Handlungsmöglichkeiten. Auch diese traumapädagogischen Elemente sind aufgrund der oft starken psychischen Anspannung bei UMG in den sie betreuenden Einrichtungen sehr hilfreich einsetzbar.

- Unter **Psychohygiene** versteht man den psychischen Gesundheitsschutz der Traumatisierten z. B. durch das (Wieder-) Erlangen der Bedürfniserkennung, körperliche Aktivität, Entspannungsübungen, gute und genussvolle Ernährung, das Setzen positiver sensorischer Reize, Aufklärung über traumatische Prozesse, aber auch hilfreiche Übungen, um beispielsweise Dissoziationen nicht mehr ausgesetzt zu sein oder Intrusionen zu verhindern. Auch in der Arbeit mit UMG bieten sich dazu viele entlastende Möglichkeiten.

3. Säule: „geschützter Handlungsraum" (Pädagogin – Einrichtung)

Pädagoginnen, die mit traumatisierten Kindern und Jugendlichen arbeiten, sind selbst gefährdet, Schaden zu nehmen, unter einem Burn-Out zu leiden oder eine sekundäre Traumatisierung zu erleiden. Konfrontiert mit dem Leid der direkt Betroffenen, neigen sie dazu, sich selbst zu überfordern und die eigenen Grenzen zu überschreiten. Wichtige traumapädagogische Erkenntnisse zum „geschützten Handlungsraums" sind Aspekte der ‚Sachkompetenz', der ‚Selbstreflexion', der ‚Selbstfürsorge' und des ‚Teams als Kraftquelle' (Weiß 2009). Viele Inhalte der 3. Säule finden sich damit auch als Bausteine in der Arbeit mit den Traumatisierten wieder.

- Die **Sachkompetenz** der Trauma-Pädagoginnen sollte das Basiswissen der Psychotraumatologie, Kenntnisse über Entwicklungsrisiken, Entwicklungschancen und unterstützende Faktoren, ein Grundwissen über Beziehungen und Bindung sowie Reflexionsmöglichkeiten, die die Gestaltung des eigenen Beziehungsangebots zum Thema machten, beinhalten. Zudem sind elementare Kenntnisse über das Ausmaß, die Dynamik und die Folgen, sowie Täterstrategien bei sexuellem Missbrauch erforderlich. Schließlich benötigen die Pädagoginnen fundiertes Basiswissen in der Pflege der eigenen Psychohygiene sowie der Auswirkungen im Umgang mit Traumatisierten, auch traumatisierten UMG.

- **Selbstreflexion** hilft in hohem Maße, die eigenen Belastungen im traumapädagogischen Arbeitsumfeld zu reduzieren. Grundeinstellungen und Werte werden ohne Selbstreflexion leicht auf andere übertragen, weshalb eine bewusste, nicht wertende Auseinandersetzung mit der eigenen Lebensgeschichte erforderlich ist. Dabei sollten eigene Bindungsmuster erkannt werden. Eine Reflexion der persönlichen Normen bezgl. der Familie, der eigenen Einstellung zu Sexualität und Bindung, gepaart mit Offenheit, erhöht die Handlungskompetenz der Pädagoginnen. Gerade Gegenübertragungsphänomene sollten immer wieder reflektiert werden und es sollte eine arbeitsbegleitende kontinuierliche Überprüfung der Motivation bezüglich der beruflichen Situation stattfinden. Durch Selbstreflexion wird es möglich, Stellvertreterkonflikte zu erkennen. Auch die Auswirkungen der strukturellen Bedingungen in den Einrichtungen auf das eigene Handeln sind dabei zu überprüfen.

- Um als Helfer_in handlungsfähig zu bleiben, ist **Selbstfürsorge** ein maßgeblicher Baustein. Sie erfordert eine erhöhte Selbstaufmerksamkeit, die Akzeptanz von Leiden, die Wahrnehmung der beeinträchtigenden Gefühle, eine Regeneration durch körperliche Aktivität, Urlaub in ausreichender Länge mit Umgebungswechsel, eventuell auch Tätigkeitswechsel. Die Pädagoginnen sollten sich privat wie beruflich nicht überlasten. Es ist für ausreichend Schlaf, Bewegung und gute Ernährung zu sorgen. Ein kreativer Ausdruck durch beispielsweise Malen, Musizieren, Schauspielerei usw. hilft, wie auch schöne Umgebungen, Entspannung, Naturkontakt und gute Beziehungen.

- Das **Team als Kraftquelle** ist unerlässlich in der Arbeit mit Traumatisierten. Judith Herman (1997) stellte vor die Arbeit mit Traumatisierten das gute Team. Kennzeichnend ist die offene, direkte Kommunikation von Nöten, um der Geheimhaltung, Tabuisierung, Verwirrung und Spaltung, die viele Traumatisierte mitbringen und nicht anders kennen, kompetent entgegenzutreten und neue Wege aufzuzeigen. Auch die Reflexion der Übertragungs- und Gegenübertragungsphänomene dient der Handlungskompetenz des Teams. Das „Team als Kraftquelle" begegnet Verwirrung mit Fachwissen; Misstrauen mit Vertrauen; Ohnmacht mit Handlungswirksamkeit; Tabuisierung mit Enttabuisierung; Geheimhaltung mit offener Kommunikation; Willkür mit Transparenz; Verwirrung mit Klärung der unterschiedlichen Sichtweisen; Rollenkonfusion mit klaren Aufträgen; Spaltung mit gemeinsamen Sichtweisen; traumatischer Übertragung mit Erkenntnis und Selbstfürsorge und Grenzenlosigkeit mit Grenzen.

Resümee

Unter Berücksichtigung ihrer psychischen Beanspruchung, die nicht selten zu Traumafolgestörungen führt, bietet die Fachdisziplin der Traumapädagogik eine adäquate Grundlage für die Arbeit mit UMG im sozialen Kontext. Trotz Sprachbarrieren, kulturellen Unterschieden und anderen Herausforderungen können sich Fachkräfte mit traumapädagogischen Ansätzen wirksame Handlungsspielräume in ihrer Tätigkeit erschließen. Durch die strukturierten, dabei individuell anpassbaren Konzepte der Traumapädagogik vermitteln sich den betroffenen jungen Menschen essentielle Erfahrungen von Sicherheit und Stabilität, wodurch sich ihre Lebensqualität deutlich verbessern kann.

Literatur

Bausum, J./Besser, L./Kühn, M./Weiß, W. (2009): Traumapädagogik. Weinheim: Beltz Juventa.

Beckrath- Wilking, U./Biberacher, M./Dittmar, V./Wolf-Schmid, R. (2013): Traumafachberatung, Traumatherapie und Traumapädagogik. Paderborn: Junfermann Verlag.

Fischer, G. (2003): Neue Wege aus dem Trauma – erste Hilfe bei schweren seelischen Belastungen. Düsseldorf und Zürich: Patmos Verlag.

Herman, J. (2002): Narben der Gewalt. Paderborn: Jungfermann.

Kühn, M. (2006): Bausteine einer „Pädagogik des Sicheren Ortes". Merseburg: Fachtagung „Akut traumatisierte Kinder und Jugendliche in Pädagogik und Jugendhilfe".

Sänger, R. (2009): Öffentlicher Vortrag in Kooperation mit dem Mädchenhaus Kiel und Lotta e. V. „Von der Notwendigkeit eines sicheren Ortes ...". http://traumapaedagogik-bremen.de/images/pdf/Vortrag_Sicherer_Ort_Kiel.pdf (Zugriff am 20.10.2016).

Scherwath, C./Friedrich, S. (2014): Soziale und pädagogische Arbeit bei Traumatisierung. München Ernst Reinhardt Verlag.

Udolf, M. (2014): Vortrag KiTa Bremen. „Mehr Sicherheit für die Arbeit mit zutiefst Verunsicherten". http://traumapaedagogik-bremen.de/images/pdf/Vortrag_Kita_Bremen.pdf (Zugriff am 20.10.2016).

Weiß, W. (2009). Philipp sucht sein Ich. Weinheim: Beltz Juventa.

Traumapädagogik in der Praxis

Ein Boxprojekt für unbegleitete minderjährige Geflüchtete

Irina Dannert, Hossein Mehranfard

Einleitung

Seit 2008 lässt sich ein stetiger Anstieg der Kinder und Jugendlichen verzeichnen, die ohne Eltern ihre Herkunftsländer verlassen, in Deutschland Schutz suchen und einen Antrag auf Asyl stellen (Kemper/Espenhorst 2013). Die als unbegleitete minderjährige Geflüchtete bezeichneten Kinder und Jugendlichen gelten als besonders schutzbedürftig und fallen in Deutschland unter die Regularien der Kinder-und Jugendhilfe (Espenhorst 2014). Deutschlandweit stellt die steigende Zahl unbegleiteter minderjähriger Geflüchteter die örtlichen Jugendämter und Träger der Jugendhilfe vor große Herausforderungen (Bundesfachverband für unbegleitete minderjährige Flüchtlinge e.V. 2014). Denn die nötigen Aufnahmekapazitäten in Clearinghäusern und Folgeeinrichtungen und die Bereitstellung der notwendigen personellen Ressourcen, um eine angemessene Betreuung der in Obhut genommen Kinder und Jugendlichen sicherzustellen, können nicht flächendeckend gewährleistet werden. Unter dem Gesichtspunkt, dass ca. 70% der geflüchteten Kinder und Jugendlichen traumatische Erfahrungen gemacht haben, erscheint insbesondere die Umsetzung traumapädagogischer Prinzipien und Maßnahmen in ihrer Versorgung relevant. Sie ist allerdings aufgrund der schnellen Ausbaus von Unterbringungskapazitäten nur begrenzt möglich, da es infolge falscher Einschätzungen von Flüchtlingszahlen zunächst vorrangig erschien, überhaupt eine Grundversorgung sicherzustellen.

Die Unterbringungs-, also vor allem die Wohnsituation macht jedoch nur einen Teil der Lebensbedingungen im Exil aus. Wenngleich der Umsetzung traumapädagogischer Maßnahmen in stationären Wohneinrichtungen aus traumapädagogischer Sicht eine wichtige Rolle zugeschrieben wird (Dörr 2013), weist Becker (2006) zu Recht darauf hin, dass die Umsetzung dieser Prinzipien alle sozialen Bezüge umfasst, in denen sich traumatisierte Menschen bewegen. Die sozialen Bezüge klassifiziert Ottersbach (2011) in seinem Modell der Lebensbedingungen in fünf verschiedene Handlungsspielräume. Er stellt heraus, dass das Leben im Exil aufgrund der asylrechtlichen Regularien für Geflüchtete mit Einschränkungen aller gesellschaftlichen Handlungsspielräume verbunden ist. Die Unterbringung von unbegleiteten Kindern und Jugendlichen wirkt sich insbesondere einschränkend auf den *Kontakt- und Kooperationsspielraum* aus, der die Möglichkeit zur Kommunikation und Interaktion beschreibt (Glatzer/Hübinger 1990), aber auch auf den *Dispositions- und Partizipationsspielraum*, der das Ausmaß der Teilhabe, der Mitbestimmung und Mitentscheidung in verschiedenen Lebensbereichen betrifft (Ottersbach 2011). Die Einschränkungen der Handlungsspielräume stellen einen Verlust an Autonomie und Selbstbestimmung dar, der mit zusätzlichen Belastungen für die Kinder und Jugendlichen einhergehen kann. Dementsprechend dürfen im Hinblick auf ihre Stabilisierung nicht nur die Strukturen institutioneller Unterbringung fokussiert werden, sondern es müssen – insbesondere im Zusammenhang mit der Überforderung in den Bereichen der Jugendhilfe – auch außerhalb institutioneller Rahmenbedingungen sichere Orte für sie geschaffen werden, die die Verarbeitung traumatischer Erfahrungen ermöglichen und die Partizipation und Selbstwirksamkeitserfahrung in gesellschaftlichen Handlungsspielräumen fördern.

Vor diesem Hintergrund entwickelte sich in Frankfurt am Main das Konzept, diesen Kinder und Jugendlichen im Rahmen des Boxprojektes *Boxcamp Gallus* durch ein spezielles Angebot einen solchen Raum zu schaffen, der zum einen traumapädagogische Prinzipien umsetzt und zum anderen einen Partizipationsspielraum im Sinne von Ottersbach (2011) eröffnet.

Das Projekt *Boxen für unbegleitete minderjährige Flüchtlinge*

Das Projekt *Boxen für unbegleitete minderjährige Flüchtlinge* ist an das Projekt *Boxcamp Gallus* angegliedert. Das Boxcamp Gallus ist ein Projekt der *Sportjugend Frankfurt,* welches sich an Kinder und Jugendliche aus schwierigen sozio-ökonomischen Verhältnissen richtet. Insbesondere soll es Kindern mit Störungen der Impulskontrolle, die durch fremdaggressives Verhalten auffallen und häufig von Stigmatisierungen und gesellschaftlicher Isolation bedroht sind, einen Raum geben, in dem sie zum einen durch das Boxen lernen, aggressive Impulse abzubauen und die damit verbundene Energie gezielt in körperliche Aktivität umzuwandeln. Unter Einbeziehung der Bezugs- und Betreuungspersonen wird zum anderen mit den Kindern und Jugendlichen erarbeitet, wodurch ihre Verhaltensweisen ausgelöst werden und welcher Veränderungen es bedarf, um zukünftig aggressive Verhaltensweisen zu vermeiden. Die sportlichen Leistungen sollen sie dazu befähigen, ihre eigene Selbstwirksamkeit zu erleben (Mehranfard 2014).

Da die erlebte Ausgrenzung häufig eine große Problematik darstellt, hat sich das Boxcamp zur Aufgabe gemacht, die Kinder und Jugendlichen mit ihren Verhaltensauffälligkeiten anzuerkennen und ihnen ein ganzheitliches Betreuungsangebot zu bieten, das über das eigentliche Boxtraining hinausgeht. So erhalten sie neben dem Boxtraining eine Unterstützung im schulischen Bereich und bei der Erarbeitung beruflicher Perspektiven, außerdem werden täglich warme Mahlzeiten angeboten, die das Gruppen- und Zugehörigkeitsgefühl stärken und einen Raum für gemeinsame Gespräche bieten.

Die Kombination aus Boxen als Emotionsregulation von Wut, die eine Anerkennung findet, und Boxen als Sport, der, um sportliche Erfolge zu erreichen, große Disziplin und Trainingskontinuität erfordert, scheint sich gut zu eignen, um Kinder und Jugendliche über einen langen Zeitraum zu binden, so dass sie das Projekt als eine Konstante in ihrem Leben erleben können. Seit dem Beginn des Projektes hat sich gezeigt, dass die erlebte Akzeptanz ihrer Person und zurückgewonnenes Selbstvertrauen die Kinder und Jugendlichen dauerhaft dazu befähigen kann, fremdaggressives Verhalten aufzugeben und einen Platz in der Gesellschaft zu finden.

Durch die Schaffung von Clearinghäusern für unbegleitete minderjährige Geflüchtete im benachbarten Stadtteil Frankfurt-Gallus konnten die Verantwortlichen des Boxprojektes einen gesonderten Bedarf an Unterstützung der geflüchteten Kinder und Jugendlichen feststellen, so dass ein eigenes Konzept und ein Trainingsprogramm entwickelt wurden, in denen ihre speziellen Bedürfnisse berücksichtigt werden.

Das Boxprojekt umfasst ein wöchentliches Training für drei Stunden, an dem ca. 25 Kinder und Jugendliche alleine oder mit den Betreuer_innen der Einrichtungen teilnehmen können. Nach dem Training gibt es die Möglichkeit, mit den anderen Kindern und Jugendlichen gemeinsam am freien Training teilzunehmen. Die Teilnahme an dem Projekt ist mit der Aussicht verbunden, nach dem Erwerb grundlegender Boxfertigkeiten zum regulären Training zugelassen zu werden. Das gesonderte Projekt erscheint jedoch zunächst wichtig, um den Kindern und Jugendlichen einen sicheren Raum zu bieten, in dem sie die Möglichkeit erhalten, ihre deutschen Sprachfähigkeiten zu verbessern, insbesondere Begriffsbestimmungen der sportlichen Übungen zu erlernen und Erfahrungen mit den Trainingsabläufen zu sammeln, ohne dem Druck des Vergleichs mit den anderen Trainingsteilnehmer_innen ausgesetzt zu sein. Außerdem bietet das Training in einer kleinen Gruppe eine bessere Möglichkeit des Kennenlernens der Strukturen und des intensiveren Austauschs mit den Trainer_innen. Dies soll das gegenseitige Vertrauen fördern.

Neben dem wöchentlichen Training erhalten die Teilnehmer_innen die Möglichkeit, an den Veranstaltungen des Boxcamps wie beispielsweise Boxturnieren oder gemeinsamen Grillabenden sowie der Hausaufgabenbetreuung teilzunehmen.

Ein weiterer wichtiger Aspekt stellt der Kontakt zu den Wohneinrichtungen und insbesondere zu den Betreuer_innen der Kinder- und Jugendlichen dar, die nur teilnehmen können, wenn ihre gesetzlichen Vormünder dem Training zustimmen.

Das Boxprojekt als sicherer Ort

Kühn (2009) beschreibt den generellen Auftrag traumapädagogischer Arbeit als die Wiederermöglichung einer umfassenden Teilhabe an sozialen, Bildungs- und gesellschaftlichen Prozessen.

In Bezug auf geflüchtete Personen gilt generell, dass nicht nur eine Wiederermöglichung von Teilhabe und Partizipation fokussiert werden muss, sondern dass es vielmehr überhaupt erst um die Ermöglichung der sozialen und gesellschaftlichen Teilhabe sowie der Teilhabe an Bildung geht. Das Boxprojekt als außerinstitutionelle Einrichtung stellt demnach für die Kinder und Jugendlichen einen Zugang zu *Lern und Erfahrungsspielräumen* dar, welche durch die Möglichkeiten der Entfaltung und Realisierung von Interessen determiniert werden, sowie zu dem sogenannten *Muße- und Regenerationsraum*, der die Möglichkeit des Ausgleichs psycho-physischer Belastungen durch Freizeitmaßnahmen beinhaltet (Klatzer/Hübinger 1990).

Die explizite Umsetzung traumapädagogischer Prinzipien im Rahmen des Boxprojektes orientiert sich an der *Pädagogik des sicheren Ortes* (Kühn 2009).

Hinter dem Konzept des *sicheren Ortes* steht die Annahme, dass der durch traumatische Ereignisse „erfahrene Verlust von Sicherheit in der Welt als einem sicheren Ort die Wahrnehmung eines inneren Sicherheitsgefühls des individuellen Selbst nachhaltig zerstört" (Kühn 2009, S. 31). Um diese Erfahrung überwinden zu können und einen inneren sicheren Ort zurückzuerlangen, bedarf es nach Kühn eines äußeren sicheren Ortes, „welcher durch verlässliche, einschätzbare und zu bewältigende Lebensraum- und Alltagsbedingungen geprägt ist" (Kühn 2009, S. 32).

Da aufgrund äußerer Rahmenbedingungen wie ungeklärtem Aufenthaltsstatus, fehlender Sicherheit der schulischen und beruflichen Perspektiven und der Vorgaben zur Unterbringung, welche mit Verlegungen einhergehen können, die Lebensbedingungen von geflüchteten Menschen im Gesamten nicht als sicherer Ort zu betrachten sind, erscheint es besonders wichtig, für die betroffenen Kinder und Jugendlichen sichere Orte zu installieren.

Nach Kühn (2009) basiert die Pädagogik des inneren sicheren Ortes auf drei Säulen. Die Säulen des Aufbaus eines *sicheren Orte*s und eines *emotional orientierten Dialogs* können im Rahmen des Boxprojektes umgesetzt werden. Zur Säule des sicheren Ortes zählen die *äußeren Bedingungen, Gewaltfreiheit, die äußere Gestaltung der Einrichtung* und *der Einrichtungsrahmen.*

Auf die *äußeren Bedingungen* kann das Boxprojekt nur bedingt Einfluss nehmen. Es kann als externe Einrichtung durch eine konstante Anbindung als verlässliches Angebot beschrieben werden, das den zum Teil unvorhersehbaren Lebensbedingungen entgegensteht. Bei Kindern und Jugendlichen, die regelmäßig am Training teilnehmen und dieses als Konstante in ihrem Leben wahrnehmen, wird gemeinsam mit Betreuer_innen und Vormündern versucht, eine weitere Unterbringung der Betroffenen im Raum Frankfurt einzufordern, um auch eine äußere Kontinuität zu fördern. Gelingt dies nicht, wird versucht, einen Kontakt zu Folgeeinrichtungen aufzunehmen, um den Kindern und Jugendlichen eine weitere Teilnahme am Training zu ermöglichen, oder es wird nach einer Perspektive gesucht, die Betroffenen in Projekte in anderen Regionen anzubinden. Wenn keine weitere Projektteilnahme möglich ist, werden die Kinder und Jugendlichen dazu ermutigt, weiterhin an angebotenen Turnieren bzw. Freizeitaktivitäten teilzunehmen, um ihnen eine weitere Anbindung an das Projekt zu ermöglichen.

Als weiteres wichtiges Element des sicheren Ortes gilt die *Gewaltfreiheit*; im Umgang miteinander soll es weder zu emotionaler, verbaler noch körperlicher Gewalt kommen. Dies gehört zu den Grundprinzipien des Boxsportes. Der Boxsport ist ein Sport, zu dessen Grundwerten *Respekt, Toleranz und Fairness* zählen. Nur wer dies bei Boxkämpfen umsetzen kann, kann auf sportlicher Ebene dauerhaft bestehen, da sonst ein Ausschluss aus dem olympischen Boxverband droht (DBV 2014). Nicht nur die drohenden Konsequenzen motivieren die Teilnehmer_innen zur Umsetzung von Gewaltfreiheit, der Boxsport als solcher stellt ein gutes Mittel dar, um die Wut, die häufig gewalttätigem Verhalten vorausgeht, abzubauen. Van der Kolk (1995) schreibt dem Abbau von Wut, die durch traumatische Erfahrungen ausgelöst wird, eine wichtige Rolle zu, da „Wut den Umgang eines Menschen mit Stress nachhaltig beeinflussen, sein Selbstgefühl beeinträchtigen und die Wahrnehmung der Welt als einen im Wesentlichen sicheren und verlässlichen Ort empfindlich stören kann" (ebd., S. 31). Ein Abbau von Wut unterstützt demnach nicht nur den Weg zur Gewaltfreiheit, sondern kann auch zu einem besseren Selbstgefühl beitragen, da die Betroffenen das Gefühl bekommen, die Kontrolle über ihre Impulse zurückzugewinnen.

Bei geflüchteten Kindern und Jugendlichen kann die Wut zum einen aus traumatischen Erinnerungen und dem Gefühl, verrückt zu werden, stammen. Zum anderen berichten die Betroffenen häufig über eine Wut, die sich auf ihre aktuelle Lebenssituation und insbesondere die Asylgesetze bezieht. Sie erleben das Leben im Exil, insbesondere die Einschränkung ihrer Handlungsspielräume (Zugang zu Bildung, Sport, dem Arbeitsmarkt, Kontakt zu Personen im Exil) als ungerecht. Dementsprechend kann sich die Wut sowohl gegen die eigene Person als auch gegen die Umgebung und andere Personen richten.

Das Boxen bietet die Möglichkeit, Wut direkt abzubauen. Das gezielte Schlagen und das Aushalten von hohen körperlichen Belastungen können als Ventil für Wut betrachtet werden. Insbesondere durch Partnerübungen lernen die Betroffenen, Kraft und Können gezielt einzusetzen und auch bei erlebter Provokation konzentriert zu agieren. Der Sport kann hierbei auch das beeinträchtigte Selbstbild (van der Kolk 1995) positiv beeinflussen.

Wenn es zu gewalttätigem Verhalten kommt, wird der Kontakt zu den Betreuer_innen der Kinder und Jugendlichen gesucht und versucht, in gemeinsamen Gesprächen Auslösereize aufzudecken, da ihnen diese häufig nicht bewusst sind. Hierbei wird ihnen die Möglichkeit gegeben, diese wutauslösenden Momente wahrzunehmen und zu benennen und diese schließlich anzuerkennen. Als gemeinsames Ziel soll erarbeitet werden, wie sie sich vor Auslösesituationen schützen und wie sie bei einer Konfrontation die Kontrolle beibehalten können.

Die *äußere Gestaltung der Einrichtung* ist funktionsbezogen, d.h. so gestaltet, dass der Raum zum Ausüben des Boxsportes optimal genutzt werden kann. Um das Gruppengefühl zu stärken, befindet sich im Eingangsbereich eine abgetrennte Sitzecke, in der auch die gemeinsamen Mahlzeiten eingenommen werden. Außerdem gibt es ein Büro, das sich in Sichtweite des Trainingsraums befindet. Das Büro ist lediglich durch Glaswände abgetrennt, so dass eine Transparenz der dort ablaufenden Aktivitäten besteht und es direkt zu sehen ist, welche der Trainer_innen anwesend ist. Gleichzeitig kann das Büro als geschützter Raum betrachtet werden, der nicht jederzeit von jeder Person zugänglich ist und in welchem unter Wahrung der Privatsphäre Gespräche geführt werden können. Täglich werden Trainingsteilnehmer_innen bestimmt, die nach dem Training und den Mahlzeiten dafür verantwortlich sind, den Trainingsbereich und den Essbereich aufzuräumen. Dies soll zum einen verdeutlichen, dass man seine Umwelt selbst aktiv gestalten kann; zum anderen aber auch, dass Gruppenmitglieder sich gegenseitig unterstützen können. Eine Verteilung der Aufgaben impliziert, dass nicht jede allein so viel Verantwortung tragen muss.

Entsprechend der traumapädagogischen Prinzipien sind die *Einrichtungsbedingungen* durch klare verlässliche Zuständigkeiten, geringe Fluktuation und verlässliche Tagesstrukturen geprägt (Kühn 2009).

Zu Beginn der Projektteilnahme werden den Jugendlichen die verantwortlichen Trainer_innen vorgestellt und es wird erklärt, wer zu welchen

Zeiten das Training leitet. Den Jugendlichen werden die Kontaktdaten der Trainer_innen ausgehändigt, so dass sie sich nach Ausfällen erkundigen, aber auch selbstständig absagen können. Nach einem Probetraining werden den Teilnehmer_innen die Regeln des Boxprojektes erläutert. Als wichtigste Grundsätze des Miteinanders gelten hierbei „Fairness, Toleranz und Respekt". Die pädagogische Haltung der Trainer_innen bezieht sich hierbei auch auf die Toleranz traumabedingten Verhaltens. Es wird versucht, diese den Kindern und Jugendlichen durch den Anspruch, alle Menschen als gleichwertig zu betrachten, zu vermitteln. Es wird mit ihnen besprochen, was sie unter diesen Begrifflichkeiten verstehen, und warum sie diese als wichtig erachten. Die angestrebte Gewaltfreiheit wird thematisiert und es wird erläutert, dass Boxtechniken nicht außerhalb des Sportes angewendet dürfen. Außerdem wird ihnen das Begrüßungs- und Abschiedsritual vermittelt, jede sollte beim Betreten der Räumlichkeiten begrüßt werden, so dass auch neue Trainingsteilnehmer_innen direkt das Gefühl bekommen, willkommen zu sein. Das Boxprojekt ist als niederschwelliges Angebot zu verstehen, so dass die Teilnahme kostenlos ist und auf ein aufwendiges Anmeldungsverfahren verzichtet wird; es ist lediglich eine Einverständniserklärung der Erziehungsberechtigten vorzulegen. Von den Teilnehmer_innen wird eine regelmäßige Teilnahme erwünscht; wenn sie aufgrund starker Belastungen über einige Zeit jedoch nicht am Training teilnehmen können, ist ein Wiedereinstieg jederzeit möglich. Das Motto, das die Arbeit des Projektes prägt und das den Teilnehmer_innen durch eine offene Grundhaltung vermittelt wird, lautet: „Es ist egal, woher du kommst und wer du bist, wir schaffen es gemeinsam". Auch wenn Boxen im klassischen Sinne eine Einzelsportart ist, gelingt das Erlernen boxerischer Fähigkeiten nur durch Teamarbeit und gezielte Partnerübungen, die ein gegenseitiges Vertrauen voraussetzen, da nur so Verletzungen vermieden werden können.

Die Säule des *emotional-orientierten Dialogs* findet im Boxprojekt dahingehend Beachtung, dass durch körperliche Aktivität versucht wird, den betroffenen Kindern und Jugendlichen einen ressourcenorientierten Bezug zu sich selbst zu ermöglichen. Wie unter dem Aspekt der Gewaltfreiheit bereits erläutert, werden insbesondere aggressive Impulse funktional betrachtet. Deren Funktionalität und Auslöserzusammenhang wird mit den Betroffenen erarbeitet. Das Gruppengefüge und die Möglichkeit zu Krisengesprächen mit den Trainer_innen geben den Kindern und Jugendlichen das Gefühl, gehört zu werden, so dass sie die Möglichkeit bekommen Vertrauen aufzubauen. Die Verantwortlichen des Boxprojektes handeln nach dem Anspruch, Regelverstöße nicht mit einem Projektausschluss zu ahnden, sondern nach dem *Prinzip des Guten Grundes* (Weiß 2009) zu betrachten und – zusammen mit den Bezugspersonen – nach den Ursachen zu suchen. Kommt es dennoch zu wiederholtem fremdaggressiven Verhalten, ist zunächst ein Ausschluss vom eigentlichen Training die Konsequenz, wobei die Kinder- und Jugendlichen jedoch dazu angehalten werden, weiterhin am gemeinsamen Essen teilzunehmen.

Dieser Säule kann auch das Konzept der *Selbstbemächtigung* nach Weiß (2009) zugeordnet werden. Danach zählen zur Selbstbemächtigung die

- Unterstützung der Selbstakzeptanz
- Sensibilisierung für Körperempfindungen und Gefühle
- Förderung des Selbstverstehens, der Selbstregulation und der Körperwahrnehmung.

Wie oben dargestellt, ermöglicht der Boxsport den Kindern und Jugendlichen eine Sensibilisierung für ihre Körperempfindungen und Gefühle. Das Training sorgt für eine individuelle Energieabfuhr und ermöglicht es, die insbesondere durch Wut ausgelöste Energie produktiv zu nutzen. Durch die Identifizierung von Auslösereizen kann mit den Kindern und Jugendlichen erarbeitet werden, wie sie diese umgehen können, um nicht wiederholte Kontrollverluste zu erleiden. Durch sportliche Leistung und die Zugehörigkeit zu einer auf Vertrauen basierenden Gruppe wird außerdem die Selbstakzeptanz gefördert.

Neben der Umsetzung der oben genannten traumapädagogischen Prinzipien bietet das Boxprojekt die Möglichkeit eines interkulturellen Austausches und des Kennenlernens der deutschen Gesellschaft unter kultursensiblen Aspekten.

Im Boxcamp Gallus trainieren Kinder und Jugendliche aus insgesamt 26 Herkunftsländern, zum Teil mit Fluchterfahrungen, aber auch Kinder- und Jugendliche, die in Deutschland in der zweiten oder dritten Generation als Kinder von Eltern bzw. Großeltern mit Migrationshintergrund aufwachsen. In der Regel haben sie alle Erfahrungen mit Ausgrenzungen aufgrund ihrer Herkunft gemacht. Im Boxprojekt lernen sie, dass sie mit diesen Erfahrungen nicht alleine sind, und dass es wichtig ist, anderen Menschen ohne Vorurteile und stigmatisierende Einstellungen zu begegnen. Nur so ist das gemeinsame Sporttreiben möglich. Sie lernen außerdem, dass dabei nur wenig verbale Sprache benötigt wird, um sich zu verständigen; dies mindert die Hemmschwelle, mit anderen Personen in Kontakt zu treten und Deutsch zu sprechen, auch wenn es fehlerhaft ist.

Da die Trainer_innen zum Teil selbst Fluchterfahrungen bzw. einen Migrationshintergrund haben, können sie sich teilweise in der Muttersprache mit den Kindern und Jugendlichen verständigen und sind sich aufgrund ihrer eigenen Lebensgeschichte der Schwierigkeiten eines kultursensiblen Umgangs bewusst. Sie können aufgrund eigener Erfahrungen des

Lebens im Exil eine gute Verbindungsperson zum Leben in Deutschland darstellen.

Die Erfahrung hat außerdem gezeigt, dass insbesondere Kinder und Jugendliche aus Afghanistan, dem Iran und Irak in ihren Herkunftsländern Kampfsport wie Boxen, Karate oder Taekwondo betrieben haben, so dass ihnen das Projekt ermöglicht, bereits erlernte Fertigkeiten abzurufen und zu verbessern. Kinder und Jugendliche, die in ihrem Leben traumatische Erfahrungen gemacht haben, berichten häufig davon, Erlerntes vergessen zu haben und aufgrund von Traumafolgestörungen unter Konzentrationsschwierigkeiten zu leiden. Somit kann ihnen die Erfahrung, Erlerntes zu reaktivieren und darüber eine Anerkennung zu finden, dazu verhelfen, sich nicht mehr als Versager_innen wahrzunehmen, sondern verlorengegangenen Stolz der eigenen Person gegenüber zurückzugewinnen.

Eine Falldarstellung: Ahmad

Ahmad (Name geändert) ist im Jahr 2013 im Alter von 16 Jahren wegen der erlebten Bedrohung durch die Taliban aus Afghanistan nach Deutschland geflohen. Nach seiner Ankunft lebte er für ca. eineinhalb Jahre in einer Clearingeinrichtung in Frankfurt.

Einen Monat nach seiner Ankunft in Deutschland kam Ahmad zum ersten Mal ins Boxprojekt. Er hatte zuvor in seiner Wohneinrichtung unter Begeisterung davon berichtet, in Afghanistan bereits Kickboxen betrieben zu haben, so dass ihm seine Betreuer_innen von der Möglichkeit erzählten, sein altes Hobby hier wieder aufnehmen zu können.

Zum Zeitpunkt des ersten Trainings verfügte er über keine Deutschkenntnisse und wirkte sehr zurückgezogen. Er konnte jedoch schnell für sich feststellen, dass es zum gemeinsamen Sport nicht viel Sprache braucht. Ahmad fand Vertrauen und schilderte, dass die Zeit während des Trainings für ihn eine Normalität darstelle, da es egal schien, woher er kommt und welchen Aufenthaltsstatus er besitzt. Durch die körperliche Aktivität habe er seine Sorgen vergessen können. Ahmad schilderte wiederholt starke Belastungen, Schlafprobleme und Alpträume, insbesondere schien er unter der Trennung von seiner Familie und Freunden und den Sorgen um deren Leben zu leiden. Er brachte seine Verzweiflung über das Gefühl, dass sein Leben stagniert, zum Ausdruck. Wegen Konzentrationsschwierigkeiten hatte er große Probleme die deutsche Sprache zu erlernen. Ein Schulbesuch an einer Regelschule war nicht möglich und er fühlte sich von der Gesellschaft isoliert.

Der Chef-Trainer wurde sehr bald zu einer wichtigen Bezugsperson, da sich Ahmad mit ihm in seiner Muttersprache verständigen konnte. Er motivierte Ahmad zur regelmäßigen Trainingsteilnahme, so dass dieser sich nach wenigen Wochen als Teil des Teams sehen konnte. Aufgrund schneller Trainingserfolge blühte Ahmad auf und erzählte freudig von seinem gestärkten Selbstgefühl. Das zunehmende Zugehörigkeitsgefühl zum Team und die Anwesenheit weiterer Jugendlicher aus Afghanistan verminderten die Scham, Deutsch zu sprechen, so dass er mit den anderen Teilnehmer_innen in einen besseren Austausch kommen konnte. Er entschied, das Boxen als Leistungssport betreiben zu wollen und wirkte sehr glücklich, als Teil des Wettkampfteams aufgenommen zu werden. Ahmads Erfolge bei Wettbewerben und die damit verbundene Anerkennung durch andere Teammitglieder erfüllten ihn mit Stolz.

Als Teil einer Verselbständigungsmaßnahme konnte er im Dezember 2014 eine eigene Wohnung in Frankfurt beziehen, in welcher er noch heute lebt. Mit dem Umzug in die eigene Wohnung war es ihm möglich, die Hauptschule zu besuchen. Diese Veränderungen nahm er zunächst als positiv wahr. Er erzählte freudig, dass er das Gefühl habe ein normaleres Leben zu führen und in der eigenen Wohnung zu Ruhe kommen zu können. Im Hinblick auf die Verselbständigung schilderte Ahmad jedoch eine zunehmende Ambivalenz, sowohl das selbstständige Leben als auch der Schulbesuch ängstigten ihn und schienen zu Versagensängsten zu führen. Er sagte wiederholt, dass er sich überfordert fühle. Als Unterstützung erhielt er im Projekt die Möglichkeit, an der Hausaufgabenhilfe teilzunehmen. Dies nahm er dankend an.

Um einen Ausgleich zu finden, versuchte er, weiterhin regelmäßig zu trainieren, was aufgrund von Nachhilfeunterricht jedoch nicht immer möglich war. In dieser Zeit waren Tendenzen des Rückzugs spürbar. Er wirkte im Affekt gemindert und wirkte verzweifelt, als er über seine erlebte Traurigkeit und die Wut auf das Leben im Exil spricht. Die Nachricht vom Tod seines Vaters Ende 2014 beschrieb er als Schock und nicht begreifbar. Sie führte zu einer psychischen Dekompensation. Seine Rückzugstendenzen verstärkten sich, depressive Symptome wurden sichtbar. Er berichtete davon, nach Afghanistan zurückkehren zu wollen, da er das Leben in Deutschland nicht mehr ertrage: „Manchmal war ich so richtig wütend und wollte wieder nach Afghanistan gehen, aber meine Betreuerin und die Trainer haben zu mir gesagt, dass ich hier bleiben soll". Es erfolgte eine therapeutische Anbindung.

Im Rahmen des Projektes fand eine gemeinsame Herausarbeitung seiner Ressourcen und aktuellen Bedürfnisse statt, welche Ahmad nicht bewusst waren. Ahmad berichtete davon, für eine regelmäßige Teilnahme am Training keine Energie zu haben, so dass er für einige Monate nur am gemeinsamen Essen oder Freizeitaktivitäten teilnahm.

Kurz vor seinen Abschlussprüfungen zum Hauptschulabschluss begann er, wieder am Training teilzunehmen und trainiert seitdem kontinuierlich. Er berichtete, dass er den Sport brauche, um seine Wut abzubauen und die Traurigkeit und Ohnmacht, die mit dem Tod seines Vaters verbunden ist, zu vergessen. Die körperliche Aktivität half ihm auch, sich in der Schule wieder besser konzentrieren zu können. Insbesondere das Gefühl, weiterhin Teil der Mannschaft zu sein, bestärkte ihn darin, nicht aufzugeben.

Heute sagt er, dass er durch das Boxen den Willen entwickelt habe, nicht aufzugeben. Das Boxprojekt ermöglichte Ahmad einen Zugang zu *Lern- und Erfahrungsspielräumen* und *Muße- und Regenerationsräumen* und stellte somit einen ersten Kontakt zur deutschen Gesellschaft dar. Im Chef-Trainer sieht er eine Ersatz-Vaterfigur, die ihn seit Beginn seines Lebens in Deutschland begleitet. Freudig erzählt er, dass die anderen Teammitglieder wie seine zweite Familie sind und dass er sich beim Boxen sicher fühlt. Der Sport hat ihm das Gefühl, die Kontrolle über sein Leben zu haben, zurückgegeben. Heute trainiert er vor allem wegen der Freude am Sport, das Boxen hilft ihm jedoch weiterhin auch dabei, seine Gefühle zu kontrollieren „Jetzt bin ich auch traurig wegen meinem Vater und es geht nicht aus meinem Kopf, deswegen boxe ich immer noch".

Im Anschluss an seinen erfolgreichen Hauptschulabschluss vermittelten ihm Trainer_innen des Projektes eine Praktikumsstelle. Ahmad besucht mittlerweile die Realschule, was er als persönlichen Erfolg bewertet. Die Ankunft seiner Mutter und seiner Schwester im November 2015 in Deutschland beschreibt er als einen der glücklichsten Momente in seinem Leben in Deutschland. Sie ging mit einer enormen Entlastung einher, welche zu einem Rückgang von Traumasymptomen, insbesondere den Konzentrationsschwierigkeiten und den Schlafproblemen, führte.

Zusammenfassung

Zusammenfassend lässt sich feststellen, dass es aufgrund der aktuellen Versorgungssituation von unbegleiteten minderjährigen Geflüchteten elementar erscheint, für die betroffenen, potentiell traumatisierten Kinder und Jugendlichen außerhalb der stationären Wohneinrichtungen sichere Orte zu schaffen.

Das vorgestellte Boxprojekt kann als ein solcher sicherer Ort verstanden werden, der durch Kontinuität, Verlässlichkeit und Vorhersehbarkeit geprägt ist. Das Boxen bietet den Betroffenen die direkte Möglichkeit, ihre Wut abzubauen und in sportliche Leistung umzuwandeln. Darüber hinaus fördert das ganzheitliche Konzept, welches die Kooperation mit Betreu-er_innen und Institutionen, schulische Förderung und gemeinsame Aktivitäten außerhalb des Trainings beinhaltet, die Teilhabe am gesellschaftlichen

Leben, da es den Kindern und Jugendlichen den Zugang zu neuen Handlungsspielräumen ermöglicht. Das Boxprojekt hat sich als Ziel gesetzt, den Betroffenen ein Stück weit die Kontrolle über ihre Gefühle und somit ihr Leben zurück zu geben. Hierdurch fühlen sich die Kinder und Jugendlichen in ihren Bedürfnissen ernst genommen.

Ein gewonnenes Zugehörigkeitsgefühl und das Gefühl „Ich kann etwas", das angesichts sportlicher Entwicklungen entsteht, tragen zu einer Selbstwertsteigerung bei, die zu einer Stabilisierung der Kinder und Jugendlichen führen kann.

Literatur

Becker, D. (2006): Die Erfindung des Traumas – verflochtene Geschichten. Freiburg: Edition Freitag.

Bundesamt für Migration und Flüchtlinge (BAMF) (2014): Aktuelle Zahlen zu Asyl. Bundesamt für Migration und Flüchtlinge.

Deutscher Boxsport Verband (DBV) (2014): Wettkampfbestimmungen des Deutschen Boxsport-Verbandes. www.box-sport-verband.de/wp.../WB-Endfassung-vom-21-06-2014.pdf (Zugriff am 10.05.2016).

Espenhorst, N. (2014): UmF in der Kinder- und Jugendhilfe – Rechtliche Grundlagen und wegweisende Praxis. Berlin: Bundesfachverband Unbegleitete Minderjährige Flüchtlinge e.V.

Glatzer, W./Hübinger, W. (1990): Lebenslagen und Armut. In: Döring, D./Hanesch, W. (Hrsg.): Armut im Wohlstand. Frankfurt am Main: Suhrkamp Verlag. S. 31-56.

Kemper, T./Espenhorst, N. (2013): Gekommen, um zu bleiben? Berlin: Bundesfachverband Unbegleitete Minderjährige Flüchtlinge e.V.

Kühn, M. (2009): "Macht eure Welt endlich wieder mit zu meiner!" Anmerkungen zum Begriff der Traumapädagogik. In: Bausum, J./Besser, L./Kühn, M./Weiß, W. (Hrsg.): Traumapädagogik: Grundlagen, Arbeitsfelder und Methoden für die pädagogische Praxis. Weinheim und Basel: Juventa. S. 23-36.

Mehranfard, H. (2004): Projekt: Boxcamp Gallus - Konzept. Unveröffentlichtes Manuskript.

Ottersbach, M. (2011): Zur Lage der Flüchtlinge in Köln. In: Ottersbach, M./Prölß, C.-U. (Hrsg.): Flüchtlingsschutz als globale und lokale Herausforderung. Wiesbaden: VS Verlag für Sozialwissenschaften. S. 145-168.

Van der Kolk, B. A. (1995): Psychologische, biologische und soziale Aspekte der PTBS. http://www.traumatherapie.de/users/vanderkolk/kolk1.html (Zugriff am 01.05.2016).

Weiß, W. (2009): Wer macht Jana wieder ganz? Über Inhalte von Traumabearbeitung und Traumaarbeit. In: Bausum, J./Besser, L./Kühn, M./Weiß, W. (Hrsg.): Traumapädagogik: Grundlagen, Arbeitsfelder und Methoden für die pädagogische Praxis. Weinheim und Basel: Juventa. S. 13-22.

Erfahrungen aus der Praxis einer Frankfurter Aufnahmeeinrichtung

Rüdiger Niemann im Gespräch mit Ilka Quindeau

Gegenwärtige Herausforderungen und rechtliche Veränderungen

Was halten Sie gegenwärtig für die größten oder dringendsten Herausforderungen und Schwierigkeiten im Bereich des Clearing Verfahren minderjähriger Flüchtlinge?

Der aktuelle Stand des Clearing Verfahrens ist, dass innerhalb von wenigen Wochen nach der Ankunft in der Kommune geklärt wird, ob ein Klient verlegungsfähig ist. Das heißt, es wird geguckt, ob er krank ist, was die Verlegung verhindert, und es wird geguckt, ob er Verwandte vor Ort oder in der Region hat, so dass er in der Stadt bleiben muss. Schnell wird eine ärztliche Untersuchung vorgenommen und der Gesundheitszustand erfasst. Das Ergebnis der Untersuchung der Verlegungsfähigkeit wird dem Regierungspräsidium gemeldet. Im Prinzip geschieht die Verlegung nach ca. vier Wochen – so jedenfalls der Stand 25.05.2016 in Frankfurt am Main.

Das geht aber relativ schnell, noch vor einem halben Jahr war das deutlich langsamer. Woran liegt das? Was hat sich verändert?

Zum 01.11.2015 ist eine neue gesetzliche Grundlage eingeführt worden, seitdem gibt es § 42a: Die vorläufige Inobhutnahme, die auch als Sonderweg der Jugendhilfe im Vergleich zum § 42 KJHG beschrieben wird. Mit der Gesetzesänderung müssen alle Kommunen zugewiesene Klienten aufnehmen und auch die Infrastruktur bereitstellen. Vor dem 01.11.2015 war es – etwa innerhalb von Hessen – so, dass viele Kommunen keine Klienten, keine Flüchtlinge aufgenommen haben, so dass es einen sogenannten Stau gab. Das heißt dass die Klienten in einigen Einrichtungen sehr lange – 6 Monate, 8 Monate, bis hin zu einem Jahr – geblieben sind. Das war ein prolongiertes Clearingverfahren bzw. das Clearingverfahren war schon nach einer gewissen Zeit abgeschlossen, blieb aber ohne folgende Verlegung. In unserer Einrichtung haben wir dann diese Zeit genutzt und viele Klienten in Regelschulen oder unser Lernzentrum eingeschult und haben externe Sprachkurse, insbesondere Alphabetisierungskurse, gebucht. Die Einschulung ist zunächst nicht auf umfassende Gegenliebe gestoßen, weil andere Akteure die Verlegung der Klienten erwarteten. Allerdings galt für uns – zusammen mit den Schulen in Frankfurt – die Schulpflicht und erweiterte Schulpflicht in Berufsschulen! Ein Teil unserer Klienten ist dann auch erfolgreich zur Schule gegangen und hat – wenn es zeitlich gepasst hat – nach einem Jahr einen Schulabschluss gemacht, andere haben einen Realschulabschluss nachgeholt, wieder andere eine Ausbildung angefangen. Dadurch wurde also nicht nur die Zeit genutzt, sondern auch die Energie: Viele Klienten, die ankommen, haben Ziele, die sie erreichen wollen, und Vielen ist klar, dass Bildungspartizipation der erste Schritt hin zu diesen Zielen ist – also zunächst die Sprache erlernen oder einen Schulabschluss machen. Wir haben auch die Erfahrung gemacht, dass – wenn wir da nichts bieten, also diese Energie nicht aufnehmen können – die Klienten in ein ziemliches Loch fallen. In der Regel schien es mir, dass sich das Loch in Form zahlreicher somatischer Erkrankungen oder Erkrankungsgefühle zeigte; wir haben Klienten gehabt, die Arzttermine mit 17 Jahren hatten, die man vielleicht als Achtzigjähriger Mensch haben kann; eine gigantische Frequenz von Arztterminen… Ich glaube, dass das eine Situation ist, in der man unheimlich in den eigenen Körper hineinhört, wo alles weh tut und dauernd etwas Neues spürbar ist. Letztlich war es auch oft so, dass diese somatischen Schmerzen unmittelbar nach der Einschulung aufgehört haben.

Das ist ja ein interessantes Phänomen; als Psychologin würde ich zunächst denken, dass psychische Konflikte somatisiert werden …
Denke ich auch, aber zumindest die somatischen Leiden haben sich sehr stark reduziert, wenn die Leute in der Schule waren. In der Schule haben sie natürlich unterschiedliche Erlebnisse gehabt: Mal ist man zu hoch, mal zu niedrig eingestuft, mal fällt einem ein, dass man das alles schon in der Schule hatte und es langweilig ist. Dann gibt es auch Leute, die eine variierte Biographie haben, die vielleicht ein bisschen älter sind als sie sich hier darstellen, damit sie in die Jugendhilfe kommen. Z.B. haben wir einmal eine Klientin gehabt, für die war der Mathe-Unterricht extrem langweilig. Da habe ich gesagt: „Guck mal, du bist jetzt in einer Hauptschulklasse für nicht-deutsch-sprechende Klienten und wenn du einen Mathematik Bachelor in Kairo gemacht hast, ist das ja schön für dich, aber du musst jetzt einfach in dieser Klasse sitzen und dich an deine Biographie halten, so wie du die für dich zurecht gelegt hast".

Das heißt, es kommt auch tatsächlich vor, dass sich Geflüchtete jünger ausgeben …
Ja, nicht so oft, es kommt aber halt auch vor. Aber das korrespondiert ja eigentlich mit dem Fluchtalter: Wenn man sich anguckt, wie alt Flüchtlinge sind, also die sind ja niemals 18, die sind immer 17, damit die noch in Jugendhilfe sein können.

Vielleicht ist das ja auch ein Problem der politischen Regelung …

Ja, natürlich! Ich will das gar nicht kritisieren! Ich will nur sagen: „Das fällt auf." Wir glauben aber auch, dass das höhere Alter für diese komplizierten Fluchten unter Lebensgefahr und für die Bewältigung von vielen schwierigen Situationen gut und wichtig ist. Wir haben 13-, 14- oder 15-jährige Eritreer oder Iraker erlebt, die bei uns angekommen sind und definitiv so alt waren: Kettenraucher, körperlich in extrem schlechtem Zustand, verwahrlost, Andeutungen von Sexualdelikten, die an ihnen begangen wurden … also die erleben sehr viele böse Sachen! Man muss bedenken, dass fast alle, die über Libyen kommen, auch dort in Haft sind, ein paar Monate, da geht es dann nochmal um Geldbeschaffung zur Freilassung. Wer das nicht kann … oder in der Zeit passieren eben auch Dinge …

Sprechen die Jugendlichen mit Ihnen darüber?

Sagen wir mal, ein klares Jein. Wir haben jetzt gerade in der Einrichtung einen jungen Mann, der ist seit gut anderthalb Jahren in Deutschland. Der ist aus vielen Einrichtungen rausgeflogen, weil er sich schneidet und weil das sehr schwer zu ertragen ist. Er schneidet sich beide Arme längs auf, oberflächlich, und sitzt also immer blutüberströmt da. Sein Anwalt hat gesagt, dass es Zeit wird, dass er jetzt für das Asylverfahren seine Geschichte erzählen muss. Wir haben dann also einen weiteren Termin gehabt – und der Anwalt war ganz verzweifelt, weil der Klient wieder nichts erzählt hat.

Ich glaube, dass er sich selber seine Geschichte nicht erzählen kann. Ich glaube, dass er das komplett weggepackt hat, weil es irgendwie nicht erträglich ist. Er erzählt nichts! Aber wir haben auch Klienten, die uns sofort Alles erzählt haben.

Hauptsächlich aber haben wir wohl Klienten erlebt, die mit den somatischen Bereichen anfingen und als sie uns besser kennen gelernt haben, irgendwann auch begannen von Erlebnisses und Erfahrungen zu erzählen – und dann kam man auch zu den Punkten: Was ist Schlimmes passiert?

Manchmal ist es auch einfach im Alltag herausgekommen, so wie man das ja, glaube ich, auch aus der Therapie kennt: Sie mussten immer zur erkennungsdienstlichen Behandlung und einmal ist ein Kollege mit einem Jugendlichen zum Polizeipräsidium gegangen, und vor dem Polizeipräsidium ist der Klient dann fast zusammengebrochen. Er hat furchtbare Angst gehabt, er wollte dort nicht hineingehen. Er hat dann erzählt, dass die Polizei in Bulgarien sehr brutal gegen Flüchtlinge vorgegangen ist, auch gegen ihn. Er ist da sehr böse geschlagen worden, mit Gummiknüppeln und so. Das saß ganz tief in ihm.

Wir haben einen anderen Jungen gehabt, der sollte eine Wohnung kriegen, und er hat sich total gefreut. Er wurde dann von dem Mitarbeiter des Trägers abgeholt, damit er die Wohnung besichtigen kann, was ich auch sehr schön fand. Als er aber dann wiederkam, hat er mehr oder minder zwei Tage am Stück geweint. Die Wohnung war eine Keller- oder Souterrainwohnung und er konnte nicht in einem Keller leben. Er hat gesagt: „Es ist mir wieder eingefallen, ich war von den Taliban in einem Keller gefangen gehalten – mehrere Wochen. Und ich wusste nicht, ob ich überleben würde. Aber es war weg. Es war völlig weg." Und dann war die Erinnerung wieder da. Da ist das Jugendamt freundlicherweise auch sehr beweglich gewesen und konnte das revidieren; er hatte eine Zuteilung und hätte eigentlich dahin gemusst. Es wurde aber zurückgenommen und er ist dann woanders hingekommen.

Das war gut, dass man das mitgekriegt hat ...
Also, in anderen Worten, es wird erzählt, aber es gibt Momente, wo sich das einfach offenbart.

Oft sind es also schon eher erzwungene Situationen, so wie in dieser Geschichte, die als Trigger wirken ... Wie ist das denn jetzt mit der veränderten Regelung innerhalb dieser 4 Wochen? Findet da auch schon die Anhörung statt vor dem Bundesamt für Migration und Flüchtlinge (BAMF)?
Ne, die Anhörung findet dann statt, wenn die Leute in einer Folgeeinrichtung sind. Ich fand es aus der Klientenperspektive theoretisch sehr gut, dass die Klienten schnell verlegt werden und an Orten ankommen, wo sie auch bleiben können. Ein Problem war dabei natürlich, dass wir zum Teil den Klienten nicht sagen konnten, wo sie hinkommen, weil wir das selber nicht wussten. Zum Teil kannten wir nur den Kreis, aber wir konnten keine Stadt und keine Einrichtung googeln und zeigen: „Guck mal hier, so sieht das aus, das ist schön da und sie haben drei Fußballvereine im Ort." Wir konnten das also nicht schmackhaft machen. In der Sporthalle von uns (Gemeinschaftsunterkunft, Anmerkung d.V.) haben die Jugendliche auch immer von ihrer „Deportation" gesprochen. Ich habe immer „Verlegung" oder „Transfer" gesagt. Aber das hat sich für sie nicht so angefühlt!

Hat man denn Erfahrungen, wie es ihnen in den Folgeeinrichtungen geht? Neulich habe ich gelesen, es seien fast 6000 minderjährige Geflüchtete vermisst... Sie sind also nie dort angekommen, wo sie eigentlich sein sollten.
Dazu kann ich gleich nochmal etwas sagen. Zunächst noch zu dem Kontext des Transfers: Wir hatten 120 Jugendliche und die haben jeden Tag bei uns vorgesprochen und gefragt, ob Verwandte zusammengelegt werden. Ja, das soll so sein; wir müssen das dann dem Jugendamt melden. Darauf kamen dann ganz viele, die sagten, „wir sind verwandt", weil sie zusammen bleiben wollten. Und dann gab es auch Leute, die uns sagten, dass sie den ganzen Weg aus Afghanistan über Pakistan usw. zusammen gewesen sind und weiterhin zusammen bleiben wollen.

Ist ja verständlich …

Absolut verständlich! Aber dem konnte nicht gefolgt werden. Als die Halle aufgelöst wurde, wurden die Klienten innerhalb einer Woche abgeholt und verlegt – und wir haben tagelang neben den größten Eisbären gestanden, die den ganzen Tag weinten, wenn morgens ihre Freunde abgeholt worden waren. Das ist sicherlich etwas, wo man aus psychologischer Sicht sagen müsste, dass es sinnvoll wäre, solche Freunde mit Verwandten gleichzustellen.

Dem kann ich nur zustimmen; vor dem Hintergrund der Fluchterfahrungen können Trennungen oft sehr traumatisch sein. Heißt das, die meisten werden einzeln verlegt? Nicht zwei zusammen oder so?

Es gab Einzelverlegungen, es gab auch Gruppenverlegungen. Etwa bis August 2015 waren es Einzelverlegungen, die auch sehr geordnet verliefen. Da wussten wir als Einrichtung, wo es für den Klienten hingeht. Das Jugendamt hat sie begleitet und es gab Vorgespräche. Das Jugendamt hat sich da sehr viel Mühe gegeben und das gut gemacht. Später auch, aber einfach aufgrund der Quantitäten ist es dann eher zu einer Massenabfertigung geworden. Und für die Kids hat sich das halt nicht gut angefühlt. Das ist vielleicht auch zu viel gewesen, das ständige sich neu verabschieden müssen.

Was kann man denn tun, um die Jugendlichen zu unterstützen? Was gibt es für Ideen in diesem Zusammenhang?

Die Einsicht, dass Freunde auch einen hohen Stellenwert haben, und zu versuchen, sie zusammen zu lassen, wäre sicherlich sinnvoll. Dann hat man zwar mehr Arbeit, um das zu organisieren, aber es wäre der Situation sicherlich angemessen. Oder auch Gruppenverlegungen, damit keiner alleine in einem Dorf ist…

Gibt es denn nach der Verlegung noch Kontakte zur Erstaufnahmeeinrichtung?

Es gibt Kontakte, es gibt Rückmeldung. Es wird ja immer so gesagt: „Der Flüchtling und sein Handy oder sein Smartphone." Das Handy ist einfach alles. Das ist auch der Bücherschrank, man kann alles googlen, man kann alles übersetzen, und natürlich sind die Kids auf WhatsApp und Facebook. Die haben, wenn sie ankamen, ein Photo geschickt, und gesagt, „Hier bin ich", und nach zwei Stunden, „Hier will ich nicht sein". Dann haben sie uns wieder besucht und wir haben versucht ihnen klar zu machen, dass es jetzt sicherlich neu für sie ist. Die Kids sagen, „Die Betreuer taugen nicht", und wir antworten dann, „Das habt ihr bei uns am Anfang auch gedacht. Ihr müsst sie erst einmal kennen lernen; ihr müsst euch und auch denen eine Chance geben". Wir haben versucht, motivierend zu arbeiten. Aber wir waren eben die erste Station, an der sie angekommen sind, und das hatte für die Klienten eine hohe Bedeutung.

Das heißt, es kommt schon hin und wieder vor, dass die Jugendlichen einfach zu Ihnen zurückkommen?
Wir haben eigentlich in allen unseren Häusern immer Besucher, Leute, die vorbeikommen und sagen, wie es ihnen geht.

Das ist ja auch für Sie eine schöne Rückmeldung …
Ja, natürlich. Das ist ja auch schade, dass wir gar nicht gut sehen können, wie es weitergeht – sie sind dann halt einfach irgendwann weg.

Und wie machen Sie das mit den Besuchern? Ist das so organisiert, dass es so Tage gibt …
Ne, so funktionieren die nicht. Aber eines haben wir schon begriffen: Unsere Klienten und Exklienten kommen, wenn keine Schule ist. Die kommen, wenn da einfach Zeit ist und man sich auch in Ruhe auf den Weg machen kann.

Und die, die jetzt bei Ihnen waren, werden in Hessen verteilt? Oder noch über Hessen hinaus?
Bis zum 1.11.15 wurden unsere Klienten in Hessen verteilt und seitdem auch in angrenzenden Bundesländern, weil Hessen die Quote erfüllt hatte. Das heißt, dass viele nach Thüringen, viele nach NRW gebracht wurden.

Es wird ja schon kontrovers eingeschätzt, ob der Königsteiner Schlüssel eine sinnvolle Verteilungslogik ist. Natürlich können nicht alle in Frankfurt bleiben, aber momentan wird ja auch die Idee diskutiert, so etwas wie Kompetenzzentren in Großstädten einzurichten, die sich schwerpunktmäßig um geflüchtete Jugendliche kümmern, und sie nicht flächendeckend über die Bundesländer zu verteilen. Was halten Sie davon? Erscheint Ihnen das sinnvoll – was die fachliche Versorgung und auch die spätere Bleibeperspektive betrifft?
Es gibt die organisatorische Seite, wie ein Staat, ein Land, eine Kommune versucht, das Ganze zu handhaben. Wir haben hier in unserer Erstaufnahmeeinrichtung alle gemerkt, dass 120 Menschen schon verdammt viele Menschen sind, mit vielen unterschiedlichen Bedürfnissen. Und ich glaube, je größer die Einheiten werden, umso weniger zählen die Einzelnen. Deshalb finde ich eine überschaubare Größe gut; ich würde die Sache nicht zu groß machen. Geflüchtete erscheinen zwar für die deutsche Bevölkerung, vielleicht auch für die Kommunen und die Politiker als homogene Masse, aber in Wirklichkeit sind sie extrem differenziert und auch nicht per se – bloß, weil sie mal gemeinsam in einem Boot gesessen haben – miteinander befreundet.

Konfliktlinien in den Einrichtungen

Auf welche Konflikte genau spielen sie damit an?

Wir haben oft Konflikte zwischen syrischen und afghanischen Jugendlichen gehabt. Es gibt gläubige Moslems und solche, die nicht besonders viel Wert auf ihre Religion legen. Bei den Syrern gab es auch politische Differenzen; einige waren Soldaten, die in Syrien für Assad kämpfen, andere waren gegen Assad. Unter den Afghanen gab es auch Söldner, zum Teil auch Leute, die beim IS waren. Von daher gab es da Feindschaften. Häufig ging es auch um Koranauslegungen. Und dann ging es auch um Minderheiten und Mehrheiten; die Afghanen waren in der Regel die stärkste Gruppe und die Syrer waren in der Minderheit. Wir haben auch oft Gruppenphänomene gehabt: Wenn der Eine mit einem Anderen Streit hatte, dann hatte der Eine nach drei Minuten fünfzig Afghanen hinter sich und der Andere zehn Syrer. Und das sind ja auch Jungs, junge Männer und keine Kamillenteetrinker. Das war von daher schon manchmal schwierig.

Ich denke, dass sich das auch bei Erwachsenen, bei Familien, in Sammelunterkünften der Fall ist. Daher wäre es nicht die schlechteste Idee, die Einrichtungen nach Ethnien aufzustellen. Zwar wird oft gesagt, die Geflüchteten müssten hier lernen mit anderen Menschen zurechtzukommen, was ja stimmt, aber vielleicht nicht in den ersten drei Wochen.

Afrikanische Kids haben es bei den meisten aus den anderen Ländern auch nicht so leicht. Unter ihnen gibt es auch mehr Christen, auch das war immer wieder ein Problem.

Wenn man etwas nachliest, für den gesamten Bereich der Flüchtlingsländer, dann ist das erstmal schwer zu durchblicken, mit Schiiten, mit Sunniten, usw. Wer herrscht wo, wer macht was – und dann begegnet man sich halt. Das andere ist, dass viele Flüchtlinge, die aus Afghanistan nach Deutschland gekommen sind, eigentlich Oberschichtsangehörige sind, sonst wäre das finanziell gar nicht möglich gewesen. Die, die nicht so reich sind, flüchten aus Afghanistan beispielsweise nach Pakistan – die kommen gar nicht bis nach Europa. Wir haben also auch ausgeprägte Schichtunterschiede in unserer Einrichtung. Wir hatten gut ausgestattete junge Leute, mit privilegierten Fluchtmöglichkeiten, mit einer guten Schulbildung, und wir hatten ebenso Leute, die irgendwie nach Europa geschafft wurden und ohne jegliche Schulbildung waren.

Und bei den Jungs aus Afrika – da haben wir immer wieder Kids gehabt, die totale Angst gehabt haben, weil sie in der absoluten Minderheit waren. Wir hatten vielleicht mal zehn … auf 120 Betten ist das sehr wenig. Dann haben wir natürlich auch mit Dolmetschern gearbeitet, aber wenn diese zehn Klienten vier verschiedene Sprachen sprechen, dann waren Dolmetscher nicht immer sofort zu haben. Dolmetscher für Arabisch sind immer anwesend oder schnell erreichbar. Aber die zehn Afrikaner haben sich dann auch benachteiligt gefühlt: „Wir haben niemanden zum Reden, wir können mit niemandem reden." Wir haben dann Dolmetscher bestellt, aber die waren halt nicht immer da. Man findet auch im Rheinmaingebiet zwei „oromo"-Dolmetscher, das ist eine Sprache aus Äthiopien. Aber es ist auch nicht so einfach.

Vielleicht spricht das ja doch dafür, bestimmte Leute besser in Großstädten unterzubringen als irgendwo aufs Land zu schicken, wo es fraglich ist, ob überhaupt ein Dolmetscher zu finden wäre.

Ich habe auch eine explizite Meinung zum Stadt-Land-Gefälle: Ich denke, dass die Integration in Städten deshalb gut laufen kann, weil die meisten Nationalitäten oder Ethnien hier schon Menschen haben, die hier leben; sie haben dann ihre Anknüpfungspunkte – natürlich können diese positiv und negativ sein. Aber die *communities* sind einfach da. Wer jetzt aber etwa als Somali nach Dillenburg geht, der wird ein einsameres Leben führen, der wird vielleicht auch ein, zwei andere Somali treffen, aber man kann nicht davon ausgehen, dass da *communities* sind. Und das ist schwierig ... Wir haben uns in der Einrichtung nie so wohl gefühlt, wenn wir etwa Mädchen aus Somalia hatten – somalische Mädchen waren jetzt im letzten Jahr nicht so selten –, die irgendwo nach Thüringen aufs Land gekommen sind. Das fanden wir nicht passend. Wir bilden uns nichts auf den Westen ein, da wollen wir nicht falsch verstanden werden; wir wissen ja auch, dass die Anschlagsfrequenz auf Asylbewerberheime mehr oder minder in ganz Deutschland gleich ist. Aber trotzdem finden wir das nicht so passend, weil die Leute da einfach besonders auffallen. In Frankfurt fällt man im Prinzip nicht mehr auf…

Das ist wohl ein ganz wichtiger Punkt. Ich würde gern nochmal auf die somalischen Mädchen zurückkommen, weil ja grundsätzlich weit mehr Männer zu uns kommen …

Ja, natürlich. Also wir hatten in unserer Einrichtung immer vier Mädchenbetten. Die waren lange Zeit voll – manchmal noch ein fünftes Bett. Vor drei Jahren gab es wohl auch eine große Mädchenetage mit acht Betten – die habe ich selber aber nicht erlebt. Es gab verschiedene Wellen, mit verschiedenen Anteilen. Mehrheitlich aber sind es junge Männer ... zumindest bei uns. Das entspricht schlicht den Vorstellungen in den Ländern, dass die jungen Männer geschickt werden, um eine Ausbildung zu machen, um Geld zu verdienen und für die Familie zu sorgen.

Und die Familienzusammenführung – wie macht man das denn in einem kurzen Zeitraum von vier Wochen? Das ist ja fast unmöglich?

Es muss beim Aufnahmegespräch immer gefragt werden: „Hast du Verwandte und wie heißen die? Wo leben die? Gibt es eine Postadresse? Kann man das herausfinden?" Eigentlich ist das so, wenn jemand Verwandte irgendwo hat, dass die Kids das dann wissen und uns sagen. Dann ist das ein Onkel in Hanau und dann wird geguckt – weil irgendwie jeder ein „Onkel" oder ein „Papa" ist. In Eritrea etwa sind alle älteren Männer „Papa" … Aber wenn es tatsächlich Verwandte gibt, dann wird das schnell festgestellt. Die Verwandten müssen sich dann beim Jugendamt melden und wenn sie Interesse haben, dann machen die das auch.

Das sind wahrscheinlich nicht furchtbar viele, die das machen und dann auch die finanzielle Verantwortung übernehmen?

Nein, und es ist oft auch ein Trugschluss anzunehmen, dass, nur weil man irgendwo Verwandte hat, man auch etwas mit denen anfangen kann. Momentan haben wir auch eine ziemlich neue Klientengruppe, die habe ich FUMA genannt – Frankfurter Unbegleitete Minderjährige Ausländer. Das sind Geflüchtete, die in Frankfurt zugewiesen sind, weil sie hier bei Verwandten wohnen, die aber von dort aus in die Jugendhilfe gehen, weil sie nicht zurechtkommen. Die dürfen wir aufnehmen. Da sieht man auch, dass Erwartungen und Realitäten manchmal weit auseinander gehen. Etwa die Vorstellung, ich gehe aus Aleppo nach Frankfurt zu meiner Tante, die hier lebt, arbeitet und Kinder hat. Die Vorstellung ist aus der Ferne schön, wenn ich dann aber da bin, merke ich: Die Tante ist in Deutschland geboren und groß geworden; die lebt ganz anders als in Syrien, die kümmert sich um ihre Kinder, die geht arbeiten – das ist ja absolut ehrenwert, aber es ist nicht das Gleiche wie die eigene Familie, in der man nicht mehr ist. Und diese Erfahrung ist für manche Jugendliche ganz schwer zu ertragen, sie ziehen sich dann daraus wieder zurück und konstruieren irgendetwas, was nicht stimmt – eigentlich aber sind es die enttäuschten Erwartungen. Diese werden dann an der Tante abgearbeitet. Das wird teilweise auch an uns abgearbeitet. „Ich will jetzt eine eigene Wohnung, ich brauche Geld, ich brauche mehr Kleidungsgeld" usw. Da gibt es auch viele Ansprüche, die wir in dem Umfang gar nicht realisieren können.

Und dies sind enttäuschte Erwartungen in Bezug auf Deutschland? Das man sich das anders vorgestellt hat…

Ja, es gibt eben auch Leute die sehr materiell orientiert sind, bzw. ist das eben auch sehr jugendtypisch: Sie wollen halt aussehen, wie alle Jugendlichen aussehen. Da muss man halt bestimmte Schuhe haben usw. und bestimmte Frisuren …

Letztendlich finde ich das auch eher sympathisch. Ich finde es gut, wenn man seine Rechte kennt und die Sachen auch eingelöst werden.

Die Jugendlichen kennen ihre Rechte, haben eine Idee davon?

Ja, das ist einigermaßen bekannt. Aber es gibt eben auch Leute, die sind da sehr übergriffig und das merkt man dann auch – das hat gar nichts mit den Ländern zu tun. Der Mensch und sein Charakter: Wie ist der aufgestellt? Wie kommuniziert der? – oder seine Sozialisation: Wie kann sich jemand verständlich machen? Kann jemand freundlich sein? Will jemand freundlich sein? Unter welchen Bedingungen will der freundlich sein? Wie Kommunikation in anderen Ländern ist ja auch nochmal anders. Also es ist die Frage, wie jemand auftritt.

Arbeiten sie daran mit den Jungs?

Meine vielen Mitarbeiter_innen arbeiten da zum Teil ziemlich gründlich daran, weil wir möchten, dass man mit uns normal redet – und das ist auch richtig so. Überhaupt das Thema Regeln und sich an Regeln halten: Das fällt auch nicht allen Jugendlichen leicht. Das verstehe ich auch; wer sich lange durchgeschlagen hat und wer lange Tag und Nacht machen konnte, was er wollte, für den ist es vielleicht etwas komisch, wenn er um 23.30 Uhr bei uns sein soll. Wenn Leute minderjährig sind, dann müssen wir sie um 24 Uhr vermisst melden. Das ist halt eine Regel. Wenn man sich acht Jahre in Somali auf der Straße durchgeschlagen hat, dann ist das wahrscheinlich ein bisschen absurd in ein solches Regelwerk zu kommen. Aber trotzdem sind sie da und wir brauchen die Regeln – einfach auch um eine gewisse Ordnung im Haus aufrecht zu erhalten und mit einer gewissen Struktur zu leben.

Und ist das schwieriger als bei anderen Jugendlichen, diese Regeln durchzusetzen?

Nö oder jein. Also im Vergleich sind die sogenannten Frankfurter Jugendlichen zerstörerischer und destruktiver - so im Alltag. Wir haben da oft ganz viel Vandalismus. Es geht viel kaputt, es wird viel durch die Gegend geworfen. Das haben wir bei den Flüchtlingen in der Form eigentlich nicht gehabt.

Gemeinsame Betreuung von geflüchteten und einheimischen Jugendlichen

Das heißt, sie betreuen geflüchtete und einheimische Jugendliche zusammen?

Aktuell ja.

Aus einem Konzept heraus oder aus der Not geboren?

Aus unserem Auftrag heraus. Wir sind seit zwei Monaten eine Einrichtung für Frankfurter Jugendhilfefälle, wir haben noch sogenannte Altfälle – komplizierte Klienten, Klientengeschichten aus dem Flüchtlingsbereich – und die neuen FUMA, für die die Sozialrathäuser zuständig sind, und die quasi wie Jugendhilfeklienten wieder aufgenommen werden müssen.

Warum müssen sie in einer Einrichtung zusammen aufgenommen werden?

Momentan sind einige Einrichtungen geschlossen worden und jetzt müssen sie wieder irgendwohin. Wir sind ja eine Aufnahmeübergangseinrichtung und wir haben viele Klienten, die sonst überall herausgeflogen sind und für die es nichts mehr gibt. Eine Aufnahmeübergangseinrichtung betreut minderjährige Geflüchtete. Die anderen Einrichtungen heißen in der Regel Aufnahmeeinrichtung, Erstaufnahmeeinrichtung – kommt so ein bisschen darauf an, ob man von Jugendlichen, ob man von Erwachsenen redet.

Die Mischung macht aber eigentlich Spaß; das ist ganz schön. Wir hatten einen zwölfjährigen Jungen im Haus, einen kleinen blonden Jungen. Und die großen Jungs sind eigentlich alle ganz freundlich und freundschaftlich mit ihm umgegangen. Man merkt, dass alle Geschwister haben und dass es wohl diese Alltagshierarchie gibt; dass man aber etwas von dem Kleinen verlangt hat, haben wir in dem Fall nicht mitbekommen, das war eher so eine Art Protektion.

Wie viele Jugendliche sind das jetzt konkret in Ihrer Einrichtung?

Wir haben zweiundzwanzig Plätze, sechs Notbetten und von den zweiundzwanzig sind vier Mädchenplätze.

Mich interessiert, wie die Jugendlichen mit ihrer unterschiedlichen Art der Traumatisierung miteinander zurechtkommen. Bei den einheimischen Jugendlichen, die in die Jugendhilfe kommen, ist es ja meist eher Gewalt in der Familie, Gewalt durch die Familie, und bei den Geflüchteten eher Gewalt von anderen, außerhalb der Familie. Wie ist das, wenn diese unterschiedlichen Erfahrungen zusammenkommen?

Die Jugendlichen können gut einen Seitenwechsel machen, die kriegen das ja auch alles mit. Wir haben einen Jugendlichen gehabt, der hat ein Frankfurter Mädchen nach Hause begleitet, um Kleidung abzuholen, die Mutter hat die Tür aufgemacht und nach einem kurzen Wortwechsel haben die Mutter und die Tochter sich gehauen. Der Junge hat sich dann abends bei mir gemeldet und gesagt: „Ich bin ganz entsetzt. Ich habe vor zwei Jahren meine Eltern in Moskau verloren und seitdem nie mehr etwas von denen gehört. Es ist schon ziemlich komisch zu sehen, was die Leute hier miteinander machen." Ich habe darauf geantwortet, „Familien, Kinder und Eltern haben auf der ganzen Welt Konflikte und das hast du jetzt hier gesehen, das kann es in Afghanistan genauso gut geben, du hast es jetzt hier mitgekriegt. Du hast halt die besondere Geschichte, dass deine Eltern verloren gegangen sind". Er war dann bei uns mit dem Mädchen auf eine nette Art und Weise befreundet. Eltern-haben war dann auch ganz viel Thema. Die junge Dame wollte irgendwann dann auch wieder zurück nach Hause, nachdem sie 6, 8 Wochen bei uns war. Und ich glaube, dass ihr das bewusst geworden ist – eben über diesen Jungen. Dass es ohne Eltern nochmal ein anderes Leben ist – wobei es auch andere Faktoren gehabt haben kann. Aber es gibt eben diesen Austausch!

Wir haben mal bei uns einen Kleinen gehabt, mit dem immer alle Mitleid hatten, weil alle dachten, dass er keine Eltern hat. In Wirklichkeit hatte er eine Mutter und er war ziemlich aggressiv, weswegen er bei uns war. Als er dann zurück ging, haben die Jugendlichen gesagt, „was macht er? Zieht er um?" – Wir lassen die Kids manchmal im Haus umziehen. – „Der geht nach Hause." Da war so richtig ein Staunen im Haus. „Der geht nach Hause." Abends beim Abendessen haben die Leute auch zusammengesessen und es raunte „Der geht nach Hause". „Ich weiß ja nicht, ich glaube ich geh auch wieder nach Hause", hat dann jemand von den Kids, die gerade aus dem *family trouble* gekommen waren, gesagt.

Das bewegt schon auch. Und natürlich, die, die nicht nach Hause gehen können, die wird es auch bewegen – wenn auch anders.

Wenn Sie jetzt so eine Gruppe haben, zweiundzwanzig Jugendliche sind ja schon relativ viel. Haben sie die nochmal unterteilt? In Stockwerke…

Wir haben bei uns Stockwerke. Wir gucken immer, wer könnte zusammen passen. Wir versuchen Landsleute nicht zusammenzulegen, damit alle deutsch sprechen müssen und damit es verteilt ist. Da sind wir gerade nicht so gut drin, aber meistens haben wir es in den letzten Jahren so gemacht. Momentan geht es sehr dynamisch zu und wir wissen nie, wer gerade kommt. Aber wir gucken natürlich auch nach dem Alter. Ich hatte mal eine Schüleretage angefangen, inzwischen liegen da, glaube ich, die Kranken und die Schüler. Also, wir versuchen das immer neu zu sortieren. Stabil ist, dass wir eine Mädchenetage haben.

Was passiert in Ihrer Einrichtung, wenn sich die Jugendlichen nicht an die Vereinbarungen halten? Sie haben eben gesagt, die müssen um 23.30 vor Ort sein. Was tun Sie wenn sie das nicht machen, gibt es Sanktionen?

Ja, das ist ein großes Thema. Wir bemühen uns zurzeit, unser Konzept zu überarbeiten. Wir finden alle, dass wir keine Instrumente zum Sanktionieren haben. Es gibt die eine oder andere Stimme, die meint, wir brauchen das dringend. Und es gibt die eine oder andere Stimme, die meint, Selbstüberschätzung kommt vor dem Fall; vielleicht geht es nicht darum, dass wir sanktionieren. Das ist ein bisschen schwierig gerade. Also etwa auch das Nachhausekommen in der Nacht; wir haben Klienten, wenn wir die nicht nachts um vier hereinlassen, dann fangen die an die Tür einzutreten, und dann müssten wir die Polizei rufen (wenn wir es nicht täten, dann würden es die Nachbarn machen – weil das laut ist). Also nicht reinlassen ist keine Lösung, das wäre eine Sanktion.

Aber keine Sanktion ist auch ein Sanktionskonzept, kein unwichtiges. Also dass sie ein Gespräch führen oder …
Wir haben das, ehrlich gesagt, lange nicht gebraucht. Wir brauchen das momentan und wir tun uns auch schwer damit. Wir haben ja Leute, die überall herausgeflogen sind, für die es keinen Ort mehr gibt und es wäre ja zu einfach, wenn ich die auch herauswerfe. Das wäre es dann gewesen.
Wir versuchen hauptsächlich über Beziehung die Dinge zu regeln. Und das geht oft, aber nicht immer.

Was passiert dann mit denen, wo es nicht geht? Werden sie schließlich auch bei Ihnen herausgeworfen?
Ja, wir haben das in den letzten zweieinhalb Jahren nicht oft gemacht, aber ab und zu ist es doch so, dass jemand gehen muss. Was nicht geht, sind sexuelle Belästigungen im Haus; was nicht geht, sind aktive Gewalthandlungen vor einem Mitarbeiter. Wenn ein Jugendlicher einen anderen Jugendlichen haut, ohne dass ein Mitarbeiter im Raum ist und die kommen hinterher, dann reden wir mit denen und gucken, was das für ein Konflikt ist. Wenn ein Mitarbeiter im Raum ist und ein Jugendlicher haut einen anderen Jugendlichen um, dann ist einfach Ende. Dann muss die Person gehen. Wenn jemand eine Gewalthandlung macht, im Beisein eines Mitarbeiters, also vorsätzlich, zielgerichtet, schlägt, tritt, und auch nicht sofort wieder aufhört, dann müssen wir uns von dem verabschieden.

Und was ist … wenn das mit der Gewalt zu tun hat, die sie selbst erlebt haben?
Mag sein. Es geht beim Herauswerfen immer um Opferschutz – in der Regel. Mitarbeiter können Opfer sein und auch da gibt es manchmal eine Grenze. Aber in den zweieinhalb Jahren waren das vielleicht fünf Leute.
Ich finde, dass die Jugendlichen zum Teil in Therapie gehören, nicht in Therapie sind und auch voraussichtlich erst einmal nicht in Therapie kommen werden. Wir haben einen Fünfzehnjährigen, der ein Jahr lang in einer Jugendhilfeeinrichtung gelebt hat, aber mehr oder weniger dabei auf der Straße war. Er hat permanent geklaut und hat jetzt eine einjährige Haftstrafe, zwei Jahre zur Bewährung – mit fünfzehn ist er da noch sehr jung. Im Sinne der Sozialisierung finde ich, dass er nicht zur Haft gehen soll,

wobei die Staatsanwaltschaft gerade daran arbeitet. Ich finde, er sollte zur Schule gehen, was wir erreicht haben, und in einen Fußballverein gehen, was wir auch erreicht haben. Und ich finde, das nächste, was zu tun wäre, ist, dass er in Therapie kommt: Er hat auch ein Trauma; er ist früh durch das Jugendamt von seiner Mutter weggenommen worden, was seine Gründe gehabt haben wird. Er hat das als sehr traumatisch erlebt und ist auch sehr traurig, dass er nicht bei ihr wohnen kann – andere Geschwister können das. Ich glaube, dass er therapeutische Hilfe braucht. Wenn ich also Ressourcenwünsche hätte, die erfüllt würden, dann hätte ich gerne zwei Therapeuten im Haus, die wirklich auch therapeutisch mit den Klienten arbeiten.

Warum im Haus?

Im Haus oder im Nachbarhaus... Jemand, der wirklich diese Klienten begleitet, sie im Alltag miterleben kann.

Dies leitet über zu einer anderen Frage in diesem Zusammenhang: Traumpädagogik ist in der stationären Jugendhilfe in manchen Bereichen umgesetzt, aber meines Wissens wenig in dem Bereich mit geflüchteten Jugendlichen. Ist das bei Ihnen anders, finden Sie diese Konzepte sinnvoll? Oder ist das eine neue Mode, die Sie eher etwas skeptisch betrachten?

Wir haben ganz am Anfang, ab Herbst 2013, Klienten gehabt, die nicht traumatisiert waren. Zumindest dachten wir das und sie haben dies auch selbst gesagt. Sie wirkten sehr lebensfähig und überlebensfähig und hatten vielleicht gute Resilienzkräfte. Es ist aber im den folgenden Jahren deutlich geworden, dass viele Traumata da sind. Wir haben das irgendwann einmal im Haus gezählt; 2014 hatte jeder dritte Klient eine PTBS, die auch diagnostiziert war. Wir haben auch Klienten gehabt, die in Therapie gekommen sind, die Skills gelernt haben. Wir haben da mit zwei niedergelassenen Psychiatern zusammen gearbeitet. Es gab auch für einzelne Klienten Therapiemöglichkeiten, die das Jugendamt immer genehmigen musste. Aber wir haben das bei den Klienten, die das wollten, innerhalb von Frankfurt ganz gut hingekriegt. Ich denke, dass Frankfurt da noch eine relativ gute Infrastruktur hat – und es gab auch ein großes Entgegenkommen seitens der therapeutischen Szene. Ich glaube, da haben viele Leute einfach auch sehr viel gearbeitet, um mit den großen Zahlen von Klienten klar zu kommen.

Sie haben von Psychotherapie gesprochen; gibt es auch Psychopharmaka, die bei Ihnen verabreicht werden?

Ja, natürlich. Wir sind eine Mirtazapin Hochburg; Mirtazapin neben Ibuprofen ...

Aber auch Ibuprofen, weil die Schmerzzustände unerträglich sind.

Die Klienten haben ja wirklich starke somatische Beschwerden, also nicht nur, wenn sie in sich hineinhören. Unheimlich viele haben Kopfschmerzen, Schlafstörungen, Trinkprobleme …

Mit Trinken meinen Sie Alkohol?

Ne – Wasser! Wir haben einen Klienten gehabt, der war schon monatelang bei uns, der ist dehydriert ins Krankenhaus gekommen; der hat nichts getrunken. Der ist durch die Wüste gelaufen und … und … und, der hat sich das abgewöhnt. Ist uns nicht aufgefallen. Also: Trinken lernen. Probleme mit dem Essen, Stuhlgang, Hautprobleme haben alle, neben Krätze und so, was ja auch eine Fluchtkrankheit ist. Klima – ganz anders. Und dann haben wir viele Altverletzungen, Brüche, Unfallfolgen, Kriegsverletzungen, Beindurchschuss oder so. Und Zahnbehandlungen sind ein großes Thema; wir haben sehr viele Klienten mit extrem schlechten Zähnen. Wir haben Leute gehabt, die haben acht Zähne gezogen bekommen. Und bei den Schlafstörungen ist es so, dass die Leute mit der Zeit zusammenbrechen. Es geht dann irgendwann nicht mehr. Unser Selbstverletzer z.B. schläft mindestens den ganzen Vormittag, und zwar ganz tief, unweckbar – wobei der auch irgendwann mal in einen Sprachkurs sollte.

Adoleszenz, Sexualität, Männer und Frauen

In Ihrer Einrichtung befinden sich ja überwiegend adoleszente Männer – wie ist denn das mit Sexualität, Partnerschaft, Aufklärung, was machen Sie da? Da gibt wahrscheinlich auch sehr unterschiedliche kulturelle Geschichten.

Was machen wir da? Naja, immer wenn wir die Wäsche waschen, waschen wir die Kondome mit.

Also, die verteilen Sie?

Ne, die verteilen wir eigentlich gerade nicht. Die sind halt im Haus. Wir haben die mal verteilt, aber das hat sich irgendwie verlaufen. Sexualität ist halt so – einerseits hat ein Moslem das nicht mit siebzehn, andererseits hat er das halt irgendwie doch. Das ist nicht so einfach. Ich finde aber, dass es lange Zeit nicht so ein großes Thema war. Das große Thema bei den Jungs war oft, was man einer Frau sagen darf, wie man mit ihr sprechen darf, wie man Komplimente übt – herauskriegen, wie das geht. Das ist eigentlich mehr ein Thema, das man auch im Dialog findet. Und dann gibt es natürlich Leute, die irgendwie befreundet sind. Im arabischen Raum oder in der Türkei ist es ja auch so, dass ein Mädchen nicht sagt, „ich treffe mich mit meinem Freund, ich komme eine oder zwei Stunden später", sondern die kommt ein, zwei Stunden später und sagt, sie hat schon wieder den Bus verpasst. Irgendwie so. Da sind die auch ganz gut drin. Also bei den Jungs ist es nicht so aufgefallen.

Bei den somalischen Mädchen haben wir die eine oder andere gehabt, die auch in ihrer traditionellen Kleidung ziemlich anziehend gekleidet war und der die Jungs alle hinterherliefen. Die haben gute Stimmung im Haus verbreitet. Es ist auch die eine oder andere mal schwanger angekommen oder schwanger geworden; nicht zwingend bei uns ... aber die waren auch sehr viel unterwegs und hatten vielen Kontakte, die haben das schon sehr gelebt. Zumindest mehr und sichtbarer als die Jungen. Aber wieso sind denn die Mädchen hier? Nicht zwingend, um einen Beruf zu lernen, eine Ausbildung zu machen, wie es scheint.

Sich zu verheiraten ...

Vielleicht ist das schon passiert, vielleicht soll das passieren – man weiß es nicht so genau. Aber irgendwie kann man sagen, da war es mehr Thema, und da ist es auch immer bearbeitet worden. Zur Zeit ist es so, dass die Dreizehnjährigen die Kondome durchs Haus werfen und überall etwas liegt und alle kichern und sich irgendwie auch annähern, aber ich finde das ist eine weitgehend normale Entwicklung.

Aber in Syrien z. B. ist Homosexualität ein großes Problem.

Ja, wir haben auch ein paar Jungs gehabt, von denen wir uns ziemlich sicher waren, dass die homosexuell waren; die haben das auch nicht explizit geäußert, aber haben damit kokettiert. Wir haben einfach signalisiert, dass das nicht unser Problem ist.

Nein, kein Problem. Aber vielleicht kann man ja auch für Verständnis unter den Jugendlichen werben – die teilen doch wahrscheinlich auch eine Homophobie.

Ja, aber das ist eben auch anders, in arabischen Ländern können Männer eh Hand in Hand laufen und Männer haben sowieso mehr Körperkontakt ...

Ja klar, aber umso problematischer ist es vermutlich.

Das verschwimmt da auch so ein bisschen. Bei uns – in bestimmten Generationen vielleicht auch nur – ist das ja viel abgegrenzter. Löst sich ja jetzt auch auf. Insgesamt gesehen sind die meisten von unseren Jugendlichen ziemlich körperlich. Ich musste das auch erst lernen; wenn ein junger Somali einen begrüßt, dann muss man sich an der Schulter berühren, dann den Rücken, dann die Faust klopfen. Also, das sind einfach andere Rituale. Aber auch ganz süß; wir hatten einen jemenitischen Jungen, der hat mich immer auf die Stirn geküsst – wenn ich da im Büro an meinem Schreibtisch saß. Am Anfang war es mir ein bisschen peinlich, hinterher dachte ich mir, „ist in Ordnung – alte Männer werden halt auf die Stirn geküsst". Aber das ist eigentlich das Thema Ehrerbietung; wir haben in der Regel sehr viel Respekt von unseren Flüchtlingsjugendlichen erfahren. Sehr viel, muss man sagen. Ich habe mir lange gedacht, das ist ein schöner Arbeitsplatz zum Altwerden. Das fühlt sich wirklich gut an.

Anregungen für neue Konzepte in der Arbeit mit geflüchteten Jugendlichen

Nun ist Psychotherapie allein häufig nicht ausreichend für die komplexen Problematiken, mit denen die geflüchteten Jugendlichen nach Deutschland kommen. Haben Sie Ideen, was man noch tun könnte?

Wir haben in unserer Einrichtung zwei Psychoedukationen gemacht, die im Institut für Traumabearbeitung hier in Frankfurt entwickelt wurden. Einmal haben wir das für den Sprachraum Paschtu-Dari mit zwei Dolmetschern gemacht; das war sehr gut! Wir hatten zu der Zeit sehr anstrengende Klienten, sehr verschlossene, sehr fordernde, die habituell eher aggressiv waren – und die in der Zeit tatsächlich angekommen und weicher geworden sind. Das war für uns wirklich schön; das wurde nachvollziehbar immer besser mit ihnen! Wobei es trotzdem nicht so einfach war, aber es hatte deutlich eine Wirkung!

Und dann hatten wir eine Zeitlang viele syrische Kids. Denen hat man angemerkt, dass sie aus einem echten Krieg kommen; sie waren besonders verwirrt und extrem bedürftig. Sie haben sich im Prinzip auch – im Gallus war im Grunde jedes vierte Haus voller Flüchtlinge, etwas übertrieben gesagt – alle gekannt und trafen sich auch immer bei uns in der Einrichtung. Sie haben sich immer unterstützt, beraten, Karten gespielt, manchmal saßen sie am Ofen und haben geweint und waren verzweifelt, weil irgendetwas passiert war. Also haben wir die Psychoedukation im Haus nochmal für Syrer bekommen. Das war auch sehr gut! Wir haben einen promovierten Psychologen, einen Syrer, der Mitarbeiter ist und der die zweite Gruppe mitbegleitet hat. Die erste Gruppe hat ein junger Rechtsanwalt begleitet, der Paschtu spricht. Also das war sehr schön. Ich denke, dass das viel Sinn macht.

Wo man innovative Konzepte braucht, ist auch das Setting. Ich könnte mir das folgendermaßen vorstellen: Man hat fünf Bauwagen an der Nidda, sieben Hühner und eine Feuerstelle. Dies wäre ein anderes Angebot, wo man auf natürliche Art und Weise Verantwortung tragen muss, damit das Leben läuft, damit alle was zu tun haben und damit man auch – gewissermaßen – mit allen Sinnen leben kann. Ich bin inzwischen nicht mehr so sehr davon überzeugt, dass die Situation der Inobhutnahme so sinnvoll ist, in der jeder ein Bett, einen Schrank, einen Tisch und eine Aufgabe im Haus bekommt und einmal die Woche Taschengeld. Dieses Setting müsste erweitert werden. Ich glaube, dass das gerade bei den Flüchtlingen, die aus Ländern kommen, wo man mehr mit Natur zu tun hat, ein sehr guter Anknüpfungspunkt wäre. Wir haben mehrere Fahrten gemacht mit verschiedenen Gruppierungen von Flüchtlingen aus unserem Haus; und wir haben eines Tages entdeckt, dass die Highlights immer irgendwelche Ziegen waren, die irgendwo gefunden wurden – in kleinen Zoos oder so. Das sagt etwas aus! Das ist bei den einheimischen Jugendlichen häufig nicht mehr so vorhanden. Ich glaube daher, dass man gut tiergestützt arbeiten könnte, gut landwirtschaftlich gestützt arbeiten könnte, dass wir Systeme mit einer besseren Beteiligung an Verantwortung und Arbeitsteilung finden müssen. Wir haben die Inobhutnahme momentan eher als Service organisiert – aber die Frage ist, wie füllt sich der Tag der Jugendlichen?

Gibt es bei Ihnen auch eine Art Produktionsschulen?
Wir haben das nicht; der Regionalverband ist der einzige, der das in Frankfurt macht. Es ist eine sehr gute Idee, aber leider gibt es nicht viele Leute, die die Idee mögen. Es würde natürlich den Klienten entgegen kommen. Wir haben einen syrischen Jungen gehabt, der war siebzehn und sein Lieblingswort war Aluminium, weil er im Fensterbau gearbeitet hat. Daneben, im gleichen Zimmer wohnt der Ziegen- oder Kuhhirte aus Somalia, der nicht alphabetisiert ist, der aber nach Deutschland geschickt worden ist, weil der total gut auf die Tiere aufgepasst hat. Wo kann ich denn anknüpfen? Mit was kann ich denn anknüpfen? Wenn ich den jetzt auf die normale Schulbank setze und der fängt an zu schreiben, dann wird der wahnsinnig. Das muss er natürlich auch tun – aber wir bräuchten an der Stelle einfach Mischformen. Es ist ja eine ungeheure Vielfalt durch die Flüchtlingswelle entstanden, an Aufnahmemöglichkeiten und Settings (ja, die berühmte Schlauschule in München). Da ist experimentiert worden, da sind zum Teil gute Sachen herausgekommen; und ich glaube, dass man das auch braucht.

Das könnte man tatsächlich ja auch eher im ländlichen Bereich ansiedeln.
Ehrlich gesagt, ich habe jetzt eine Fahrradtour rund um Frankfurt gemacht und da gibt es genug Campingplätze, genug Bauwagenstandorte – es ist nicht so völlig abwegig. Sicherlich ist alles immer schwierig in Deutschland. Aber ich glaube, dass es irgendwie um ein anderes Level geht. Nicht nur feste Häuser … Wir haben einen Klienten, der kommt immer um vier oder fünf; wenn man nicht sofort aufmacht, fängt der an gegen die Tür zu treten. Da wir nachts schlafen, wenn es gut läuft, brauchen wir einen Mo-

ment zum Hören und Wachwerden, herunter zu gehen usw. Ich habe jetzt schon ein paar Mal davon geträumt, ich hätte ein Setting und er könnte einfach reingehen und sich hinlegen. Aber ich habe es nicht. Man könnte es auch herstellen. Es ist ja extrem müßig, sich jeden Tag mit ihm auseinanderzusetzen, er wird sich niemals an diese Regel halten.

Ich finde das ist eine sehr spannende Sache, gerade im ersten Jahr oder so, um die Aufnahmezeit irgendwie zu erleichtern.

Das braucht sicher auch nicht jeder, aber es gibt Klienten, von denen ich glaube, dass es ihnen gut tun würde. Gerade bei den psychisch Erkrankten, die wir ja auch haben! Wir haben einen, der eine Psychose hat, der ist seit einenhalb Jahren bei uns. Zwischendurch war er vier Monate in einer therapeutischen Einrichtung war und ist dort rausgeflogen. Manchmal denke ich, die Kollegin, die mit ihm im Garten gearbeitet und gepflanzt hat, hat mit ihm wahrscheinlich die besten Gespräche gehabt. Hätte ich jetzt einen dauerhaften Garten und könnte er dort auch dauerhaft wohnen und da betreut werden, dann hätten wir wesentlich höhere Haltekräfte als mit der Art und Weise, wie wir jetzt arbeiten.

Man muss wirklich über Jugendhilfe auf einem anderen Level, in einem anderen Setting nachdenken – auch die Diskussion Haschisch: Haschisch ist überall in der Jugendhilfe ein Ausschlusskriterium. Aber, mehr oder weniger, bis auf einen Teil der Flüchtlinge, kiffen alle unsere Jugendlichen. Und da alle Jugendlichen in Frankfurt anscheinend kiffen … vor ein paar Jahren hat die Polizei mal gesagt, in Frankfurt gibt es sechzigtausend Konsumenten, deshalb gibt es tausendfünfhundert Kleindealer. Also, ich frage mich, wie kann man auch zu dem Bereich anders arbeiten. Wobei ich den Leuten jetzt nicht jeden Abend ein Baggy auf das Kopfkissen legen möchte, aber ich möchte einfach etwas mehr Entspannung.

Essentials für die Ausbildung der Fachkräfte in der Sozialen Arbeit

Die Soziale Arbeit mit Geflüchteten wird unsere Gesellschaft in den nächsten Jahren und Jahrzehnten vermutlich sehr beschäftigen. Was wünschen Sie sich für die Ausbildung? Was sollten die jungen Kolleg_innen mitbringen, im Studium lernen?

Ich bin ja die Generation „viel Haltung und keine Methode", das hatten wir in der Ausbildung gelernt. Irgendwann fand ich es dann ganz spannend auch Methoden zu lernen und auch zu lehren. Sozialarbeiter_innen sind heute wesentlich besser aufgestellt als in der Vergangenheit, weil sie klarere Methoden und eine Methodenvielfalt haben. Das finde ich sehr positiv. Was ich mir wünsche, ist fundiertes Wissen zur Traumatisierung und zum Verhalten von Klienten generell. Denn ich glaube, dass wir einen Teil des Verhaltens oft nicht verstehen oder missverstehen oder dass wir selbst in unseren Interventionen durch dieses Verhalten „getriggert" sind. Es wäre schön, wenn alle Mitarbeiter_innen nochmal durch ihr eigenes Leben und ihre Sozialisation streifen und zu einer guten Reflexion kommen könnten. Wie bin ich groß geworden, was ist mir passiert, was verlange ich von Menschen, was kann ich überhaupt nicht gut ertragen usw.? Das wäre gut, weil ich im Arbeitsalltag merke, dass ich bestimmte Muster habe und die eine große Rolle spielen – auch wenn wir offiziell natürlich alle immer professionell sind, was ja auch so ist. Aber man merkt schon, dass die Handlungsbandbreite sehr groß und sehr unterschiedlich ist. Das kann man auch gar nicht abstellen. Aber es wäre gut, wenn die Leute mehr über sich selber wüssten und man diesen Berufsstand systematisch in die Reflexion bringen könnte.

Im Moment sind Fachkräfte der Sozialen Arbeit in diesem Bereich sehr gefragt, aber wenn sie sich entscheiden könnten, einen Mann oder eine Frau einzustellen? Spielt das eine Rolle?
Im Team versuchen wir eigentlich paritätisch zu besetzen, im Moment haben wir aber mehr Männer.

Es gibt dann so Zuschreibungen; du bist meine Tante, du bist meine Mutter, du bist meine Schwester. Wenn wir Mitarbeiterinnen haben, die sehr jung sind, dann ist das für die Jungs auch manchmal ein bisschen schwierig. „Die dürfen ja hier was sagen." Wer heute so einen Bachelor macht und eine normale Schulbiographie hatte, der ist ja verdammt jung. Was irgendwie auch schön ist, aber es kann auch mitunter problematisch sein. Letztlich aber ist das *standing* von den Leuten entscheidend; nicht so sehr das Alter.

Ich habe schon manchmal das Gefühl, dass einige von den jungen Absolvent_innen manchmal in sehr kaltes Wasser geworfen werden; was tun Sie da als Einrichtung, um das zu verhindern? Wie kommen sie gut rein in ihren Beruf?
Wir haben jetzt für Nichtfachkräfte beim VRE eine Nachqualifizierungsreihe gemacht, weil wir eine Zeit lang auch ganz schnell Teams aufbauen mussten und auch Nichtfachkräfte zugelassen waren. Da haben wir ein Seminar gemacht zu Nähe und Distanz, eines zu Interkulturellem Training und kulturellen Hintergründen aus den Heimatländern – ich glaube, das ist schon sehr wichtig! Das haben wir am Anfang nicht gehabt oder gemacht. Man muss darauf achten, dass die Leute Nähe und Distanz austarieren können, und nicht zu nah dran gehen. Berufsanfänger gehen ja immer,

glaube ich, zu nah an die Klienten, zu nah an die Themen. Und das kann extrem belastend sein. Es gibt auch immer wieder Klienten, die heiraten müssen, die sonst nicht hier bleiben dürfen, und da kann es zu Missverständnissen kommen. Und das andere: Überhaupt zu kapieren, warum sind die Leute überhaupt hier, wie sieht es eigentlich in den Ländern aus, wie sind die Lebenskonstruktionen, wer trifft da welche Entscheidungen – z.B. jetzt zu Ehe und Partnerschaft. Das ist ja auch sehr unterschiedlich.

Und sonst in Richtung Psychohygiene? Dass man auf sich guckt?

Wenn man davon ausgeht, dass man bis siebenundsechzig arbeiten soll oder die jungen Leute bis neunzig oder so… Man muss schon schauen, dass man Selbstmanagement hinkriegt und einfach in der Balance bleibt. Das ist ja auch ein Teil von Deeskalationstraining, dem Ressourcenpflegeteil, in dem man sich darüber bewusst wird, dass die eigene Haltung, die eigene Stimme und die eigene Kommunikationsfähigkeit im Prinzip die Werkzeuge sind, die wir haben. Und die müssen wir in Ordnung halten; das ist eben keine Maurerkelle, sondern ein Mensch und eine Psyche und man braucht ausreichende Ressourcenpflege. Man merkt das auch in der Arbeit; Leute, die zu viel arbeiten, die zu viele Nachtdienste machen, vielleicht noch woanders, sind oft sehr angestrengt. Ich merke es ja bei mir selbst auch – so ist es nicht. Nicht nur die Anderen …

Fällt Ihnen zum Schluss noch etwas ein, worauf wir noch nicht gekommen sind?

Was ich schön finde, was ich auch an Deutschland mag, ist, dass sich viele Leute ehrenamtlich engagieren. Ich sehe das auch im Bekannten- und Freundeskreis, dass die Leute sagen, „ok, im KOZ gibt es Sonntag mittags immer das Kuchenessen, und die einen reparieren Fahrräder, die anderen machen mit den Kindern Singspiele". Ich finde es einfach schön, dass es in Frankfurt, in Hessen, in Deutschland so viele Aktivitäten gibt. Das ist sehr ermutigend. Wir haben auch jetzt bei uns im Haus tolle Ehrenamtliche: Das ist schon der Wahnsinn, die Leute haben ihren Arbeitstag hinter sich und kommen dann abends noch und machen zwei Stunden Mathematik oder so etwas – das ist schon toll.

Es ist auch schön, dass das immer noch so ist, dass das nicht nur eine Blase war, die nur ein paar Wochen angehalten hat.

Es ist ja schon eher so, dass die Leute eine *Empty Nest Phase* haben, wenn die Einrichtung geschlossen wird. Ehrenamt ist auch – vielleicht früher mehr – ein wichtiger Einstig für Studierende gewesen. Es ist nicht zu unterschätzen, auch als Standbein für eine Zivilgesellschaft.

Allerdings muss man die ehrenamtlichen Angebote in den Einrichtungen auch steuern. Wir haben uns das sehr genau überlegt, mit wie vielen Leuten wir überhaupt arbeiten können, was wir gut in der Kommunikation und von den Klienten her hinkriegen.

Und wie machen Sie das? Gibt es da ein System?
Wir haben z.B. eine Lernlinie gehabt, die allerdings jetzt gerade aufgelöst wurde. Die Ehrenamtlichen sind an drei Abenden gekommen und haben Deutsch und Mathematik unterrichtet. Da haben zehn, zwölf Jugendliche von zweiundzwanzig mitgemacht. Da es auch um Kontinuität geht und ich immer Angst davor habe, dass die Sachen nicht stabil sind, habe ich eine Studentin – mit der wir zusammengearbeitet haben – als stabilen Faktor in der Gruppe mitarbeiten lassen – was im Endeffekt gar nicht nötig war, weil die Ehrenamtlichen wirklich zuverlässig waren. Zum Beispiel habe ich sie ins Lernzentrum versetzt, wenn da jemand krank war. Ich habe aber nicht zehn verschiedene Projekte gemacht, sondern gesagt, „die Leute wollen lernen, wir machen diese Lernlinie". Wir wollten auch erst noch Ausflüge machen, das hat aber nicht gut funktioniert – weil wir Notbetten haben und dann manchmal nicht weggehen können. Das war irgendwie zu kompliziert. Man muss irgendetwas Machbares haben. Aber das war toll! Tolle Leute!
Von Partnerschaftsmodellen dachte ich am Anfang, dass es toll wäre, aber die habe ich letztendlich nie umgesetzt. Ich habe auch gemerkt, dass es für die Jugendlichen zu viel ist. Wir hatten einmal ein eritreisches Mädchen, das gesagt hat, dass sie sich mit keinem unterhalten kann und so, hat sich immer aufgeregt. Und der habe ich dann eine Eritreerin, die auch Flüchtling war und hier studierte, über die AWO gefunden; es war aber so, als würde ich jemanden in ihre Privatsphäre hineinschleudern und sie hat sich total abgegrenzt. Das war irgendwie sehr kompliziert. Da habe ich gemerkt, es ist halt nicht nur die Sprache. Bei den Eritreern kommt dazu, dass auch der eritreische Geheimdienst in Deutschland sehr aktiv sein soll und dass man auch hier in Deutschland politisch verfolgt oder bedroht werden kann. Es gibt da also viele Ängste und die Leute gehen schnell wieder auf Distanz. Das ist von daher nicht so einfach. Was ich zurzeit gut finde, sind die ehrenamtlichen Vormünder, die im Kinderschutzbund ausgebildet werden. Sie können Einzelfälle kriegen und betreuen. Aufgrund der Vielzahl der Klienten macht das schon Sinn.

Vielen Dank für das Gespräch!

Autor_innenverzeichnis

Becke, Sophia, Dipl.-Psych., seit 2012 Mitarbeiterin des Instituts für Trauma-Bearbeitung und Weiterbildung Frankfurt, beschäftigt sich in ihrem aktuellen Promotionsvorhaben mit den Einflüssen des kulturellen Umfeldes auf Bindungsverhalten und Bindungsideale und forscht hierfür mit Müttern und Kindern in Nseh, Kamerun.

Dannert, Irina, M.Sc. Psychologie, Fachkraft für Traumapädagogik, Mitarbeiterin des Instituts für Trauma-Bearbeitung und Weiterbildung Frankfurt, Betreuerin von Psychoedukationsgruppen für Geflüchtete, Referentin mit Schwerpunkt in den Bereichen Stabilisierung, Psychoedukation, Umgang mit unbegleiteten minderjährigen Geflüchteten sowie für Schulungen von Ehrenamtlichen in der Flüchtlingsarbeit.

Huber, Meike, Dr., Studium der Humanmedizin in Aachen, Montpellier/ Frankreich und Mainz. Facharztausbildung in der Klinik für Kinderneurologie und Sozialpädiatrie in Maulbronn und in der Kinderklinik in Lippstadt. Geburt von 4 Kindern begleitet von der Arbeit in einer kinderärztlichen Praxis, anschließend Spessartklinik, Rehabilitationsklinik für Kinder- und Jugendlichen in Bad Orb, Gesundheitsamt im Kreis Offenbach und seit 2008 Abteilung Kinder- und Jugendmedizin des Gesundheitsamtes der Stadt Frankfurt am Main. Hier tätig im Bereich der Einschulungsuntersuchungen, Gutachten zur Eingliederungshilfe, Schulabsentismus Sprechstunde, Frühe Hilfen und Aufnahmeuntersuchungen der Seiteneinsteiger und unbegleiteten minderjährigen Ausländer.

Keller, Bettina, Dipl.-Psych. Fachberaterin für Psychotraumatologie, freie Mitarbeiterin des Instituts für Trauma-Bearbeitung und Weiterbildung Frankfurt in den Bereichen Seminare, Beratung für Bezugspersonen von traumatisierten Kindern und Jugendlichen; Mitglied des Externen Expertenteams der Stadt Frankfurt zur Verdachtsabklärung von sexuellem Missbrauch an Kindern und Jugendlichen.

Mehranfard, Hossein, Dipl.-Sozialpädagogischer Berater (Fernstudium), Betreuer und Cheftrainer Boxcamp Gallus (Sportjugend Frankfurt).

Quindeau, Ilka, Prof. Dr. phil., Dipl.-Psychologin, Professorin für Klinische Psychologie an der Frankfurt University mit Schwerpunkt Psychotraumatologie und Traumapädagogik; Psychoanalytikerin und Lehranalytikerin (DPV/IPA) in eigener Praxis und in der Ausbildung von Psychotherapeut_innen. Veröffentlichungen in den Bereichen Trauma-, Sexualitäts- und Genderforschung.

Rauwald, Marianne, Dr. phil. Dipl.-Psych. Leiterin des Instituts für Trauma-Bearbeitung und Weiterbildung Frankfurt, Psychoanalytikerin (DPV). Arbeitsschwerpunkte: Transgenerationale Weitergabe psychischer Traumata, Bindung und Trauma, Umgang mit unbegleiteten minderjährigen Geflüchteten und internationale Projekte in Krisenregionen.

Rettenbach, Regina, Dr. rer. nat. Dipl.-Psych. Autorin von Lehrbüchern für die Ausbildung von Psychotherapeut_innen und Mitarbeit in Ausbildungsinstituten. Seit 2014 Psychotherapeutin (TFP; Einzel- und Gruppentherapie) im Institut für Trauma-Bearbeitung und Weiterbildung Frankfurt, Gutachterin, Dozentin, Supervisorin und Leiterin für therapeutische Gruppenarbeit für Menschen mit Fluchterfahrungen.

Shah, Hanne, Autorin, Fachberaterin für Psychotraumatologie, Trauerbegleiterin und Referentin beim Zentrum für Trauma- und Konfliktmanagement (ZTK) GmbH in Köln. Seit 1988 praktische Erfahrung in der Begleitung von Flüchtlingsfamilien.

Strietzel, Cora, staatlich anerkannte Sozialarbeiterin und -pädagogin, arbeitet mit unbegleiteten minderjährigen Geflüchteten in der stationären Jugendhilfe.

Wiesinger, Irmela, Dipl.-Pädagogin, Bundesfachverband UMF für Hessen, Fachreferentin, seit über 25 Jahren in verschiedenen Praxisfeldern der Flüchtlingsarbeit und UMF-Arbeit tätig.

Peter-Ulrich Wendt
Lehrbuch Methoden der Sozialen Arbeit
Reihe: Studienmodule Soziale Arbeit
2., überarb. Aufl. 2016, 464 Seiten, broschiert
ISBN: 978-3-7799-3081-5
Auch als E-BOOK erhältlich

Was sind die Grundlagen methodisch abgestützten Handelns, das professionelle Soziale Arbeit auszeichnen soll? Die Einführung für Studierende der Sozialen Arbeit vermittelt einen Überblick über die zur Anwendung kommenden methodischen Arrangements, wobei eine subjektorientierte Haltung die Grundlage jedes Handelns sein muss.

Was sind die Grundlagen methodisch abgestützten Handelns, das professionelle Soziale Arbeit auszeichnen soll? Die Einführung vermittelt als Lehr- und Arbeitsbuch einen Überblick über die zur Anwendung kommenden methodischen Arrangements, wobei eine subjektorientierte Haltung die Grundlage jedes Handelns sein muss, das den Anlässen gerecht wird, mit denen Soziale Arbeit zu tun hat.

Als Lehrbuch führt der Basistext in die zentralen Begriffe und Konzepte methodischen Handelns ein, als Arbeitsbuch enthält der Band ergänzende Materialien, Hinweise zu weiterführender Literatur und Aufgaben, die zur Vertiefung in Eigenarbeit bzw. selbstorganisierter Gruppenarbeit dienen.

www.beltz.de
Beltz Juventa · Werderstraße 10 · 69469 Weinheim